아이의 인생을 결정짓는
부모의 훈육법

0~7세 우리 아이 기질과 두뇌 발달에 맞는 평생 좋은 습관 만들기

아이의 인생을 결정짓는 부모의 훈육법

대한소아청소년과학회 발달위원회 지음

아침사과

추천사

소중한 자녀들의 양육문제로 고민하는 부모님들께 《아이의 인생을 결정짓는 부모의 훈육법》이라는 훌륭한 길잡이를 소개할 수 있게 되어 기쁘게 생각합니다. 출생 후부터 취학 이전까지의 시간은 아이들의 신체적·지적·정서적·사회적 기반이 형성되는 매우 중요한 시기입니다. 키와 체중 같은 양적 변화는 생후 약 2년 동안 폭발적인 성장을 이루며 이후 사춘기 때 또 한 번의 커다란 성장을 이루지요. 반면, 운동기능, 언어기능, 인지기능 등 질적 변화는 연령이 증가하면서 일정한 틀에 따라 획득하게 되는데, 특히 생후 3~4세는 모든 생애 주기 중에서도 중요한 시기로 손꼽힙니다.

이 시기는 정상적으로 뇌가 발달해가는 '결정적 시기'로 경험을 많이 하면 할수록, 반복해서 학습하면 할수록 신경 접합부가 새롭게 형성되고 신경망 회로가 재구성됩니다. 그렇기에 뇌 발달 단계에 따라 아이들은 다양한 문제를 겪게 됩니다. 이때 부모가 적절하게 대처하면 시간이 지나면서 자연스럽게 해결되지만, 부모 또한 경험이 많지 않거나 처음 겪는 일이기에 매우 당황스럽고 다루기 힘든 일이 될 수밖에 없습니다.

우리 속담 중에 '세 살 버릇 여든까지 간다'는 말이 있습니다. 어렸을 때 버릇을 잘 들이면 어른이 되어서도 좋은 습관을 갖는다는 뜻인데, 아이들의 발달 단계와 눈높이에 맞지 않는 양육은 아이들에게 심리적으로 영향을 미쳐 나쁜 습관이 형성되는 원인이 되기도 합니다. 아이들에게 좋은 습관을 만들어주는 것은 물론 나쁜 버릇을 고치는 데에도 발달 단계에 맞는 기술이 필요한 이유이지요.

특히 발달 단계에서 눈 여겨봐야 할 것은 타고난 기질입니다. 순한 기질의 아이는 일반적인 칭찬과 가르침으로 양육을 하면 되지만, 까다롭거나 느린 기질의 아이는 방법을 달리해야 합니다. 《아이의 인생을 결정짓는 부모의 훈육법》은 출생 후 72개월까지의 아이들을 위해 부모들이 꼭 알아야 할 훈육법을 사례와 함께 자세히 설명하고 있습니다. 아이들이 겪고 있는 문제들을 바르게 이해하고, 최선을 다해 도우며, 올바로 양육하고자 길을 찾는 부모님들께 최고의 성능을 탑재한 네비게이션 같은 책이 될 것이라고 확신합니다.

마지막으로 책의 발간을 위해 애써주신 대한소아청소년과학회 발달위원회 김영훈 위원장님과 여러 위원님들께 깊은 감사의 말씀을 드립니다.

2021년 8월

대한소아청소년과학회 이사장 은백린

들어가는 말

4차 산업혁명 시대에는 자신감, 자율성, 원만한 대인관계 능력을 지니고 다른 사람과 얼마나 잘 협업할 수 있는가가 성공을 가르는 열쇠가 된다. 공감력, 의사소통 능력과 감정 조절 능력이 기술적인 능력만큼 중요한 요소가 되었다. 즉, 인성이 다시 한번 강조되는 것이다.

인성이 있다는 것은 무엇일까? 그것은 사랑할 줄 알고 타인을 이해할 줄 알며, 자아를 실현할 줄 알고, 어떤 상황에서도 자신의 모습을 잃지 않을 줄 아는 것이다. 갈등, 실패, 죽음, 이별, 시련과 같은 감정적으로 힘든 상황뿐만 아니라 다양한 성공과 만남에 적절히 대처할 줄 안다는 것을 의미하기도 한다. 결국 행복할 수 있는 능력, 자신을 괴롭히는 것에 지배당하지 않는 능력, 자신의 삶을 선택하고, 타인과 조화로운 관계를 맺을 줄 아는 능력이다.

부모는 흔히 아이의 이상하거나 지나친 행동, 비정상적인 행동을

'떼쓰는 것'이라고 쉽게 생각하는 경향이 있지만, 그 행동 뒤에 숨겨진 아이의 감정을 살피고 원하는 게 무엇인지 섬세하게 살펴봐야 한다. 아이는 그런 행동을 통해 무언가 말하려고 하는 것이기 때문이다. 지나치게 공격적이거나 수동적인 아이, 심하게 내성적인 아이, 경쟁심이 유별난 아이, 집중력이 부족한 아이, 거짓말을 하는 아이 등 아이의 문제행동 속에는 늘 동기가 숨어 있다. 아이의 감정이 막혀 있고, 원하는 것이 감춰져 있는 것이다. 부모가 아이의 문제행동을 '문제'만으로 보아서는 안 되는 이유이다.

첫째, 아이의 문제행동은 무언가를 전하려고 하는 메시지이다. 문제행동을 지도하면 문제가 해결될 수 있다고 생각하지만, 그 행동의 배후에는 아이가 그렇게 할 수밖에 없는 갈등이나 고민이 있는 경우가 많다.

둘째, 아이의 문제행동은 발달과제를 포함하고 있다. 아이는 발달과정에서 끊임없이 새로운 발달과제에 직면하고 이것을 해결하면서 성장해간다. 아이의 문제행동을 문제라고 고정시키기보다 성장과정 중에 나타나는 발달과제라는 역동적 관점에서 이해하는 시선이 필요하다.

셋째, 아이의 문제는 그 아이를 둘러싼 인간관계의 문제를 반영하고 있다. 아이의 문제행동은 아이만의 문제가 아니다. 문제행동의 표출은 아이가 주위 사람들과 생동감이 있는 관계를 발전해 나갈 수 없는 상황을 상징적으로 나타내고 있다는 사실에 주목하자.

부모는 문제행동을 보이는 아이와 지내면서 무엇이 아이에게 쉬운지, 무엇을 힘들어하는지 발견하게 된다. 아이의 강점을 발견하고 자신감을 높이기 위해 이 강점을 어떻게 적용할지 도와준다면, 아이는 곧 자신의 감정을 조절하고 다른 사람의 말을 경청하며 공감하는 아이로 자랄 것이다. 이것이 바로 '인성'이다. 부모에게 필요한 것은 충고가 아니라 방향을 제시해주는 일이다.

부모는 자신을 믿고, 아이를 믿는 방법을 배워야 한다. 아이에게는 완벽한 부모보다 인간적인 부모가 필요하다. 인간은 누구나 실수를 저지른다. 실수는 배움의 과정에서 빠질 수 없는 요소다. '좋은 엄마', '좋은 아빠'가 되지 못할까 봐 지나치게 걱정하는 것보다 차라리 그 시간에 아이들이 필요로 하는 것이 무엇인지 더 주의를 기울이자.

자녀를 양육하는 일은 경제적인 요건은 물론 시간적으로도 부모의 헌신을 필요로 한다. 그런 어려움 때문일까. 대한민국의 출산율은 세계에서 꼴찌 근처를 헤맨다. 조기교육과 선행학습에 매달리는 고질적인 풍토 역시 출산율 저하를 부추기고 있다. '대한소아청소년과학회 발달위원회'에서는 양육의 어려움을 덜어주고 훈육에 대한 도움과 지침을 주기 위해 이 책을 발간하게 되었다. 부디 이 책이 아이의 문제행동을 잘 이해하고, 훈육과 관련된 문제들을 지혜롭게 극복할 수 있는 길잡이가 되기를 바란다.

끝으로 이 책의 출판에 용기를 주고 많은 도움을 주신 대한소아청소년과학회 은백린 이사장께도 감사를 드리며 모든 집필과 감수를 맡아주신 대한소아청소년과학회 발달위원에게도 감사를 드린다.

2021년 8월

대한소아청소년과학회 발달위원장

소아청소년과 전문의,

소아신경과 세부전문의

김영훈

PART 1 총론

PART 2 0~24개월: 상·하위 뇌 통합의 시기

PART 3 25~48개월: 좌·우뇌 통합의 시기

PART 4 49~72개월: 자아 통합의 시기

PART 1

총론

BRAINSTORM
ITY

01

분노조절을 할 줄 아는 아이의 뇌 기능, 부모가 만든다

QUESTION ?

우리 아이는 화를 심하게 냅니다. 마트에서 사달라는 간식을 사주지 않으면 소리 지르며 엉엉 울거나 유치원에서도 친구와 사소한 일로 싸우다가 친구를 때리고 깨문 적이 있습니다. 부드럽게 달래기도 하고 엄하게 화도 내봤지만 소용이 없습니다. 저도 점점 지쳐가고요. 화 잘 내는 우리 아이, 어떻게 하면 좋을까요?

ANSWER

최근 뇌 과학 연구결과를 보면 아이 뇌의 중요한 감정시스템이 부모의 육아 방식에 의해 결정된다고 합니다. 뇌 과학자들은 어린 시절 부모와 주고받는 상호작용이 성인이 된 후 행복하고 풍요로운 삶을 살도록 하는 뇌의 시스템과 신경전달물질을 결정한다고 말하지요. 이성을 관장하는 뇌의 부분은 본능이나 감정을 관장하는 뇌의 부분에 쉽게 제압당합니다. 우리의 뇌는 시간에 걸쳐 서서히 발달해왔는데 크게 3층 구조를 하고 있습니다.

1층은 파충류의 뇌(생존의 뇌)라고 불리는 '뇌간'입니다. 2층은 포유류의 뇌(감정의 뇌)라고 불리는 '변연계'입니다. 3층은 가장 마지막에 발달한 뇌로 이성의 뇌(인간의 뇌)라고 불리는 '대뇌피질'입니다. 아이가 신체적, 정신적으로 위협을 느끼거나 스트레스를 받으면 충동과 감정에 반응하는 하위 뇌가 이성적으로 생각하고 결정하는 상위 뇌인 대뇌피질을 무력하게 만듭니다. 결과적으로 두려움에 사로잡힌 아이는 겁먹은 동물처럼 행동하게 되지요.

우리 뇌는 외부 자극을 받을 경우 본능적으로 두 가지 반응을 보이는데, 하나는 '싸우기' 반응이고 다른 하나는 '도망치기' 반응입니다. 즉, 화를 내고 떼를 쓰거나 반대로 잔뜩 움츠려 드는 것입니다. 부모가 폭력적일 경우 아이 뇌의 시스템과 신경전달물질은 폭력적인 세상에 적응하는 쪽으로 변하기 시작합니다. 상위 뇌가 제대로 작동해 상황에 맞게 판단하고 행동하기보다 하위 뇌가 지나치게 활성화되어 과잉 경계, 과잉 공격, 과잉 방어를 하는 방식으로 굳어지는 것이지요.

하위 뇌는 분노, 두려움, 분리불안, 탐색, 보호를 담당합니다. 하위 뇌에서 가장 중요한 경보체계는 편도체입니다. 편도체의 주요 기능은 아이가 경험하는 모든 감정의 의미를 해석하는 것인데, 편도체에서 무언가를 위협적으로 인식하면 그 정보가 뇌의 시상하부로 전달되고 시상하부에서는 스트레스 호르몬을 분비합니다. 이 호르몬의 영향으로 아이의 몸은 싸우거나 도망칠 준비를 하는 것이지요.

하위 뇌는 태어날 때부터 잘 발달된 상태인 반면, 상위 뇌는 20대 중반이 될 때까지도 완전히 발달하지 않습니다. 상위 뇌 중에서 전두엽은 타인에게 관심을 가지게 하고, 대뇌피질 상부는 자신의 감정과 거리를 두도록 하는데 아이의 전두엽과 대뇌피질은 아직 발달하는 중입니다. 이와 달리 하위 뇌인 변연계는 독자적으로 두려움, 웃음, 울음 등의 감정을 조절합니다. 그런데 아이는 감정을 '조절'할 수 있는 상위 뇌가 아직 발달하지 않았기 때문에 현재의 상황에 대해 가설을 세우거나, 논리적으로 추론하거나, 자기의 관점을 객관적으로 바라보거나, 앞으로의 일을 예상할 줄 모릅니다. 아이는 '지금, 여기'가 아닌 다른 상태를 모릅니다. 오직 현재의 감정에 사로잡히게 되는 것이지요.

아이의 사고도 나름대로 논리를 갖고 있다고 볼 수 있지만 그것은 상당히 '자기중심적인' 생각입니다. 상위 뇌가 하위 뇌와 통합되지 못한 상태이기 때문에 현재의 상황을 상대화해서 생각하거나 무엇이 더 중요한지 우선순위를 매기기가 어렵습니다. 그렇기 때문에 즉각적인 감정 반응을 보이는 것이지요. 그 결과 자제력을 잃고 갑자기 화를 내거나 올바른 결정을 내리지 못하고 전반적으로 공감 능력과 자기 이해력이 부족한 모습으로 보이기도 합니다. 이때 부모가 할 수 있는 최선의 행동은 무엇일까요? 우선 아이의 마음을 헤아려주고 아이가 감정의 미로에서 빠져나올 수 있도록 인내를 가지고 함께 하며, 아이가 이해할 수 있는 눈높이로 차근차근 설명한 후 다른 각도에서 상황을 바라볼 수 있도록 도와야 합니다.

발달적 의미

육아방식에 따라 아이의 뇌와 스트레스 반응시스템은 긍정적으로 바뀔 수 있습니다. 아이 스스로 감정을 조절하고 분노와 불안을 다스리며 이성적으로 자제할 수 있는 신경회로를 갖추도록 도울 수 있지요. 아이가 하위 뇌의 격한 감정과 원시적인 충동을 다스릴 수 있도록 충분한 도움을 받지 못할 경우, 스트레스 상황을 효과적으로 처리할 수 있는 신경회로가 발달하지 않게 됩니다. 남을 배려하고 자신의 감정을 돌아보는 능력을 성장시킬 기회를 잃어버리는 것이지요.

부모와 아이 관계에 중요한 호르몬 중 옥시토신은 출생 시에 분비되어 산모와 아기의 유대감을 높여주고, 오피오이드는 부모나 보호자가 아이를 사랑스럽게 어루만지거나 품에 안아줄 때 생성됩니다. 아이를 따뜻하고 세심하게 보살피면 이런 호르몬들이 분비되면서 유대감이 강화되지만, 아이의 애착욕구를 이해하지 못해 아이를 방치하거나 학대하면 오피오이드와 옥시토신 분비가 차단됩니다. 그 결과 아이는 지속적으로 분비되는 스트레스 호르몬에 시달리면서 뇌 안에 영구적인 변화가 일어납니다.

양육지침

문제 해결, 자각, 스트레스 대처 능력, 감정 이입, 친절과 같은 고차원적인 상위 뇌의 기능은 선천적인 것이 아닙니다. 부모의 양육 방식이 큰 영향을 미치지요. 따라서 아이가 떼를 쓸 때는 무슨 말을 하는지 귀를 기울이고 안아주고 달래주는 것이 매우 중요합니다.

부모가 자상한 반응을 보여주면 아이의 뇌 안에서는 스트레스를 이기고 분노를 조절하고, 친절과 동정심을 유발하는 연결이 만들어집니다. 원만한 대인관계를 유지하고 자신의 꿈을 실현하고자 하는 의지와 동기를 갖게 되지요. 또한 마음의 평화를 경험하고 사람들을 사랑하며 조화롭게 살아갑니다. 그렇기에 부모는 상위 뇌가 하위 뇌를 효과적으로 다스릴 수 있는 능력을 갖추도록 도와주어야 합니다. 아이가 감정적으로 격해지면 다음과 같은 방법을 권합니다.

1. 부드럽게 달래줍니다. 아이가 격한 감정을 조절하도록 달래주면 상위 뇌와 하위 뇌를 연결하는 상하회로가 만들어집니다. 시간이 지나면서 이 회로는 자연스럽게 하위 뇌의 분노, 두려움, 불안 같은 원시적인 충동을 제어해서 물거나 때리거나 도망치는 원시적인 행동이 아니라 생각을 하게 합니다.

2. 주의를 다른 곳으로 돌립니다. 아이의 감정이 폭발했을 때 진정시켜서 위기를 넘기는 가장 좋은 방법은 아이를 달래 주의를 다른 곳으로 돌리는 것입니다. 아이를 안고 다른 방에 가서 흥밋거리를 보여주거나, 우스꽝스럽거나 엉뚱한 행동을 해서 상황을 바꿀 수도 있습니다.

3. 말로 설명해줍니다. 아이가 느끼는 감정을 정확하게 이해하고 있다는 것을 아이가 알아들을 수 있는 말로 이야기합니다. 예를 들어

"장난감 가게에서 본 빨간 자동차를 사주지 않아서 화가 났구나"라고 표현하는 것입니다. 감정적으로 아이와 경쟁하기보다 아이가 적절한 말을 쓸 수 있도록 돕는 것이 훨씬 효과적입니다. 발달 단계상 아이는 감정을 조절하는 데 어려움을 겪을 수밖에 없습니다. 부모보다 아이의 감정을 먼저 존중해주는 것이 중요합니다.

4. 감정을 억압하지 않습니다. 아이들은 부모에게 금세 자신을 맞춥니다. 부모에게 수용 받고 이해받으며 사랑받아야 생존할 수 있기 때문에 울어도 부모가 달려오지 않으면 울음을 그치는 법을 배우고, 젖을 세게 빨아서 엄마가 걱정하는 것 같으면 천천히 빠는 법을 배웁니다. 자기의 욕구와 애정을 억압하고 착하고 얌전한 아이가 되어 부모님을 기쁘게 하는 것이지요. 하지만 그런 과정에서 아이는 내면의

진짜 감정을 억압하고, 타인에 대한 신뢰감을 상실하며, 세상이 적대적이라는 신념을 갖게 됩니다.

5. 시간이 걸린다는 것을 이해합니다. 고집이 있는 아이라면 환경의 변화를 힘들어하고 바뀐 환경에 적응하는 데 시간이 걸린다는 것을 알아줍니다. 가능한 일상 활동을 예측할 수 있도록 일관성 있게 짜주도록 합니다. 변화가 꼭 필요하다면 아이를 사전에 준비시킵니다. 앞으로 경험할 변화에 아이를 짧게, 그리고 자주 노출 시켜봅니다. 천천히 단계적으로 진행하는 것이 좋습니다.

6. 성격이 급한 아이라면 부모가 아이와 반대로 행동합니다. 급한 마음에 일을 그르치지 않도록 일의 순서를 잘 짚어줍니다. 밥 먹기, 씻기, 책 읽기 등 반복되는 일은 규칙적인 흐름을 만들어주는 것이 무엇보다 중요합니다.

7. 예민하고 까다로운 아이라면 세심한 눈길로 살피며 작은 변화에도 편안하게 반응해줍니다. 아이가 화를 내고 소리를 지른다고 혼을 내기보다 "화가 많이 났구나, 무척 속상했구나!"라고 공감해주세요. 부모가 자신의 마음을 알아준다고 생각하는 시간이 쌓이면 까다로운 행동이 차츰차츰 누그러집니다.

8. 행동이 조금 늦는 아이라면 진득하게 기다려주는 인내심을 발휘합니다. 부모가 서두르고 재촉한다고 아이의 행동이 빨라지지는 않습니다. 다그치기보다 정해진 시간 안에 해야 할 일을 미리 말해주고 시간을 배분하는 요령을 터득하도록 도와주는 것이 지혜로운 선택입니다.

02

우뇌 대 우뇌의 공감을 먼저하고 대화로 좌뇌를 잡아주자

QUESTION ?

아이가 하루 종일 짜증을 내는 통에 엄마인 저 역시 짜증이 납니다. 블록놀이를 하다가 제 맘대로 되지 않으면 애써 만든 것들을 무너뜨려 버리기도 하고, 잠투정이나 반찬 투정도 심합니다. 평소에도 짜증을 많이 내는데 어떻게 대하는 게 좋을까요?

ANSWER

우리 뇌의 구조를 보면 크게 좌뇌와 우뇌로 나뉩니다. 좌뇌는 질서를 좋아하고 규칙을 추구합니다. 논리적이고, 정확하고, 순서를 지키려고 하며 언어적이지요. 반면 우뇌는 통합적이고, 경험의 의미와 느낌에 신경을 쓰며 이미지, 감정, 개인적인 기억에 의존합니다. 의사소통을 해도 좌뇌는 말의 내용이나 논리에 주의를 집중하지만, 우뇌는 표정이나 시선, 억양, 자세, 몸짓과 같은 신호를 주고받습니다.

여러 인지기능과 마찬가지로 감정 역시, 좌뇌와 우뇌에서 동일하게 처리되지 않습니다. 감정은 우뇌에서 더 많이 관장하지요. 말을 할 때도 감정은 우뇌에서 처리되기에 우뇌가 관장하는 왼쪽 얼굴에 강한 표정이 나타납니다. 뇌에서는 모든 것이 대각선으로 연결됩니다. 왼쪽 귀가 오른쪽 귀보다 감정적인 뉘앙스를 잘 감지하기에 감동적인 이야기는 왼쪽 귀에 하는 게 더 효과적입니다. 그렇다면 좌뇌는 감정에 전혀 참여하지 않는 걸까요? 좌뇌도 감정에 참여합니다. 우뇌가 두려움, 걱정, 공포와 같은 부정적인 감정을 관장하는 반면, 좌뇌는 긍정적인 감정들을 관장합니다.

좌뇌와 우뇌가 서로 다른 속도로 성장하고 발달하는 동안 한 번은 좌뇌가, 한 번은 우뇌가 우세해지기도 합니다. 이것은 왜 떼쟁이가 갑자기 귀염둥이로 변신하고 귀염둥이가 떼쟁이로 변하는지를 뇌과학적으로 설명해줍니다. 긍정적인 감정을 처리하는 좌뇌가 우세한지, 부정적인 감정을 처리하는 우뇌가 우세한지에 따라 아이도 변하는 것이지요.

주저하는 반응이 심한 아이들은 종종 우뇌우세형, 즉 우측전두엽의 활동이 강한 아이들입니다. 반면 거리낌 없는 태도를 보이는 아이들은 좌뇌우세형 아이들이지요. 이러한 기질적 성향이 생후 10개월 유아의 뇌파 검사에서도 나타나는 것으로 보아 기질은 유전된다고 볼 수 있습니다. 반면 성격은 기질보다는 환경에 많은 영향을 받습니다. 기질이 주로 대뇌변연계 하부 중에서도 편도체의 특성이라면, 성격은 환경의 영향을 많이 받고 점진적으로 성숙하는 전두엽에 의해 조절됩니다.

남녀의 차이도 있습니다. 공격적인 행동을 유발하는 편도체는 여자아이보다 남자아이가 크기 때문입니다. 남자아이의 편도체는 전전두엽으로 통제되기가 쉽지 않습니다. 반면 여자아이는 전두엽의 안와전전두피질이 안정과 고요를 활성화시켜 편도체의 충동을 조절합니다. 이런 이유로 남자아이가 여자아이에 비해 충동적으로 공격성을 보이는 일이 잦은 것입니다. 또한 남자아이는 대뇌변연계의 활동이 불균형한데 부정적인 감정을 담당하는 우뇌가 우세한 경향이 있습니다.

발달적 의미

한 아이가 인생을 살아가는 데 감정은 중요한 부분입니다. 하지만 부모 입장에서는 감정이 아이의 삶을 지배하길 바라지 않을 겁니다. 우뇌가 뇌 기능을 지나치게 지배하게 되면 이미지나 몸의 감각, 감정의 홍수에 빠져 변덕스러운 기분에 허우적거리게 됩니다. 반면 좌뇌가 뇌 기능을 지나치게 지배하게 되면 논리와 언어를 감정과 경험에서 분리하게 되어 메마른 사막에 있는 기분으로 살게 됩니다.

훈육의 목표는 감정의 홍수나 감정의 사막을 피하는 것입니다. 부모는 비합리적인 인상이나 자전적 기억, 필수적인 감정들이 나름의 중요한 역할을 수행하도록 놔두고 싶어 하지만, 그런 면들을 자아와 통합하여 삶에 질서와 체계를 부여하게 되기를 바라기도 합니다. 이런 면에서 전뇌적 양육이란 아이에게 휘둘리거나 나쁜 행동을 부추긴다는 뜻이 아닙니다. 오히려 그 반대로, 아이의 뇌가 어떻게 작용하는지 이해함으로써 큰 소동 없이 아이의 협조를 빨리 이끌어내자는 것입니다.

양육지침

논리적인 대응은 효과적이지 않습니다. 아이의 주장이 부모에게는 어이없고 비논리적으로 생각되겠지만, 아이는 자기가 부당한 대우를 받고 있고 자기의 불만이 정당하다고 진심으로 믿고 있습니다. 아이가 속상해하고 있다면, 우뇌의 정서적 욕구를 반영해줄 때까지 좌뇌의 논리는 도움이 되지 않을 때가 많습니다. 짜증이 많을 땐 정서적으로 공감을 해주면서 다음과 같은 방법으로 대해보세요.

1. 아이를 달래듯 다정하게 대응합니다. 우선 부모가 우뇌 대 우뇌로 아이의 감정을 알아주어야 합니다. 정서적 교감이 중요하기 때문입니다. 부모와 아이는 서로의 마음을 알아줌으로써 연결되었다는 느낌을 경험합니다. 신체 접촉, 공감하는 표정, 달래는 억양, 비판 없는 경청 등으로 아이의 우뇌를 달래주세요.

2. 대화를 통해 좌뇌에 다시 방향을 잡아줍니다. 아이와 정서적 교감이 이루어졌다면 자신이 아이들을 공평하게 대하려고 얼마나 노력하는지 논리적으로 설명해주세요. 아이는 감정이 안정되면 부모의 말을 들을 준비를 하게 됩니다. 아이가 원하는 것 중 부모가 해줄 수 있는 것이 있다면 구체적으로 약속을 하고, 앞으로 무엇을 할지, 그것을

재미있게 하기 위해서 같이 계획함으로써 좌뇌를 사용할 기회를 주도록 합니다.

3. 무조건 다 받아주거나 정해진 한계를 허물지 않습니다. 아이의 좌뇌가 기능을 하지 못하고 있다고 해서 존중과 행동의 원칙을 버려서는 안 됩니다. 예를 들어, 무례하게 굴거나 다른 사람을 다치게 하거나 물건을 던지는 등, 허용해서는 안 되는 행동은 아이의 감정이 아무리 격할 때라도 여전히 금지되어야 하는 게 옳습니다. 부모는 아이와 교감하거나 방향을 잡아주기 전에 아이의 나쁜 행동을 제지하거나 아이가 상황에서 벗어나도록 도와주어야 합니다.

4. 일관성을 지킵니다. 아이에게 올바른 생활습관을 갖게 하려면 부모가 양육에 일관성을 갖는 것이 중요합니다. 똑같은 잘못을 저질러도 부모의 기분에 따라 어떤 때는 혼나고, 어떤 때는 그냥 넘어간다면 아이는 혼란스럽고 불안해집니다. 무엇이 바람직한 행동이고, 무엇이 부적절한 행동인지 헷갈리기 때문이지요. 아이에게 바른 생활습관을 갖도록 원칙을 정하기에 앞서, 부모부터 일관성을 지켜나가는 것이 중요합니다.

5. 부모의 생활습관을 점검합니다. 부모는 아이가 만나는 최초의 관계입니다. 이런 사회적 관계에서 부모의 행동을 보고 아이들은 배웁

니다. 부모의 말투나 표정은 물론 행동, 식습관, 좋아하는 음식까지 닮는 것이지요. 이를테면 정리정돈하지 않는 부모 밑에서 자란 아이에게 정리정돈 잘하는 습관을 기대할 수는 없습니다. 또 부모가 불규칙하게 생활하면 아이 역시 불규칙한 행동을 하기 쉽습니다. 부모가 짜증을 자주 부린다면 아이 역시 사소한 일에도 짜증을 잘 내겠지요. 아이는 부모의 뒷모습을 보면서 자란다는 것을 기억해주세요.

6. 이성적인 아이가 부모의 마음에 상처를 주는 행동을 한다면 부모에게 불만을 표현하는 것입니다. 부모에 대한 불만을 표현하기 위해 부적절한 행동을 하는 경우에는, 아이의 마음을 읽어주는 것이 우선입니다. "네가 지금 많이 속상하구나"라는 말로 다독여주면서 공감해주는 것만으로도 아이의 행동을 변화시킬 수 있습니다.

7. 주도적인 아이는 부모와 힘겨루기를 하며 부모를 화나게 할 수 있습니다. 힘겨루기를 하려고 하는 행동이라면 부모의 권위로 제압하지 마세요. 오히려 한 발짝 물러나 우회적으로 반응하는 것이 효과적입니다.

8. 까다로운 아이는 부모의 관심을 끌기 위해 부모를 귀찮게 할 수 있습니다. 이때는 부모의 관심이 못된 행동을 부추기는 결과를 낳게 됩니다. 대신 바람직한 행동을 했을 때는 듬뿍 칭찬해주는 것이 좋습니다.

9. 감성적인 아이는 스스로 무능함을 보여주어 안쓰럽다거나 안됐다는 느낌이 들게 하기도 합니다. 아이가 아무 일도 할 수 없다는 듯이 무능함을 보이는 것은, 대개 부모가 과잉보호를 한 탓입니다. 따라서 이런 아이들은 무조건 도와주면 안 됩니다. 스스로 잘할 수 있는 것을 골라서 할 수 있도록 격려해주는 것이 우선입니다.

03

사회성도 배우고 경험해야 키워진다

QUESTION ?

52개월 된 딸아이가 어린이집을 다니다가 유치원에 다니기 시작한 후부터 웃지도 않고 우울해하는 것 같아요. 이상하다는 생각이 들어서 왜 그런지를 물었더니 "난 유치원에 친구가 없어. 혼자야. 유치원에 가기 싫어. 어린이집 가고 싶어. 친구도 없으니까 혼자 앉아서 그림만 그려"라고 하네요. 유치원에 친구도 없고 재미가 없다는 말만 반복하면서 가기 싫다고 합니다. 다른 아이들끼리는 친하다고 합니다. 특히 친해지고 싶은 친구가 있는데 그 아이는 다른 아이하고만 논다고 합니다. 이런 이야기를 들을 때마다 우리 아이가 사회성이 떨어지는 건 아닌지, 속상하기도 하고 걱정도 됩니다.

ANSWER

부모는 아이들이 다정하고 배려심이 있게 자라기를 원합니다. 아이들이 친절하지 않으면 사회성이 부족한 것은 아닌가 걱정도 되지요. 그런데 5~6세 아이에게 현명한 어른처럼 행동하기를 기대할 수는 없습니다. 아이들이 너그럽고 공손할 뿐 아니라 강인하기까지 바라는 것은 이제 막 혼자서 신발을 신을 줄 알게 된 아이에게 지나치게 과도한 요구가 아닐까요.

공감과 인간관계를 담당하는 신경회로는 아이들마다 다릅니다. 글을 읽기 힘들어하는 아이가 있는 것처럼 뇌 안의 신경회로가 부족하여 또래 아이들과 관계를 갖는 것을 어려워하는 아이도 있습니다. 이렇게 사회성 발달에 문제가 있는 아이라면 인간관계란 무엇인지 배우고 그에 따르는 책임을 수행하도록 가르쳐야 합니다.

아이들은 자기에게 중요한 사람들과 시간을 보내면서 의사소통, 경청, 얼굴 표정의 해석, 비언어적 표현의 이해, 공유, 희생 같은 중요한 인간관계 기술을 익힙니다. 자기가 주변 세계에 어떻게 적응하는지, 인간관계가 어떻게 돌아가는지 나름대로 판단하며, 앞으로 인간관계를 맺으면서 외롭고 인정받지 못한다는 느낌을 받게 될지, 불안하고 혼란스러울지, 누군가 나를 공감하고 이해하며 안전하게 도와줄지 배우게 됩니다.

발달적 의미

인간관계를 만들어 가는 과정에서 부모와의 관계는 무엇보다 중요합니다. 부모의 보살핌을 받지 못하면 아이의 좌뇌 전두엽의 활동이 줄어든다는 연구 결과가 있습니다. 좌뇌 전두엽은 긍정적인 감정과 사회적 행동에 관여합니다. 무심한 부모 밑에서 자라는 아이는 좌뇌 전두엽이 활동적이지 않으며 자신과 다른 사람들에 대해 부정적인 감정을 갖게 됩니다. 거부당할지도 모른다는 두려움 때문에 부모와 친구를 가까이하지 않지요. 부모의 사랑을 잃을 수 있다는 두려움이 커지면서 싸우기 아니면 도망치기 반응을 보이기도 합니다. 도망치기 반응은 우울해지거나 사회적으로 위축되는 것이고, 싸우기 반응은 공격적이고 반사회적이 되는 것입니다.

뇌는 인간관계를 할 수 있도록 만들어진 기관입니다. 뇌는 사회적 신호를 받아들일 수 있으며, 또래 아이들과 상호작용을 하면서 끊임없이 다시 만들어집니다. 아이들은 인간관계에서 기쁨을 느낍니다. 에피네프린, 도파민, 오피오이드의 도움으로 신체 각성 수준이 높아지면 강렬하게 살아 있고 완전히 깨어있음을 느끼며 자신감과 활력에 넘칩니다. 어린 시절에 이러한 신경전달물질이 반복적으로 분비되면 자발성, 이상 추구, 희망, 세상에 대한 경외감, 순수한 기쁨을 느끼게 됩니다. 꿈을 실현하기 위해 노력하고, 개인적 이익뿐 아니라 의미 있는 무언가를 추구하며, 세상에 기여하는 데 만족과 자긍심을 얻을 수 있지요.

아이가 행복하려면 개인의 사적인 관심사도 중요하지만 다른 사람을 위해 주의와 열정을 쏟는 것도 필요합니다. 아이의 뇌는 자아와 타자가 통합함으로써 의미와 행복을 발견합니다. 이것은 뇌가 사람들 간의 통합에 적합하게 만들어졌다는 것을 의미합니다. 아이들이 서로의 차이를 존중하면서 또래 아이들 사이의 연결을 형성하고 가꾸는 일이 중요한 이유입니다.

양육지침

아이가 혼자 노는 것에 너무 불안해하지 마세요. 아이의 발달 과정 중에 놀이의 형태를 가만히 들여다보면 혼자놀이, 같이 있으면서 따로 노는 평행놀이, 협동놀이 등으로 변화해 갑니다. 나이에 따라 혼자 놀거나 여럿이 노는 시기가 다릅니다. 5-6세 때는 아이에게 단짝 친구가 없다고 크게 걱정하지 않아도 됩니다. 아직은 함께 노는 것에 불과하고 진정한 의미의 인간관계가 성립된다고 보기에는 무리가 있기 때문입니다. 친구와 잘 사귀는 아이도 여러 놀이를 많이 알고 있거나, 운동을 잘하거나, 힘이 세거나, 리더십이 있어서 다른 아이들에 비해 좀 더 인기가 있는 것뿐입니다.

1. 자신감을 키워줍니다. 아이들은 자존감이 부족하거나 의존적인 성향이 있을 때 친구를 잘 사귀지 못합니다. 특히 자신의 재능과 가치를 알지 못하는 아이라면 또래 아이들과 친밀하고 좋은 관계를 맺기 어렵습니다. 자신감이 없는 아이에게 호감이 생기기 쉽지 않기 때문이지요. 평소 아이가 자존감을 갖고 의존적이지 않도록 관심을 써주세요.

2. 스스로 선택하게 합니다. 사소한 것이라도 아이에게 선택할 기회를 주세요. 장난감이나 옷을 스스로 고르게 하고, 읽을 책은 스스로 꺼내오게 하고, 무슨 놀이를 할 것인지 스스로 선택하게 하면, 자신에 대한 믿음이 생기고 자신감이나 자존감으로 이어집니다. 일단 아이가 선택한 것에 대해서는 인정해주세요. 아이가 고른 옷이 마음에 들지 않는다고 해도 바꾸려고 하지 마세요.

3. 거울뉴런을 이용합니다. 자아와 타자의 통합에 가장 중요한 역할을 하는 것이 거울뉴런입니다. 거울뉴런은 주변 세상에서 보는 것을 바탕으로 다른 아이들이 하는 행동의 의도뿐만 아니라 그들의 감정 상태도 반영합니다. 아이들은 또래 아이들의 행동뿐만 아니라 감정까지도 따라합니다. 거울뉴런 때문에 어떤 행동이 이어질지 알 수 있고 그 행동 속에 스며있는 감정과 의도까지 스펀지처럼 흡수할 수 있습니다.

4. 사회적 기술과 놀이를 가르칩니다. 남의 말을 경청하거나 타협하는 기술을 그림처럼 자세히 설명해주세요. 예를 들어 한 장난감을 서로 가지고 놀고 싶어 하면 각각 시간을 정해서 번갈아 가지고 놀도록 하거나, 순서를 지키는 것을 가르쳐줍니다. 그러면 아이들은 다른 갈

등 상황에서도 부모가 알려준 해결법을 활용하게 됩니다. 아이가 잘 할 수 있는 것을 점검해봅니다. 레고 놀이, 달리기, 게임하기 등 아이가 비교적 자신 있어 하는 것을 미리 알아두고 친구에게 자랑할 기회를 주어 자신감을 키워줍니다.

5. 또래 아이들과 사귈 시간을 줍니다. 평소 학원이나 문화센터 프로그램, 가족 간의 스케줄로 인해 시간이 빡빡하게 돌아갈 경우에도 또래 아이들과 사귀기가 힘들어집니다. 의도적으로라도 또래 아이들과 접할 수 있는 기회를 자주 마련해주는 시간적 배려가 필요합니다. 친구를 집으로 초대하여 익숙한 환경에서 낯선 사람과 어울릴 수 있는 기회를 마련해주세요. 그런 다음 친구네 집에 놀러 간다거나 놀이터에서 다른 또래와 어울릴 수 있게 해줍니다.

6. 단계적으로 사회성을 길러줍니다. 혼자 놀고 혼자 행동하는 아이를 보면 외톨이가 되는 것은 아닌지 걱정이 앞서기도 하지요. 이럴 때 부모가 지레 겁을 먹고 억지로 여러 명의 친구를 만들어주려고 하면 오히려 역효과가 날 수 있습니다. 처음엔 한두 명의 아이와 놀게 하는 것으로도 충분합니다. 그 아이와 깊이 친해지면 친구와 노는 즐거움도 느끼고, 사회성도 길러질 것입니다.

7. 선택을 인정합니다. 주도성이 강한 아이에게는 일단 아이의 선

택을 인정한 후에 선택의 결과에 대한 책임을 지게 합니다. 자신이 고른 장난감을 사고 나서 잘못된 선택이었다고 느끼면 다음번 장난감을 고를땐 그만큼 신중해지고 정확해질 수 있습니다.

8. 잔소리를 제한합니다. "이렇게 해라, 저렇게 해라"라고 부모가 잔소리하면서 간섭하면 아이는 스스로 문제를 해결하지 못하고 의존적으로 됩니다. 스스로 문제를 해결할 수 있도록 유도하면서 기다려주세요.

9. 호감을 가진 친구와 어울리게 합니다. 아이가 호감을 보이는 친구들이 있다면 함께 어울릴 수 있는 기회를 자주 만들어주세요. 집으로 초대하거나 문화센터 프로그램을 같이 하는 것도 도움이 됩니다. 부모들끼리 먼저 친해진 후 아이들끼리 자연스럽게 놀게 하는 것도 좋습니다.

04

역할놀이를 통해 정서지능을 키운다

QUESTION ?

5세 남자아이를 키우고 있습니다. 아이의 감정 기복이 심한 편이라 걱정입니다. 기분 좋게 놀다가도 갑자기 화를 내며 엄마를 때리곤 합니다. 요즘은 "엄마를 때리는 건 절대 안 돼!"라며 혼을 내고, 화를 내면 너의 말을 들어줄 수가 없다고 단호하게 말하고 있습니다. 그런데 오늘 아침, 테이프에 묻어있는 것을 떼어 달라고 해서 그건 안 떼어지는 것이라고 말했더니 갑자기 소리를 지르며 화를 참지 못하는 모습을 보였습니다. 앞으로 어떻게 해야 할까요?

ANSWER

감정을 조절하는 대뇌변연계 상부가 발달하려면 시간이 오래 걸립니다. 따라서 감정을 통제하고 평가하는 일은 5~6세는 되어야 비로소 시작되지요. 감정조절에는 전전두엽도 중요한데 사춘기가 지난 후에야 전전두엽과 편도체를 연결해주는 신경섬유가 수초화됩니다. 신경회로의 속도가 증가하고, 전전두엽이 효율적으로 감정을 조절할 수 있게 되는 것이지요.

전두엽이 성숙해지면, 감정은 대뇌변연계에서 만들어지지만 전두엽에서 지각할 수 있습니다. 자신의 감정을 주변의 사건과 일치시킬 수 있고 피곤하거나 배가 고프거나 실망한 것을 부모에게 알리기 위해 스스로에게 관심을 집중합니다. 중요한 것은 이때 공감 능력이 생기기 시작한다는 것입니다. 5~6세가 되면 자신이 좋아하는 과자를 타인에게도 주게 되지요. 자아통합이 이루어지는 것입니다. 따라서 이 나이 때는 아이들이 다양한 시각에서 감정을 바라보도록 가르쳐야 합니다. 역할놀이를 통해 다양한 상황에서 사람들이 어떻게 느끼는지, 어떤 상황에서 형제나 친구가 어떤 기분이 드는지 계속 알려주어야 합니다. 이런 연습은 특히 여자아이에 비해 공감능력이 떨어지는 남자아이들에게 도움이 됩니다.

발달적 의미

자아통합을 이루기 위해서는 감정뿐 아니라 하위 뇌의 탐색시스템도 필요합니다. 이 시스템이 활성화되면 아이는 호기심을 갖고 주변을 탐험하고 조사하지요. 삶에 대한 의욕, 새로운 것을 추구하는 에너지, 그리고 목표를 이루려는 열정이 생깁니다. 탐색시스템은 마치 근육과 같아서, 사용하면 사용할수록 호기심이 왕성해지고 창의적이 되며 더욱 분발하게 됩니다. 탐색시스템을 튼튼하게 하려면 부모가 아이의 집중력과 호기심, 모험심을 자극한 뒤 한발 물러서서 아이가 아이디어와 창의성을 발휘할 수 있도록 지켜봐줄 필요가 있습니다.

신체적 감각도 자아통합에는 중요한 요소입니다. 신체 놀이는 항스트레스 효과가 있으며, 뇌에서 오피오이드를 다량 분비하게 함으로써 강력하고 긍정적인 감정을 유도합니다. 특히 상호작용 놀이는 전두엽의 감정 조절 기능을 향상시키는 데 영향을 크게 미칩니다. 상호작용 놀이 프로그램에 참여한 아이들은 감정 조절 면에서 현저한 발달을 보이는데, 상호적인 신체 놀이를 하면 상위 뇌 발달을 촉진하는 BDNF라는 신경촉진인자가 분비됩니다. 아이와 신체 놀이 시간을 많이 가지면 감정과 스트레스를 좀 더 잘 관리하고 자아를 통합하는 데 도움이 됩니다.

자아는 감정, 탐색시스템, 감각, 생각 등이 통합되어야 기능을 할 수 있습니다. 자신의 감정을 듣고, 인정하고, 표현하는 경험과 자신의 호기심이나 열정을 발휘하는 체험, 신체 놀이를 통한 스트레스 회복력, 그리고 스스로 문제를 인식하고 해결하려는 문제해결력이 쌓이면서 만들어지기 때문이지요. 아이에게 자아가 생기면, 추리, 계획, 반성, 행동하기 전에 생각하는 능력, 연결하고 연계하는 능력, 협상력, 문제해결력이 생깁니다. 반면, 부모가 아이의 감정이나 생각을 자주 무시한다면 아이는 자기가 느끼고 생각하고 행하는 모든 것이 부모의 기대에 어긋난다고 믿게 됩니다.

양육지침

아이가 평소 자신의 생각과 의견, 느낌과 감정을 분명하게 표현할 수 있도록 도와주세요. 자산이 생각하고 느끼는 것을 충분히 표현할 수 있다면 부당한 대우를 받았을 때 적절한 대처가 가능합니다. 상황에 맞는 말은 자신을 방어할 수 있는 일종의 수단입니다. 부모가 든든한 지원자가 되어 "너는 할 수 있어!", "네 뒤에는 엄마 아빠가 있어!"라고 격려해줄 때 아이의 자존감과 긍지가 높아집니다.

1. 부모의 적절한 행동은 아이에게 거울이 됩니다. 자아통합을 이루는 가장 좋은 방법은 부모가 모델링이 되는 것입니다. 부모가 다른 사람을 배려하고 친절한 행동을 보여주거나 자녀들을 공정하게 대하면, 아이는 생활 속에서 자연스럽게 자아를 통합해 갑니다.

2. 기질적 차이를 인정합니다. 사람은 저마다 갖고 태어나는 기질을 바탕으로 자아가 발달합니다. 순하거나, 까다롭거나 느린 기질 등 다양한 기질로 인해 행동도 다르게 나타납니다. 그런데 부모가 아이의 기질을 잘 파악하고 있지 못하면 아이가 보이는 행동을 무조건 문제 행동으로 보게 됩니다. 그렇기에 타고난 기질로 인해 특정 나이에 흔히 나타나는 행동이 무엇인지 미리 파악해두는 게 좋습니다. 기질적인 특성으로 드러나는 행동과 떼를 쓰거나 자기 멋대로 하는 등의 문제 행동이 다르다는 것을 이해하고 접근해야 합니다.

3. 부모와의 관계부터 점검합니다. 아이를 너무 허용적으로 키우거나, 아이의 감정을 거부하는 태도는 바람직하지 않습니다. 자기통제를 잘 하지 못하고 감정과 행동을 조절하는 데 어려움을 느끼는 아이가 될 수도 있기 때문입니다. 아이가 자유롭게 생각하고 그 생각대로 행동할 수 있도록 지켜보되, 정도를 벗어나는 것에 대해선 제한하는 분별력을 갖고 대해야 합니다.

4. 아이의 이야기에 귀 기울이면서 공감해주세요. 아이는 정답만 원하는 부모에게는 거리감을 느끼며 말을 잘 듣지 않습니다. 자신의 감정을 이해하지 못하는 부모와는 대화를 꺼리게 되지요. 먼저 아이의 감정에 공감해주고 기다려보세요. 아이는 마음을 헤아려주는 부모에게 자신의 문제를 의논하고 부모의 의견을 귀담아듣습니다.

5. 문제 해결 방법을 스스로 찾게 하세요. 아이의 잘못된 행동에 대해 바로 지적하기보다 질문을 통해 스스로 생각해볼 수 있는 기회를 만들어주세요. 이때, 아이 스스로 문제를 해결할 수 있도록 유도하는 것이 중요합니다. 아이가 이야기를 할 수 있도록 분위기를 만들어주되, 만일 적절치 않은 결론을 내렸다면 실제로 행동했을 때 어떤 결과가 나올 것인지 예측할 수 있도록 충분히 대화를 나눕니다.

6. 선의를 보여주세요. 아이가 부모의 약점을 이용해 보복하려는 행동을 보이면 부모도 상처를 받습니다. 그래서 아이에게 보복하는 말이나 행동을 쉽게 해버리지요. 이런 부모의 모습이 아이의 마음에 상처를 주어 관계가 악화되기도 합니다. 이때 부모는 의도적으로 선의를 보여주는 것이 좋습니다. 아이가 "엄마는 왜 항상 나한테 짜증내?"라고 말하면 "그렇게 들렸구나, 엄마는 화나지 않았어"라고 차분한 목소리로 타일러주세요.

7. 바로 대응하지 마세요. 주도적인 아이는 부모가 어떤 지시를 했을 때 따르지 않음으로써 힘겨루기를 할 수 있습니다. 이때는 바로 대응하기보다 한 발짝 뒤로 물러나 그 상황에서 벗어난 후 어느 정도 시간을 가지고 다시 지시하는 것이 효과적입니다.

8. 의도적인 행동은 무시하세요. 부모가 이야기를 나눌 때 아이가 갑자기 전혀 상관없는 질문을 하면서 끼어들거나, 의도적으로 나쁜 행동이나 지나치게 착한 행동을 할 수 있습니다. 관심을 끌기 위해 의도적으로 하는 행동은 무시하는 것이 좋습니다. 하지만 아이가 의도하지 않은 상황에서 착한 행동을 했을 때는 적극적으로 관심을 보여주고 구체적으로 칭찬해주세요.

9. 무조건적인 동정심은 바람직하지 않습니다. 아이들은 종종 스스로 아무것도 못하는 것처럼 보여서 동정을 이끌어내기도 합니다. 엄마의 말에 울음을 터뜨리거나 "난 못해, 엄마가 해줘!" 하는 식으로 반응하는 경우입니다. 아이의 나약함에 동정심을 보이거나 빠르게 도움을 주려고 하기보다 아이가 잘할 수 있는 행동을 유도해 격려해주는 것이 좋습니다.

05

타임아웃의 활용

QUESTION ?

4세 남자아이를 키우고 있습니다. 요즘 아이가 자꾸 침을 뱉어서 타임아웃 방법을 사용했어요. 5분 정도 했는데 이 방법이 오히려 아이에게 불안을 유발하는 건 아닌지 걱정입니다.

ANSWER

학자들에 따라 아이의 부정적인 태도를 훈육하기 위해 타임아웃 방법을 사용할 것을 권하고 있습니다. 많은 부모님들이 가장 적절한 타임아웃 시간을 궁금해 하는데, 일반적으로 아이 연령당 1분 정도로 시간을 제한하는 것이 좋습니다. 적절한 타임아웃 방법은 아이와 부모 모두에게 지나치게 감정이 격앙되지 않도록 돕고, 아이 스스로 생각할 수 있는 시간을 통해 행동을 조절할 수 있도록 한다는 장점이 있습니다.

그러나 아무리 적절한 훈육 방법이라고 해도 아이가 너무 무서워하거나 심하게 거부할 때에는 다른 방법을 사용해보라고 권하고 싶습니다. 그리고 훈육을 하기 전에 아이의 마음을 이해하고 말로 표현해주세요. "심심해서 그렇구나", "속상했구나" 등 마음을 말로 표현해주면 아이 또한 자신이 왜 그런 행동을 했는지 이유를 알게 됩니다. 아이가 자신의 마음을 이해하게 되면 서서히 부정적인 행동을 줄여나가게 됩니다.

어떤 것을 금지할 때는 이유를 설명해주고 대안을 제시해주세요. "여기에 침을 뱉으면 안 돼. 바닥이 더러워지잖아. 우리 청소해야 해"와 같이 안 되는 이유를 설명해주고 "대신 엄마랑 ** 하면서 놀자"로 아이의 진짜 욕구를 잘 해결할 수 있는 대안을 줍니다. 이런 노력들이 통하지 않으면 그때 타임아웃을 사용하는 것이 좋습니다. 단, 부모가 볼 수 있는 곳에서, 아이의 연령에 맞게 타임아웃을 실시하세요.

아이가 별 거부감을 보이지 않는다면 계속 사용해도 괜찮습니다. 그러나 짧은 시간이라도 아이가 공포감을 느끼거나 과도하게 불편해하면 다른 방법을 사용해야 합니다. 모든 아이에게 모든 상황에서 타임아웃 방법이 효과적인 것은 아닙니다. 어떤 양육 방법을 사용할 것인지는 내 아이에게 달려 있습니다.

발달적 의미

타임아웃은 하위 뇌의 분리불안 체계를 활성화해서 고통중추를 자극합니다. 특정 행동을 하면 벌을 받는다는 사실을 연상하게 하지요. 타임아웃은 반항하거나 사람을 다치게 하거나, 물건을 손상시키는 행동을 했을 때 사용하는 것이 적당합니다. 특히 "형이 나보다 그림을 잘 그렸어. 형의 그림을 망쳐놓겠어!"라는 식으로 생각할 수 있을 무렵, 다시 말해 의도적으로 잘못을 저지를 만큼 상위 뇌가 충분히 발달했을 때 사용하는 것이 효과적입니다.

하지만 타임아웃은 고통을 주는 훈육 방법이므로 최후의 수단으로 삼아야 합니다. 실제로 위험하거나 파괴적이거나 해를 입히는 행동이 아니라면 우선 다른 방법들을 고려해보세요. 예를 들어 아이가 지루해서 말썽을 부릴 때 타임아웃을 사용하는 것은 바람직하지 않습니다. 그럴 때는 벌을 줄 것이 아니라 아이의 자극 욕구를 채워주어야 합니다. 네 살짜리 아이가 음식점에서 점심식사를 45분 동안 기다려야 한다면 지루함을 견디지 못하고 물 컵을 만지작거리고 포크로 식탁을 두드리기 시작할 겁니다.

바람직한 육아는 자극과 인정을 바라는 아이의 심리적 욕구를 진지하게 받아들이고 충족시켜주는 것입니다. 외출을 할 때는 아이가 지루해서 말썽을 부리지 않도록 크레용이나 장난감을 가져가거나, 적당한 도구가 없을 때는 낱말게임을 하거나 이야기를 해주는 등 자극 욕구를 채워줍니다.

양육지침

아이들이 하는 행동에는 다 이유가 있습니다. 무조건 타임아웃부터 시작할 것이 아니라 왜 침을 뱉는지 그 원인을 이해하고 살펴보는 것이 필요합니다. 심심해서인지, 친구가 하는 걸 보고 배워서인지, 화가 났다는 것을 표현하고 있는 것인지 등 아이 나름대로 이유가 있으니 이것을 먼저 잘 살펴보는 것이 필요합니다.

1. 타임아웃을 시작합니다. 아이가 바람직하지 못한 행동을 하면, 그 행동을 한 직후에 아이를 타임아웃 장소로 보냅니다. 10초 이내에 10마디 이하의 말을 사용해서 타임아웃 장소에 가게하고, 연령 당 1분씩 타임아웃 장소에 있게 하세요. 아이의 행동을 가르칠 때, 타임아웃 방법을 사용하면 일관적이면서 공정하고 효과적일 수 있습니다. 자그마한 휴대용 타이머를 준비해서 같은 장소에 둡니다. 타이머는 시간을 정확히 잴 수 있고, 타임아웃이 끝나는 시간을 아이에게 알려줍니다.

2. 타임아웃을 할 장소는 따분한 곳으로 선정합니다. 집안 이곳저곳을 살펴본 후에 즐겁지 않은 곳, 가지고 놀 것이 없는 곳, 가족들이 아무 관심도 두지 않는 곳을 선택하세요. 단, 그런 장소는 아이의 연령에 맞아야 합니다. 아이가 3~5세 사이라면 타임아웃을 할 이상적인 장소는 크고 등받이가 곧은 의자입니다. 의자는 격리된 방을 사용하는 것보다 안전합니다.

3. 아이에게 타임아웃에 대해 설명해주세요. 부모와 아이가 모두 편안할 때 타임아웃을 소개해주세요. 부모가 함께 설명해주는 것이 좋습니다. 아이가 타임아웃 규칙을 지키기를 부모가 바란다는 것을 알게 해줍니다. 아이를 사랑하지만 옳지 못한 행동은 본인은 물론 가족에게 문제를 일으키는 것이라고 말해주세요. 아이는 조용히 들을 수도 있지만 따질 수도 있습니다. 이 문제로 아이와 다투지 마세요. 아이를

타임아웃 장소로 보낼 권리가 부모에게 있는지 없는지로 논쟁할 필요는 없습니다.

4. 즉시 타임아웃 장소로 보내세요. 타임아웃을 할 만한 따분한 장소를 선정했고, 아이에게 타임아웃을 설명했으며, 부적절한 행동을 아이가 했다면 그 즉시 실행하는 것이 좋습니다. 시간이 지난 후 타임아웃 장소로 보내면 아이가 이해하지 못하게 됩니다.

5. 타이머로 시간을 맞추고 타임아웃 장소에서 기다립니다. 아이가 3살이라면 타이머의 시각을 3분에 맞춥니다. 단, 아이가 반항하면 평소보다 조금 더 타임아웃 장소에 더 있게 합니다.

6. 타임아웃 후에는 아이와 대화하세요. 약속한 시간이 지나면 타임아웃 장소에서 나와서 부모에게 오게 합니다. 이때 아이에게 타임아웃 장소에 가게 된 자신의 행동이나 자신이 어긴 규칙을 부모에게 말하도록 합니다. 어떤 부모는 자녀에게 타이머를 가져오라고 시키기도 합니다. 아이가 타임아웃을 당한 정확한 이유를 말한다면, "그래. 이것이 네가 타임아웃 장소에 가야만 했던 이유야"와 같이 아이의 말에 동의하세요. 부모는 그 정도의 말만 하면 됩니다. 아이를 꾸짖거나 잘못했다고 말하게 하거나 착해지겠다고 약속하라고 하지 마세요. 만약 아이가 타임아웃 장소에 가게 된 이유를 제대로 기억하지 못하거나

잘못된 이유를 제시한다면, 아이에게 정확한 이유를 말해주세요.

7. 효과적인 타임아웃의 때가 있습니다. 긍정적 강화에 의하여 유지되는 위험하거나 파괴적인 행동이 적은 경우, 부적절한 목표행동이 있을 시 바로 혹은 그때만 시행하였을 경우, 실제로 사용하기 전에 모의 타임아웃이 시행된 경우, 타임아웃 장소가 안전하고 감시가 가능하고 다른 사람의 방해가 적은 경우, 타임아웃 동안 말 걸기나 긍정적 강화의 접근을 최소화할 경우, 타임아웃이 끝난 후 돌아와서 친사회적인 행동을 할 기회를 줄 수 있는 경우입니다.

8. 타임아웃의 불이익도 염두에 둡니다. 타임아웃은 어른의 관심을 끌게 되어 문제행동의 긍정적 강화가 이루어질 수 있습니다. 또한 타임아웃 동안 과제나 활동이 지연되거나 끝내지 못할 위험도 있지요. 타임아웃은 지속적인 활동성을 방해하고 그 시간 동안 위험하거나 파괴적인 행동이 나올 수 있습니다. 타임아웃을 시행하기 어려운 장소도 있습니다.

9. 아이들마다 각자의 기질에 맞는 타임아웃 프로그램이 필요합니다. 평소 말을 잘 듣는 편이라면 그저 간단히 "타임아웃!"이라고 하면 됩니다. 그런데 어떤 아이들은 이 표현을 부정적인 의미로 받아들여 반항하곤 합니다. 이런 경우라면 "약간 조용한 시간을 갖도록 하자",

"잠깐 생각할 시간을 갖자", "지금은 우리 현수 타임이 필요한 것 같구나"등 타임아웃과 관련한 말을 긍정적인 요청으로 만들어주세요.

06

꾸중과 체벌에 의존하지 마라

QUESTION ?

우리 아이는 다른 아이를 보자마자 울리거나 곧잘 상처를 입히곤 합니다. 특별한 이유는 없는 듯합니다. 어떨 땐 장난감을 빼앗기 위해 울리기도 하지만 자기 기분이 썩 좋지 않으면 곁에 있는 아이의 얼굴을 공격합니다. 하지 말라고 볼기를 때려주면 금방 울음을 터뜨리기 때문에 저도 아이를 때린 후에는 달래줍니다. 내 아이가 다른 아이를 때렸을 때 체벌을 해도 괜찮나요? 때리거나 야단을 치면 자지러지게 울며 바닥에 머리를 들이받는 등 자해를 합니다.

ANSWER

아이가 말을 안 듣거나 다른 아이를 때릴 때, 때려도 좋은 걸까요? 심리학자들의 대체적인 대답은 "체벌은 하지 않는 게 좋다" 입니다. 그러나 부모 입장에선 호되게 야단을 치거나 때려서라도 잘못된 행동을 바로 잡고 싶은 마음이 들기도 하지요. 체벌이 이따금 필요하다고 생각하는 부모님들도 있지만 대개의 경우 불필요하고 바람직하지 않은 경우가 더 많습니다. 아이들을 자주 체벌하거나 혼내는 부모님이라면, 다른 방법을 찾지 못했거나 순간적인 감정을 억제하지 못해서가 아닌지 스스로를 돌아봐도 좋을 것입니다.

발달적 의미

부정적 강화가 효과적이려면 사건이 일어난 즉시, 강하게, 원칙에 따라 해야 합니다. 특히 꾸중과 체벌은 적절한 시기를 정해야 하고 반응에 대한 긍정적 강화가 다른 행동으로 가능해야 합니다. 이때 중요한 것은 동일한 잘못에 대해서는 언제, 어디서라도 비슷한 종류와 강도로 벌을 주는 일관성을 지키되, 왜 벌을 받는지 아이가 이해할 수 있도록 설명하는 것입니다. 사전에 벌의 종류와 강도에 대한 원칙을 상호간에 협의하여 정하면, 그릇된 행동을 했을 때 반드시 발견되어 벌을 받게 된다는 인식을 심어줄 수 있습니다. 그러나 이런 부정적 강화가 격려나 칭찬이 병행되지 않는 일상화된 꾸중이나 체벌이라면, 효과를 기대하기 어렵습니다.

따라서 상황에 따라 원리를 선택해야 합니다. 바람직하지 않은 행동은 다 나쁘기만 한 걸까요? 그 행동이 계속되면 정말 문제일까요? 아이의 행동이 크게 문제가 안 된다면 포화의 원리를 사용합니다. 아이가 싫증이 날 때까지 바람직하지 않은 행동을 허용하면 나중에 하지 않게 됩니다. 예를 들어 아이가 으깬 감자만을 먹으려고 한다면 이 원리를 사용할 수 있습니다.

아이가 바람직하지 않은 행동에 보상을 받지 않도록 주위의 상황을 조절할 수 있나요? 보상을 통제할 수 있다면 소멸의 원리를 사용하는 게 좋습니다. 아이가 바닥에 누워 떼를 쓴다면 아예 관심을 안 가지는 것입니다. 자신의 행동이 별로 이익이 안 된다고 생각하면 아이는 툭툭 털고 일어나 다시는 그런 행동을 하지 않습니다.

정말로 아이가 다른 행동을 하기를 원한다면 대체 행동의 강화 원리를 사용합니다. 예를 들어 아이가 음식으로 장난을 친다면 다른 장난감을 주어서 가지고 놀게 합니다. 그러면 음식을 가지고 장난치는 행동을 하지 않습니다.

이 세 가지 방법이 모두 효과가 없었나요? 그렇다면 꾸중과 체벌이라는 부정적 강화의 원리를 사용합니다. 그러나 이 방법은 행동을 변화시키는 바람직한 방법은 아닙니다. 체벌을 받으면 그 행동을 그만두고 싶은 마음이 들기보다 부모에 대한 저항감이 높아지거나 일시적으로 행동을 자제하는 것에 불과할 수도 있기 때문입니다. 그 행동이 순간적으로 은폐될 뿐이거나 다른 상황에서 재현될 수 있습니다. 꾸중과 체벌을 주는 사람은 벌을 받는 사람의 입장에서 이후 공격 행동의 대상이 될 수 있다는 것도 염두에 두어야 합니다.

양육지침

체벌과 같은 부정적 강화는 울음, 공포, 공격성 등 부정적인 감정반응을 일으킬 수 있습니다. 아이는 자기의 감정을 가라앉히기 전까지는 감정적으로 바깥과 문을 닫고 반응을 하지 않으려고 할 것입니다. 그러므로 왜 벌을 받는지 이해할 수 있도록 천천히 설명을 해주는 일이 필요합니다. 체벌과 관련된 상황이나 자극은 그 자체로 아이를 고통스럽게 합니다. 예를 들어 아이가 장난감을 빼앗으려고 다른 아이를 때리거나 상처를 입혔을 경우, 장난감을 빼앗은 아이를 체벌하면 아이는 다른 아이와 같이 있는 상황, 장난감, 다른 아이, 집안 환경, 부모 모두에 대해 고통을 느끼게 됩니다. "또 그러면 다시 엉덩이를 때려 줄 거야!"라고 경고한다면, 이 말 자체가 아이를 고통스럽게 하여 이러한 자극을 피해 도망치려고 할 것입니다. 어쩔 수 없이 꼭 체벌이 필요한 경우라도 신중하고 또 신중하게 할 것을 권합니다.

1. 적절한 대체행동에 대한 긍정적 강화가 이루어져야 합니다. 부정적 강화는 새로운 행동을 하게 하는 것이 아닙니다. 다만 과거의 행동을 억제할 뿐이지요. 이것은 처벌이 아이로 하여금 어떤 행동을 해야 할지 가르치지 못한다는 뜻이며 오직 해서는 안 되는 일에 대하여 가르친다는 의미입니다.

2. 신뢰감을 갖게 합니다. 꾸중이나 체벌하는 사람에 대한 신뢰감이나 존경심이 없다면 그 효과를 기대하기가 쉽지 않습니다. 아이는 부모를 모델로 삼아 쉽게 공격적인 행동양식을 배울 수 있습니다. 아이를 체벌하는 일은 부모의 공격적인 행동을 따르게 하는 모델을 제공하는 일이기도 합니다. 부모에게 체벌을 자주 받는 아이는 다른 아이를 때리게 됩니다.

3. 오직 행동만을 문제로 삼습니다. 꾸중이나 체벌을 할 땐 반드시 문제가 되는 행위에 대해서만 해야 하며, 아이의 인격이나 관련성이 없는 것까지 질책해서는 안 됩니다. 체벌은 바람직하지 않은 행동을 빠르게 억제하기 때문에 이것을 사용하는 부모 또한 부정적 강화가 이루어진다는 것을 기억하세요. 부모가 점점 체벌에 의지하게 되면 바람직한 행동을 하게 하는 긍정적 강화를 사용하는 법을 잊게 되어 예상치 못한 부작용이 점점 많아집니다.

4. 체벌 장소와 상황에 유의합니다. 아이에게도 어른과 마찬가지로 체면이 있다는 것을 염두에 둡니다. 친구 앞에서 뺨이나 머리를 맞는다면 창피함, 억울함, 분노를 느끼게 되므로 특별히 주의해야 합니다. 꾸중과 체벌은 아이가 혼자 있을 때 하는 것이 좋고, 여러 사람이 있는 곳에서 잘못을 저질렀다면 즉시 잘못을 깨우쳐주되 꾸중이나 체벌은 집에 돌아와서 합니다.

5. 체벌 도구를 사용하면 안 되며, 때리는 신체 부위를 일정하게 합니다. 아이의 행동에 화가 치민다고 빗자루 등 눈에 보이는 대로 아무 것이나 들고 아이의 신체 부위를 가리지 않고 때리는 행위는 절대로 하지 말아야 합니다. 손바닥으로 엉덩이를 때린다고 하더라도 사전에 맞아야 하는 이유를 알려주고 잘못을 충분히 이해시켜야 합니다.

6. 아이의 성별과 성격을 고려합니다. 여자아이는 남들이 보는 앞에서 꾸중하고 체벌하면 남자아이보다 마음에 상처를 입기 쉬우므로 되도록 혼자 있을 때 조용히 타이릅니다. 성격이 내성적이거나 소극적이라면 가능한 한 대화로 설득하는 게 좋습니다. 순종적인 아이라면 굳이 체벌을 하지 않아도 잘못된 행동을 고칠 것입니다. 적극적이고 활동적인 아이는 적당한 벌이 효과적일 수 있습니다. 그러나 반복해서 말씀드리지만 함부로 체벌하는 것은 오히려 역효과가 날 수 있으니 조심해서 합니다.

7. 감정적으로 대하기보다 이성적으로 벌을 줍니다. 체벌을 심하게 하면 아이뿐만 아니라 부모도 영향을 받습니다. 강한 분노에 휩싸이기 때문이지요. 아이의 버릇을 고치기 위한 체벌이라도 심하면 '학대'가 됩니다. 필요한 경우, 어느 정도 정색을 하고 아이를 꾸중할 필요는 있습니다. 벌을 줄 때는 분위기가 매우 중요하며, 장난치듯 벌을 주면 효과가 없습니다.

8. 극단적인 말은 피합니다. 부모가 체벌을 하면서 홧김에 내뱉는 극단적인 말은 아이에게 나쁜 영향을 미치고 반성보다 분노를 유발시킵니다. "꼴도 보기 싫다", "넌 내 자식이 아니다", "바보 멍청이처럼 굴지 마라" 등 부정적인 말을 자주 듣는 아이는 자신감이 떨어지고 소극적으로 변합니다. 목적이 아무리 좋아도 방법이 잘못되면 아이는 큰 상처를 받습니다. 부모에 대한 신뢰를 잃어버리고 분노가 커지지요. 특히 주의해야 할 말은 "하지 마라"는 말입니다. 이 말을 지나치게 자주 하면 아이는 '나는 아무것도 못하는 사람'이라고 스스로를 생각하게 되기 때문입니다. 체벌은 되도록 하지 않되 꼭 필요한 경우에만 신중하게 하며, 그때에도 상처가 되는 말은 하지 않도록 합니다.

07

감정 기복이 심한 아이의 정서적 반응을 수정하려면

QUESTION ?

아이의 변덕스러운 기분에 맞출 수가 없어서 힘이 듭니다. 기분이 좋은 듯하다가도 금세 짜증을 내며 화를 냅니다. 격한 감정에 사로잡히면 형이나 친구를 때리기도 합니다. 야단을 치며 단호하게 말하고 정말 심한 경우 엉덩이를 때리는 체벌을 하는데 점점 심해지는 것 같아 걱정입니다.

ANSWER

누군가를 때리는 행동은 잘못된 것이고 하면 안 된다는 것을 반드시 알려주세요. 때리는 행동을 하지 못하게 손을 붙잡거나,

몸을 꽉 잡아서 그런 행동 자체를 불가능하게 해야 합니다. 아이가 흥분해있을 때 설명하거나 잔소리하는 것은 효과적이지 않습니다. 우리 뇌는 흥분하면 변연계가 과민해지는데, 이성의 뇌가 기능을 제대로 하지 못하기 때문에 설명이나 잔소리가 귀에 들어오지 않습니다. 아이가 화를 내거나 흥분할 때에는 화를 내지 못하게 제지하기보다 화를 풀 시간을 주는 것이 좋습니다. “네가 몹시 화가 났구나”라고 감정의 이름을 붙여주는 것만으로도 감정을 가라앉히는 데 도움이 됩니다.

아이를 꼭 안아주거나 손을 잡아주는 스킨십도 감정을 가라앉히는 데 효과적입니다. 감정이 가라앉고 나면 때리는 것은 나쁜 것이라고 설명해주고 앞으로 어떻게 할 것인지 말해보라고 합니다. 부모가 대책을 말하기보다 아이 스스로 대책을 말할 수 있도록 유도하면 좌뇌가 활성화되어서 감정도 가라앉고 이성적인 판단도 생기게 됩니다. 일부러 시위하기 위해 흥분하고 짜증을 부릴 때는 무관심하게 그 곁을 떠나는 것이 좋지만 좌절하거나 진짜로 화가 나서 짜증을 부릴 때는 원인을 해소해주고 감정을 받아주면서 감정을 풀 시간을 주도록 합니다.

발달적 의미

얼굴을 자주 찡그리고 별것 아닌 일에도 화를 내거나 툭하면 삐치고 말을 안 하거나 속상하거나 화가 났을 때 감정을 주체하지 못해 대책 없이 소리 지르고 운다면 대책을 강구하기 전에 몸에 이상이 없는지부터 점검해봅니다. 몸이 아프면 만사가 귀찮고 사소한 일에도 짜증이 나기 때문이지요. 신체적으로 별다른 문제가 없다면 주변 환경에 변화가 생겼는지 살펴봅니다. 가정에 불화가 있거나, 부모가 갑자기 바빠졌거나, 동생이 생겨서 알게 모르게 아이에게 소홀해져도 감정기복이 심해질 수 있습니다.

특히 주변 환경과의 관계가 원만하지 않을 때 아이들은 민감해지기 쉽습니다. 아이의 생활을 꼼꼼히 점검해보고 변화된 환경이 최대한 회복이 되도록 노력합니다. 그럴 수 없을 경우에는 환경이 바뀐 이유를 차근차근 설명해주도록 합니다. 평소 안 그러던 아이가 갑자기 짜증이 잦아진 경우라면 유치원에서 사회적 어려움을 겪고 있을 수도 있습니다. 아이의 표정을 잘 살펴보세요.

양육지침

아이가 정서적으로 기복이 심하다고 부모도 같이 화를 내면 안 됩니다. 아이들은 기능이 다양한 장난감을 좋아하는데 특히 단추를 누르면 소리가 나는 것을 좋아합니다. 아이가 뭔가를 했을 때 소리를 지르는 부모는 아이에게 무척 재미있는 장난감이 될 수 있습니다. 함께 교감하는 것이 좋아 놀이의 일종으로 부모를 화나게 할 수 있는 것이지요.

1. 아이의 말을 경청합니다. 화를 내거나, 과격한 행동을 하거나, 씩씩거리며 방안을 돌아다니는 아이의 말을 우선 들어주세요. 원하는 만큼 충분히 들어줍니다. 부모가 충분하게 사랑과 관심을 가지고 들어주면 아이는 금세 기분이 좋아집니다.

2. 아이의 요구를 들어줍니다. 어린 아이가 원하는 게 무엇일까요? 안아달라거나, 밖에서 놀고 싶다거나, 그림책을 읽어달라거나, 자신을 봐달라는 등 지극히 어린이다운 '아주 작은 요구'입니다. 지금 당장 부모가 해줄 수 있는 일을 바랄 뿐, 부모가 할 수 없는 일은 절대로 요구하지 않습니다.

3. 아이 중심으로 생각합니다. 5~6세가 되기 전의 아이들은 자신이 아끼는 것이라면 양보는 물론이고 잠깐 빌려주는 것도 용납하지 않습니다. 부모의 물건을 비롯해 주변의 모든 것을 자기 것이라고 생각하지요. 아무리 아이를 사랑해서 하는 행동이라고 해도 부모의 입장이 우선시되어 있다면, 즉 아이가 진정으로 원한 것이 아니라면 아이의 마음은 움직이지 않습니다.

4. 분명한 경계를 제시함으로써 양육하되 겁을 주거나 사랑을 거두는 것으로 복종을 강요하지 않습니다. 부모가 자신의 심리적 욕구불만 때문에 아이를 숨 막히게 만드는 사랑을 하는 건 아닌지 돌아봐야 합니다. 여유로운 마음으로 아이의 기쁨도 고통도 함께할 수 있어야 합니다.

5. 아이의 몸 상태를 점검합니다. 아이들은 피곤하면 더 크게 화를 냅니다. 조금만 마음에 들지 않아도 화를 조절하지 못하지요. 피곤해

서 짜증이 나면 불행하다고 느끼고 그 이유를 찾습니다. 그리고 처음으로 마주치는 것에 핑계를 대며 화를 냅니다. 노란색 장난감은 싫다, 사탕을 달라, 누나가 들고 있는 공 인형을 내놓아라, 지금 밥을 안 먹겠다 등 모든 일들이 떼를 쓰는 이유가 될 수 있습니다.

6. 잠을 충분히 재웁니다. 연구 결과에 의하면, 수면 부족은 신체 각성을 조절하는 자율신경계의 불균형 증상을 일으킵니다. 자율신경계가 균형을 유지하며 자연적인 진정기제가 작동해서 기분을 안정시킵니다. 하지만 수면이 부족하면 진정기제가 제대로 기능하지 못하고 각성체계가 지배를 하게 되면서 과도한 각성 상태가 됩니다. 부정적 감정이 강화되는 것이지요.

7. 저혈당인지 확인합니다. 아이들은 배가 고프면 호르몬이 교란되어 짜증을 부릴 수 있습니다. 혈당이 너무 낮게 떨어지면 부신에서 스트레스 호르몬이 분비됩니다. 이때 분비되는 코르티솔과 에피네프린은 혈당 농도를 높이는 동시에 불안, 초조, 공격성, 공포, 혼란과 같은 감정들을 일으킵니다. 이런 고통스러운 감정을 느낄 때 아이는 떼를 쓰고 통제력을 잃습니다.

8. 아이의 실망감이 어디에서 비롯된 것인지 파악합니다. 상실감과 실망감은 뇌의 고통중추를 활성화시킵니다. 아이들이 실망감이나 상

실감을 느끼면, 고통을 참지 못하고 울음을 터뜨리는데, 감정을 다스리기 위해서는 부모의 도움이 필요합니다. 아이들은 자신의 마음이 이해받기를 바라기 때문입니다.

9. 군것질을 제한합니다. 일정량의 단백질을 섭취하지 않거나 식사를 제대로 하지 않고 빈속에 초콜릿과 캔디를 먹으면 혈당농도가 치솟습니다. 일시적으로 힘이 나더라도 지나치게 높아진 혈당량을 적정 수치로 되돌리기 위해 인슐린이 분비되는데, 30분 정도가 지나면 혈당이 급격하게 떨어지면서 군것질을 하기 전보다 더 낮아집니다. 저혈당이 되면 공격성을 띠거나 불안감을 느껴 여기저기 뛰어다니거나 기어오르는 등 과잉행동을 보입니다. 간식을 준다면 혈당량을 급격히 떨어뜨리지 않으면서 세로토닌 수치를 높일 수 있는 과일 잼을 바른 빵 같은 복합탄수화물이 낫습니다.

08

아이의 기질에 따른 훈육법

QUESTION ?

아이의 기질, 성향에 따라 아이를 보살피는 방법이 다를 것 같습니다. 맨투맨으로 기질에 따른 훈육 전략을 알려주세요.

ANSWER

기질이란 일종의 행동 스타일로 어떤 상황에 처했을 때 아이가 반응하는 방식을 말합니다. 기질은 뇌의 정보처리 방식이 다르기 때문에 나타나는데 시간이 지나도 잘 변하지 않습니다. 따라서 아이의 기질을 알고 있다면 아이를 이해하고 교육하는 데 도움이 됩니다.

발달적 의미

태어나면서부터 먹고 자는 것이 규칙적이고 새롭거나 낯선 것에 쉽게 다가가는 아이가 있는가 하면, 먹고 자는 것이 불규칙하고 익숙하거나 낯익은 것을 좋아하는 아이도 있습니다. 기질의 형성에는 이성의 뇌인 대뇌피질, 감정의 뇌인 변연계, 본능의 뇌인 뇌간까지 모두 관여하지만 변연계의 민감도가 큰 역할을 합니다.

특히 편도체는 위험에 처했을 때 작동하는 뇌로 편도체의 반응 정도에 따라 작은 자극에도 과민하게 반응하는 아이가 있는가 하면 자극이 강해도 반응을 하지 않는 아이가 있습니다. 좌뇌와 우뇌의 차이와도 관련이 있는데 규칙적이고 적극적인 아이는 긍정심과 연결되어 있는 좌측 전두엽이 발달하고, 두려움이 많고 예민한 아이는 부정적인 감정과 연결되어 있는 우측 전두엽이 발달합니다.

양육지침

1.순한 아이의 경우

중요한 손님이 오랫동안 집에 머무르는 경우, 가족 모두의 관심이 그 손님에게 쏠리면 순한 아이는 불만이 쌓입니다. 자기가 중심이 아니기 때문이지요. 그래서 손님이 돌아간 후에 공연히 짜증을 부리곤 합니다. 이보다 더 심한 스트레스를 받는 경우는 동생이 생겨 부모의 관심이 동생에게로 옮아갔을 때입니다. 순한 아이는 적극적인 표현을 하지 않고 받아들이는 편이지만 동생에게 사랑을 빼앗기는 일은 몹시 힘든 일입니다. 순한 아이일수록 부모가 까다로운 다른 아이를 돌보느라 혼자 놀게 내버려두는 경우가 많습니다. 그러나 항상 아이를 중심에 두어야 합니다.

순한 아이는 부모에게 상처를 주는 일을 거의 하지 않습니다. 부모를 좋아하기 때문에 자기의 욕구보다 부모의 욕구에 따르려는 경향을 보입니다. 착하고 예의바른 아이로 자라더라도 친구들이 괴롭히거나 자기 물건을 망가뜨리면 어떻게 대처해야 할지 몰라 허둥거리곤 하지요. 그렇기에 "싫어!", "그러지 마!" 등 적극적으로 자신의 감정을 표현하며 자기를 방어하는 능력을 키워야 합니다. 아이가 순한 편이라면 평소 감정을 자주 물어봐주고 솔직하게 표현할 수 있도록 공감해주세요. 아이와 함께 역할놀이를 하면서 자기 주장하는 법을 배울 수 있도록 도와주세요. 착하면서도 자기주장을 할 줄 아는 당당한 아이로 자랄 것입니다.

아이가 자기의 뜻을 펼치려면 주위 사람에게 폐를 끼치기도 하고 도움을 요청해야 할 때도 있습니다. 자기표현을 하지 못하는 아이는 힘든 순간에도 도움을 요청하지 못하고, 남의 호의를 부담스러워하며, 남이 뭔가를 해주면 더 많이 보답해야 한다고 생각하게 됩니다.

2.까다로운 아이의 경우

감정적이고 본능적인 방식으로 아이를 대하지 마세요. 부모가 침착하게 자기의 마음을 지배할 때 까다로운 아이도 잘 키울 수 있습니다. 아이의 행동에 화가 나면 잠깐 동안이라도 아이와 떨어져 있는 시간을 규칙적으로 가집니다.

때로는 부모가 바빠서 아이가 원하는 만큼 많이 안아주거나 곁에 있어주지 못할 때도 있습니다. 이럴 땐 촉감이 보드라운 장난감이나 담요를 사용해봅니다. 아이에게 독립심과 성취감을 기르게 하는 것도 중요하지만, 아이에게 꼭 필요한 것은 부모의 따뜻함입니다.

까다로운 아이는 부모의 말을 잘 듣지 않으며, 불평도 많고, 게으르게 행동하는 등 반항적 태도를 자주 보입니다. 성급한 부모라면 즉각적으로 태도를 문제 삼아 잔소리를 하거나 비난할 겁니다. 아이가 비록 반항을 하더라도 속으로는 마음을 다잡는 중이라면 부모의 잔소리는 상황을 더 악화시킬 뿐입니다. 어차피 욕을 먹었으니 더욱 반항해버리는 것이지요.

아이에게 관련된 문제나 쟁점의 순서를 정하세요. 중요한 사항에 집중적으로 관심을 보이고 당장 시급한 것이 아니면 무시하거나 미뤄도 괜찮습니다. 하지만 모든 것을 부모가 정해서 강요하는 것은 좋지 않습니다. 사소한 것은 아이의 자율에 맡기고, 중요한 것은 아이와 상의해야 반항심을 줄일 수 있습니다. 현재 이 순간의 쟁점에만 초점을 맞추고, 너무 먼 미래까지 마음속에서 그리지 마세요. 큰 문제도 잘게 나누면 훨씬 가벼워집니다.

3.느린 아이의 경우

느린 아이는 부모를 귀찮게 하거나 성가시게 하지 않기 때문에 키우는 데 큰 어려움은 없습니다. 그러나 과제를 성취하도록 지시하거나, 지적인 자극을 주려 할 때 어려움을 느낍니다. 조금 적극적으로 개입하되, 아이에게 선택권을 줍니다. 여건상 부모가 도와주어야 할 상황이라면 제한적으로 도와주세요. 그러나 보조자의 역할에 머무르고 아이가 주도적으로 하지 않을 때는 주저 없이 그만두는 것이 좋습니다.

느린 아이에게 지나치게 깔끔하라고 요구하면 위축되기 쉽습니다. 자유로운 분위기에서 지낼 수 있도록 돌봐주되 중요한 것은 스스로 치우고 정리하도록 작은 일부터 가르쳐줍니다. 할 일을 미루고 늑장을 부리지 못하게 적절하게 관리하는 것이 필요합니다. 아이가 충동적으로 결정하지는 않았는지 스스로 돌아보게 하고, 할 일을 미루면 피해가 돌아올 수 있다는 것을 알게 합니다. 일의 우선순위를 매겨서 책임감을 갖도록 가르칩니다.

보상을 할 때는 아이의 의견을 반영하고 아이의 동의를 얻습니다. 그래야 느린 아이의 동기가 강화되는데, 부모는 상황에 따라 아이의 제안에 부정적인 반응을 보이거나 거부할 수도 있습니다. 어떤 행동과 습관을 강화할 것인가에 대해 합의하고, 아이가 직접 통제할 수 있는 대상을 선정합니다. 느린 행동이 개선될 때마다 칭찬하고 상을 주세요. 작은 성취 경험이 많이 쌓이면 큰 성취를 이룰 수 있는 동력이 됩니다.

PART 2

0~24개월
상·하위 뇌 통합의 시기

BRAINSTORM
I TY

09

말 못하는 아이가 울 때, 잘 달래야 하는 이유

QUESTION ?

7개월 된 아이입니다. 가만히 있다가도 갑자기 자지러지게 울면서 보챕니다. 아무리 달래도 울음을 그치지 않아 그대로 놔두면 때로는 5~10분 정도 울다가 그냥 스스로 잠들기도 하는데, 애착에 문제가 될까요?

ANSWER

말을 못하는 아이가 갑자기 자지러지게 울고 보챌 때 무엇 때문에 그러는지 모르는 경우가 종종 있습니다. 대부분 배가 고프거나, 너무 춥거나 덥거나, 기저귀가 젖었거나, 몸이 아프거나, 어둠에 대한 공포 때문일 때가 많습니다. 울음의 원인을 파악하는 것도 중요하지만, 아이가 울면서 자기의 감정을 표현한다는 사실에 더 주목해야 합니다. 울음은 아이가 자신의 고통을 말하고, 긴장을 풀고, 회복하는 하나의 절차이기 때문입니다. 알레타 솔터(Aletha J. Solter) 박사는 눈물은 인체가 복원되려는 노력이며 힐링의 과정이라고 말합니다. 눈물을 흘리면 혈압이 내려가고, 몸 안의 독소가 제거되고, 근육의 긴장이 풀리며, 호흡이 진정됩니다. 실컷 엉엉 울고 나면 마음이 훨씬 편안해지고 기분이 나아지는 것이지요.

아이가 자랄수록 충격을 덜 받게 되지만 춥거나 배가 고프거나 피곤하거나 아플 때는 여전히 울음을 터뜨립니다. 나이가 들면서 고통스러운 분리불안에 시달리고, 좋고 싫은 것이 분명해지면서 불쾌해하거나 즐거워하지요. 말을 배우기 전까지 아이가 우는 것은 대개 '싫다'는 표현입니다. 아이의 울음에 무관심하고 오랫동안 울게 내버려두면 아이는 스트레스를 느낍니다. 스트레스 호르몬인 코르티솔은 몇 시간 동안 높은 농도로 뇌에 머무는데, 아이가 오랫동안 울면서 스트레스를 받을 경우 일련의 호르몬 연쇄반응이 일어납니다.

연쇄반응은 하위 뇌 안쪽 깊숙이 자리 잡고 있는 시상하부에서 시작됩니다. 시상하부에서 분비되는 호르몬은 옆에 있는 뇌하수체를 자극해서 'ACTH'라는 또 다른 호르몬을 만들어냅니다. 이 호르몬이 다시 콩팥 바로 뒤에 있는 부신을 자극하고, 코르티솔이 분비되어 몸과 뇌에 퍼집니다. 이러한 스트레스 반응 회로를 HPA축(시상하부-뇌하수체-부신)이라고 부릅니다. 아이가 고통을 느끼는 동안 HPA축이 활발하게 움직이면서 코르티솔이 계속 증가하지요. 그러나 아이를 달래면 이 흐름을 멈추게 할 수 있습니다.

발달적 의미

어릴 때 받은 스트레스로 HPA축이 영구적으로 과민반응을 일으킬 수 있습니다. 극심한 고통을 겪은 아이들의 뇌 MRI를 찍으면 장기기억을 담당하는 해마가 위축되어 있다고 합니다. 해마가 위축된 성인들은 기억력과 언어추리력이 떨어지는데, 스트레스가 심한 아이의 해마를 MRI로 찍어보면 노인의 것과 비슷합니다. 미성숙한 아이의 뇌에선 감정과 관련된 신경전달물질인 오피오이드, 노르에피네프린, 도파민, 세로토닌을 포함하는 기본적인 시스템이 발달 중이기 때문에 신경전달물질의 불균형으로 인해 손상을 입는 것이지요. 도파민과 노르에피네프린이 부족하면 집중력이 떨어지고, 세로토닌이 부족하면 우울하거나 폭력적이 되며, 오피오이드가 부족하면 부정적인 감정과 스트레스가 커집니다.

뇌는 감마아미노낙산(GABA)이라는 중요한 항불안 화학물질이 있어 자연적으로 코르티솔 분비를 억제하고 하위 뇌의 정보체계인 편도체를 진정시킵니다. 연구에 의하면 어린 포유동물은 혼자 남겨지거나 오랫동안 고통을 받으면 GABA유전자에 변화가 일어날 수 있다고 합니다. 뇌의 스트레스 반응시스템이 과민해져서 평생 불안감 속에서 살게 되지요. 어린 시절에 과도한 스트레스를 많이 받아서 GABA시스템이 변하면 어른이 된 후 스트레스를 해소하기 위해 알코올에 의존하기 쉽습니다. 알코올이 뇌의 GABA시스템을 활성화시키기 때문입니다.

양육지침

신생아가 우는 것은 어른을 조정하기 위한 것이 아닙니다. 아기가 어른을 조종하려면 일정 수준의 사고력이 있어야 하고, 그러려면 전두엽에서 뇌 화학물질인 글루타메이트가 제대로 작용하여야 합니다. 하지만 아기 뇌에는 글루타메이트 시스템이 완전하게 형성되어 있지 않습니다. 따라서 아기는 뭔가에 대해 깊이 생각할 수 없으며, 부모를 속일 수도 없습니다.

1.아이가 울지도 못하게 바로 달래려고 하는 시도는 바람직하지 않습니다. 눈물을 흘릴 때 곁에 있어주고 귀를 기울여주면, 감정이 폭발한 후에 긴장이 풀리고 믿음이 생기며 안정감을 느끼게 됩니다. 아이가 울거나 소리 지르고 불안에 떨 때 무조건 달래려고 하지 말고 감정을 풀어낼 수 있도록 도와줍니다. 아이가 울 때 곁에 있어주고 관심을 기울여주는 것은 중요합니다. 부모가 아이의 울음을 진지하게 받아들이면 아이의 뇌에 효율적인 스트레스 반응시스템이 형성되어 커서도 스트레스를 잘 견딜 수 있게 됩니다.

2. 아이가 울면 반응을 보입니다. 아이가 위안을 필요로 할 때 반응을 보이지 않고 달래주지 않으면 시간이 흐를수록 자율신경계가 과민해집니다. 천식 등 호흡기질환, 심장병, 섭식장애, 소화기장애, 불면증, 고혈압, 공포발작, 근육긴장, 두통, 만성피로 등 질병에 걸리기 쉬워집니다. 아기가 울 때 90초 만에 엄마가 반응을 보이고 가서 달래주면 5초 만에 울음을 그친다는 보고도 있습니다.

3. 왜 우느냐는 질책은 하지 않습니다. 왜 우냐고 질책하면 아이에

게 죄책감을 주거나 무시를 당한다는 느낌을 줄 수 있습니다. 더구나 부모는 왜 우는지 알고 나면 아이의 문제를 해결해주거나 아이에게 해결책을 제시하는 데 전적으로 관심을 집중합니다. 그러나 아이가 바라는 건 그런 게 아니며, 어떤 문제는 아이 혼자서도 충분히 해결할 수 있습니다. 아이는 그저 자기의 감정을 알아주기를 바라는 것입니다.

4. 신체 접촉은 진정효과가 있습니다. 특별한 신체적 욕구를 해결해주어야 하는 것이 아니라면 부모가 편안히 곁에 있는 것만으로도 아이는 진정됩니다. 신체 접촉을 통해 엄마의 성숙한 신체 각성시스템으로 아이의 미성숙한 각성시스템을 조절해주는 것이지요. 신체 접촉은 진정 효과가 있는 옥시토신 분비를 자극합니다. 마사지를 하거나 몸을 따뜻하게 해주는 것도 좋습니다. 아기 뇌에서 진정 효과가 있는 옥시토신이 분비되어 스트레스 호르몬을 낮추게 됩니다.

5. 부모도 위안을 받을 때가 필요합니다. 아이의 감정 상태는 거칠고 원시적이기 때문에 부모의 뇌에 스트레스 호르몬이 다량 분비되면서 도파민과 오피오이드 같은 긍정적인 신경전달물질의 분비가 차단됩니다. 부모가 스트레스를 받으면 아이가 더 많이 우는 경향이 있습니다. 예민한 아기는 많은 위로와 위안을 받아야 하는데, 그러기 위해서는 부모가 먼저 가족과 친구들로부터 위로와 위안을 받아야 합니다.

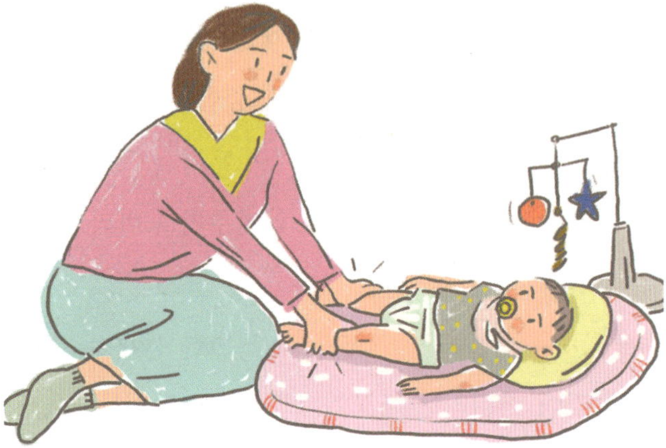

6. 아이의 울음을 무시하지 않습니다. 아이의 모든 울음은 분명하게 이유를 알 수 없을 때도 많지만 아이 입장에서는 분명한 이유가 있다는 사실을 인정하고 받아들입니다.

7. 주도적인 아이를 대할 때는 화를 내거나 흥분하지 않고 차분하고 여유 있는 감정 상태와 태도를 가지려고 노력합니다. 그래야 아이의 부정적 감정 상태와 부모의 긍정적 감정 상태가 만나 아이를 진정시킬 수 있습니다.

8. 까다로운 아이는 주변 환경의 작은 변화에도 예민하게 반응하기 때문에 울음이 잦고 한번 울면 숨이 넘어갈 만큼 심하게 울기도 합니다.

아이의 울음에 반응하며 부모가 알고 있다는 음성 신호를 보내거나, 아이에게 다가가 모습을 보여주거나, 아이 곁에 있을 땐 아이를 안고 적절한 스킨십을 해줍니다. 아이의 울음에 일관성 있게 반응하는 것이 좋습니다.

9. 감성적인 아이가 이유 없이 운다면 부모의 애정을 구하며 함께하기를 원하는 경우입니다. 평소 아이와 기본적인 신뢰감을 형성하고 정서적 안정감을 느낄 수 있도록 배려해줍니다.

10

사람 몸에서 떨어지면 심하게 우는 아이

QUESTION ?

생후 10개월 반이 되는 여자아이의 엄마입니다. 한 달 전부터 도무지 사람 몸에서 떨어지려고 하지 않습니다. 우리 아이는 옆에 있어도 울고 또 조금만 떼어 놓으려고 하면 크게 놀란 것처럼 자지러지게 울어 부모를 당혹스럽게 합니다. 원래 이때쯤이면 다들 이런 것인지 아니면 우리 아이가 지나친 것인지 궁금합니다.

ANSWER

엄마와 아이 사이에 애착이 확실하게 형성되는 것은 생후 8개월경입니다. 이때가 되면 낯선 사람에 대해 불안해하고 엄마와 떨어질 때 걱정하지요. 이전에는 낯선 사람이라도 무서워하지 않고, 편하게 다가가고, 주위에 누군가 있기만 하면 즐겁게 웃던 아이라도 8개월이 되면 마치 다른 아이처럼 보입니다. 처음 보는 사람이 다가오거나 부모가 자기를 다른 사람에게 맡기고 떠나려고 하면 큰 소리로 울지요. 만일 아이가 움직일 수 있다면 기어가버릴 것입니다. 부모로부터 떼어놓으면 아이는 부모에게로 가려고 몸부림을 치거나, 소리를 지르거나, 지나치게 조용히 있거나 눈물을 흘리는 등 근심 걱정의 표시를 보입니다. 자기가 알고 있는 사람과 모르는 사람의 차이를 인식할 만큼 예민해진 것입니다. 그러나 몇 개월 후에는 다시 예전과 같이 우호적인 상태로 돌아갑니다. 발달전문가들은 이러한 낯선 사람에 대한 불안을 애착이 형성되었다는 신호로 보며 정상적인 발달의 한 측면이라고 생각합니다.

발달적 의미

대상영속성의 개념을 이해하게 되는 시기인 8개월에서 12개월 사이의 아이는 애착이 형성되고 분리불안이 나타납니다. 이런 정서적인 사건이 일어난다는 것은 저장된 정보를 회상하는 인지적 능력이 있다는 뜻이지요. 부모와 함께 있을 때 경험했던 따뜻하고 좋은 느낌을 기억하기 때문에 부모가 함께 없을 때에도 부모에게 애착을 느끼는 것입니다. 부모가 방에서 나갈 때 울음을 터뜨리는 것은 부모가 방에 있었을 때의 느낌은 기억하지만 부모가 없을 때는 어떤지 예측하지 못하기 때문입니다. 낯선 사람에 대한 불안은 8개월에서 시작해서 점점 심해지다가 24개월에 정점에 달하고 그다음부터는 줄어듭니다.

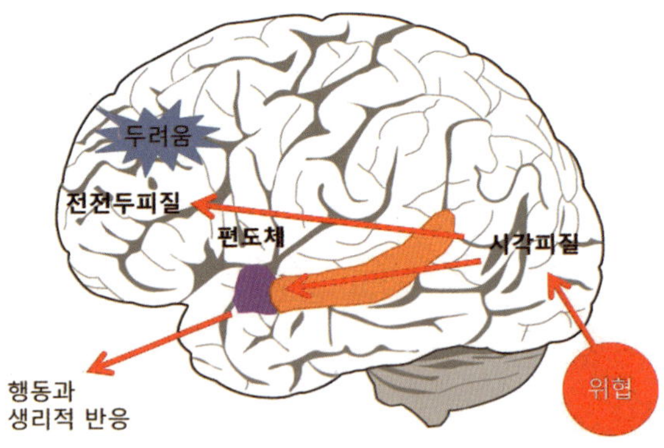

낯가림의 뇌

낯선 사람에 대한 불안은 정상적이긴 하지만 항상 있는 것은 아닙니다. 아이가 잘 알고 있는 친숙한 어른의 수가 낯선 사람에 대한 불안의 정도에 영향을 끼칩니다. 소수의 어른들 사이에서 자란 아이가 다수의 어른들 사이에서 자란 아이보다 불안을 더 보이고 다수의 어른들에 의해 키워진 아이는 낯선 사람에 대한 불안을 거의 보이지 않습니다.

부모의 행동도 역시 중요합니다. 부모가 아이에게 억압적이고 비판적일수록 아이는 반응을 덜 하게 됩니다. 또한 아이가 부모에게 더 반응적일수록 낯선 사람에게는 덜 반응합니다. 낯선 사람에 대한 불안은 생후 첫 3개월 동안 경험한 감각적 자극과 역관계를 가집니다. 텔레비전 앞에 앉아 있고, 라디오와 오디오가 가까이 있고, 아이 앞에서 장난감을 흔들어주면 아이는 새로운 상황에 익숙하기 때문에 나중에 낯선 사람을 덜 두려워합니다.

낯선 사람에 대한 불안은 아이에 따라 매우 다양한 반응을 보입니다. 어떤 아이는 낯선 사람에 대하여 오랫동안 아주 심하게 반응하는가 하면, 어떤 아이는 약하게 잠깐 동안 동요하고, 또 어떤 아이는 전혀 부정적으로 반응하지 않습니다. 낯선 사람에 대한 아이의 반응을 결정짓는 가장 중요한 요인 중의 하나는 아이 자신의 기질입니다. 순한 아이는 부정적인 반응을 거의 보이지 않는 반면, 까다롭고 반응이 느린 아이는 더 심하게 더 오랫동안 불안해합니다. 이것은 편도체의 예민도와 관련이 있습니다.

낯선 사람이 누구인가 하는 것도 아이가 어떻게 반응할 것인가에 영향을 미칩니다. 아주 어린 아이는 종종 자기보다 나이가 좀 더 많은 아이에게 흥미를 보입니다. 다른 아이를 친구로 인식하는 것이지요. 7개월밖에 되지 않은 아이가 낯선 아이에게는 미소를 지은 반면, 낯선 어른에게는 상을 찡그리고 피했다는 연구보고도 있습니다.

낯선 사람에 대한 불안과 낯선 장소에 대한 불안 사이에는 상호작용이 있습니다. 보통 상황에서 낯선 사람이 가까이 가면 아이는 불안해 합니다. 그러나 아기가 새롭고 낯선 환경, 특히 바깥에 있을 경우에는 자진해서 낯선 사람에게로 가까이 가서 안아주기를 청하기도 합니다.

양육지침

낯가림의 시기에는 부모가 요란한 안경을 쓰거나, 머리 모양을 눈에 띄게 바뀌거나, 너무 화려한 옷으로 바꿔 입는 일은 되도록 피하는 것이 좋습니다. 애착은 꼭 엄마하고만 생기는 것은 아닙니다. 아빠는 물론 조부모, 외조부모 등 왕래가 잦은 친척들도 아이와 애착이 생겨 의사소통이 이루어질 수 있도록 아이와 같이 있는 시간을 늘리는 것이 좋습니다. 애착이 생긴 어른이 많을수록 좋기 때문입니다. 아이를 처음 보는 방문객들이 너무 크게 말하거나 갑자기 덥석 안는 등의 행동을 하지 않도록 주의를 줍니다. 방문객이 있는 동안 부모는 항상 아이 옆에 있도록 합니다.

1. 일찍부터 많은 친척들과 친구들 그리고 다른 사람들과 접촉하는 습관을 길러주도록 합니다. 가능하다면 매일 다른 아이와 같이 있는 기회를 가지는 것도 좋고 놀이방 같은 곳에서 다른 아이들과 함께 있는 환경을 만드는 것도 좋습니다.

2. 아이가 오래 울고 있었더라도 부모가 다시 나타나면 곧 울음을 그치므로 가능하면 아이가 볼 수 있는 곳에 있는 것이 좋습니다. 집안일을 하거나 다른 사람과 대화를 할 때라도 아이의 시야에서 벗어나지 않는 장소에서 합니다.

3. 부모가 다른 방에 있을 때 아이가 혼자서 노는 시간을 조금씩 가지는 것도 괜찮습니다. 다만, 이런 때에도 아이가 혼자 노는 방에 수시로 들러 부모가 옆에 있다는 느낌을 줍니다.

4. 이 시기에 절대 해서는 안 되는 일은 아이 모르게 부모가 사라지는 것입니다. 부모가 일시적으로 사라지는 것과 영원히 없어진 것을 구별하기 힘든 나이이기 때문에 아이에게 정말로 커다란 충격을 줄 수 있

습니다.

5. 아이를 맡겨야 될 경우에는 돌보게 될 사람이 믿을 수 있고 친숙한 사람이라는 것을 점차적으로 인지시켜줍니다. 돌봐줄 사람이 처음 방문하면 부모가 아이와 같이 있어줍니다. 그러다가 조금씩 자리를 비워 아이가 자기 조정을 할 수 있도록 시간적 여유를 충분히 줍니다.

6. 아이를 돌보는 사람이 사용할 수 있도록 장난감을 준비합니다. 친숙해지면 부모가 보는 앞에서 아이와 놀아주는 것도 도움이 됩니다.

7. 처음으로 아이를 맡겼을 때에는 되도록 빨리 돌아오는 게 좋습니다. 부모가 시간을 지키지 않으면 아이를 돌보는 사람뿐만 아니라 아이도 불안을 느끼게 됩니다.

11

모든 일에 격렬한 아이

QUESTION ?

우리 아이는 모든 일에 너무나 많은 에너지를 쏟습니다. 큰 소리로 울고, 걸신들린 듯 젖을 빨며, 아주 즐겁게 웃고, 자기 욕구가 충족되지 않으면 격렬하게 저항합니다. 모든 것을 지나치게 깊게 느끼기 때문인지 자신의 감정이 방해를 받으면 강력하게 반응합니다. 흥분하기 시작한 순간 바로 뭔가를 먹이지 않으면 난리가 납니다. 이런 아이는 어떻게 대해야 할까요?

ANSWER

격렬하게 반응하는 아이에게 계획표란 없습니다. 이 영리한 아이들은 젖이나 우유병을 빨면 영양분은 물론 위안을 얻는다는 사실을 알아챕니다. 그래서 항상 젖을 먹으려고 하지요. 다른 아이들은 평균 서너 시간 간격으로 젖을 먹지만 이 아이들은 젖을 먹은 지 한 시간 만에 또 울기 때문에, 부모는 당황할 수밖에 없습니다. 소리나 변화에 민감하고, 걸신들린 듯 젖을 빨며, 걸음마를 할 만큼 자라도 감정을 격렬하게 표현합니다.

또 아주 활동적입니다. 다른 아이들은 쉽게 시도해보지 않는 모험을 하기 때문에, 높은 수준까지 창의력을 발달시킬 수 있습니다. 손에 닿는 모든 것들을 탐험하고 실험해보려는 욕구가 강해서 집안에 있는 물건 하나도 그냥 놔두는 법이 없습니다. 걸음마하는 시기가 되면 온 집안을 주의 깊게 살펴보고 다니며 원하는 물건을 향해 자동적으로 돌진하고, 방금 전까지 관심 있던 것들을 금방 잊어버리기도 합니다.

“이 아이는 한시도 내려놓을 수가 없어요!” 부모도 이렇게 말하지요. 아기에게 엄마와 가슴은 배를 채워줄 뿐만 아니라 마음도 채워 주는 위안거리입니다. 부모는 아기를 달래기 위해 하루 종일 인간 노리개 젖꼭지가 되어야 합니다. 아기가 어떻게 행동하느냐에 따라 부모가 느끼는 감정도 매번 달라집니다. 어떤 날은 아이에게 진심으로 공감하며 잘 돌보다가도, 또 어떤 날은 끊임

없는 요구에 기진맥진해져서 혼란스럽고 화가 납니다.

이런 아기들의 울음은 그저 단순한 요청이 아니라 긴급한 요구입니다. 이때 부모가 해야 할 일은, 충동을 잘 조절할 수 있게끔 아이를 조심스럽게 이끌어주는 것입니다.

발달적 의미

기질의 형성에는 이성의 뇌인 대뇌피질, 감정의 뇌인 변연계, 본능의 뇌인 뇌간까지 모두 관여하지만 변연계의 민감도가 큰 역할을 합니다. 특히 편도체는 위험에 처했을 때 작동하는 뇌로 편도체의 반응 정도에 따라 작은 자극에도 과민하게 반응하는 아이가 있는가 하면 자극이 강해도 반응을 하지 않는 아이가 있습니다. 기질에 있어서 좌우뇌의 차이가 있는데 규칙적이고 적극적인 아이는 긍정심과 연결되어 있는 좌측 전두엽이 발달하고, 두려움이 많고 예민한 아이는 부정적인 감정과 연결되어 있는 우측 전두엽이 발달합니다.

까다로운 아이들이 보이는 과도한 행동이나 지나친 긴장은 격렬한 특성과 직접적인 연관이 있습니다. 과도한 긴장상태라는 용어는,

근육이 자주 심하게 긴장하거나, 금방이라도 폭발할 것처럼 행동할 조짐을 보이는 상태를 말합니다. 근육과 마음이 휴식을 할 줄 모르고 계속 긴장된 상태이지요. 이런 아이들이 적절한 양육을 받으면 나중에 자라서 리더가 될 확률이 높습니다. 사회에 긍정적인 기여를 하는 사람들 중 상당수가 어린 시절에 몹시 까다로웠으며, 그 뒤에는 현명하고 세심한 부모가 있었다고 합니다. 반면 자라서 사회에 해를 끼치는 많은 사람들은 어린 시절 제대로 된 인정이나 보살핌을 받지 못한 경우가 많습니다. 어린 시절에 충족되지 못한 욕구가 나중에 건강하지 못한 방식으로 표출되어 버린 것이지요.

양육지침

아이를 존중하는 마음으로 대합니다. 아주 어린 아기도 부모와 소통하고 싶어 합니다. 아이의 울음에는 분노라기보다 어떤 기대감이 깃들어 있는데, 마치 자기 기대를 부모가 들어줄 거라는 걸 알고 있는 것 같습니다. 부모는 아기도 한 사람의 인간이라는 인식을 가져야 합니다. 표현하지 못하도록 재갈을 물리기보다 적절한 응답을 해주세요.

1. 충분히 안아주고 젖을 먹입니다. 부모는 따스한 보살핌을 필요로 하는 아이들을 알아보고 최선을 다해 도와주어야 합니다. 충분히 안아주고, 젖을 먹였으며, 적절하게 응답해주면 까다로운 아이는 스스로 이미 특별한 존재인 자신에 대해 좋은 느낌을 가지게 됩니다.

2. 할 수 있는 한 긍정적인 태도를 취합니다. 유독 에너지가 많이 빠져 나간 것 같은 날일수록 아기에게 중요한 것들을 준 날로 여기면 어떨까요. 생후 몇 달 동안 계속되는 긴장과 피로를 보다 잘 견뎌낼 수 있을 것입니다.

3. 까다로운 아이들은 부모의 기분에 쉽게 좌우됩니다. 아이가 화를 막 분출하려고 할 때 부모가 "괜찮아, 아무 문제없어"라는 태도를 취하면, 부모의 평화를 거울처럼 받아들여 금세 진정됩니다. 부모의 가르침을 거절하면서 분노를 쏟아낼 때는 그저 조용히 들어주세요.

4. 선입견을 버립니다. 전환점은 아이에게 마음을 열었을 때 일어납니다. 버릇없는 아이로 자랄까봐 두려운 마음 때문에 방어적으로 대했다면, 그 태도부터 버립니다. 아이가 말하고자 하는 것이 무엇인지에 주의를 기울이세요. 이러저러할 것이라는 선입견을 버리고 아이의 행동에만 초점을 맞춥니다.

5. 자잘한 방법들을 따릅니다. 지나치게 예민하거나 감정에 휩쓸리는 아이게 좋은 소소한 방법들을 쓰는 것입니다. 소음이나 빛 등 자극을 피하게 하기, 좀 더 작은 소리로 말하기, 일정한 틀에서 벗어나지 않게 하기, 변화할 시간을 충분히 주기 등의 방법들을 사용하세요.

6. 균형을 찾습니다. 개성을 단속하면 아이의 감정발달이 위축됩니다. 반면 감정과 성격적 특질을 그대로 방치하면 자기 통제를 못하는 거친 아이가 됩니다. 아이들은 자신의 욕구를 편안하게 표현해야 하지만, 적절한 방식으로 표현하도록 부모가 도와주어야 합니다.

7. 자신의 욕구와 다른 사람의 욕구를 조화시켜야 한다는 사실을 알

려줍니다. 그래야만 호감 가고 인정 많은 사람이 될 수 있습니다. 부모는 욕구가 많은 아이가 다른 사람을 휘두르지 않고 인내심을 갖도록 이끌어야 합니다.

8. 아이가 자신의 성격을 알도록 해줍니다. 까다로운 아이의 성격을 바꾸는 것은 좋은 방식이 아닙니다. "너는 예민하지만 배려심이 있는 아이야. 너는 정말 좋은 친구가 되어줄 것이고 세상을 더 좋은 곳으로 만들 거야. 가끔 네 예민한 성격이 사람들과의 관계를 힘들게 만들 수도 있어. 그런 감정들을 가라앉힐 수 있도록, 그래서 다른 아이들이 너를 함부로 생각할 수 없도록 도와줄게"라고 말해주세요.

9. 감정을 적절하게 표현하는 방법을 가르칩니다. 얼굴에 감정이 그대로 드러나거나 기복이 큰 감정 변화를 줄이지 못하면 다른 사람에게 좋은 사람이라는 인식을 심어줄 수 없습니다. 감정을 조절하며 자연스럽게 표현할 수 있도록 도와주세요. 역할놀이를 하는 것도 좋습니다.

10. 아이의 이러한 기질을 장점으로 여깁니다. 아이의 긍정적인 면을 강조합니다. 까다로운 아이들은 동정심, 공감능력, 감정지능이 높습니다. "네가 배려있는 사람이어서 너무 좋아. 그건 너의 큰 재능 중 하나란다. 그렇지만 얼굴에 속상한 마음이 나타나지 않도록 감추는

방법을 배울 수 있으면 더 좋을 거 같아"라고 말해주며 아이 성격의 좋은 점을 강조하여 소중한 자산이 될 수 있음을 설명합니다. 표현하는 방법을 배운 아이들은 자신의 욕구를 잘 표현하게 됩니다. 무언가 행동할 수 있는 기회가 생기고 부모로부터 별도의 지시 없이 독립적일 수 있다면, 아이는 자기 내면에 존재하는 통제력에 대한 감각을 갖기 시작합니다. 아이가 자라면서 통제력도 함께 자라게 되는데, 이런 내적인 규칙들은 책임 있고 자신 있는 행동을 하도록 이끌어줍니다.

11. 아이의 개성을 인정하고, 아이의 행동을 더 잘 이해할 수 있는 방법을 찾습니다. 부모의 편의에 맞춰 아이를 바꾸려 하지 말고 독특한 개성을 잘 길러 주는 것이 중요합니다. 이런 특성들이 나중에 아이에게 이로운 장점이 되고, 아이 인생에도 큰 도움이 될 테니까요.

12

울 때 몸이 시퍼렇게 변하는 아이

QUESTION ?

생후 7개월 된 아이입니다. 아이가 울 때 온몸이 시퍼렇게 변해서 걱정입니다. 소리도 안 나고 숨도 못 쉴 때가 있는데, 심할 때는 몸이 뻣뻣해지기도 해요. 안아서 두드려주면 한참 있다 진정되긴 합니다. 영유아 건강검진 때 별 문제는 없다고 했는데 이런 증상, 괜찮을까요?

ANSWER

아기가 울 때 몸이 시퍼렇게 변하는 것을 호흡정지발작이라고 합니다. 호흡정지발작은 놀람, 아픔, 불만, 분노 등으로 인해 갑자기 울기 시작한 아이가 호흡을 정지하게 되면, 그 결과 혈중 산소 농도가 떨어지고 급속하게 뇌의 무산소증이 초래되어 발생하는 것으로 생각되고 있습니다. 호흡정지발작은 일반적으로 신체적으로 통증이 있거나 감정이 상한 경우에 발생합니다. 창백함, 호흡정지, 의식손실 및 발작 등의 증상을 보이지요.

하지만 이런 극적인 증상에도 불구하고 위험한 발작은 아닙니다. 호흡정지발작은 건강한 아이의 5퍼센트에게서 발생합니다. 일반적으로 생후 1세경에 시작되며 2세경에 가장 심해졌다가 4세 무렵이 되면 사라집니다. 4세까지 약 50퍼센트, 8세까지 약 83퍼센트 정도의 아이들에게서 이 증상이 사라집니다. 그러나 소수의 아이들은 성인기까지 발작을 경험하기도 합니다.

발달적 의미

호흡정지발작은 전형적이고 반복적인 행동은 아니지만 치료에 있어서는 반복적인 행동과 유사한 점이 많습니다. 증세는 청색증을 보이는 경우와 창백해지는 경우로 크게 구분할 수 있습니다. 청색증을 보이는 경우는 아이가 울 만한 사건을 경험한 후 갑자기 울기 시작하다가 그대로 호흡을 멈추면서 청색증 및 의식소실과 함께 전신성 간대 발작, 후궁반장(opisthotonus)을 보입니다. 호흡정지발작의 대부분을 차지하며 주로 분노로 인한 것으로 야단을 맞았거나 속상한 경우에 대응하여 유아의 잠재의식에서 시작됩니다.

2세 전후에 최고조로 이르며 5세 이후에는 드물게 나타납니다. 보통 크게 울고(반드시 이를 인식하고 있지는 않음), 크게 숨을 내쉰 다음 호흡을 멈추는데 피부가 청색으로 변하기 시작하며 의식을 잃기도 합니다. 이때 단기 발작이 일어날 수도 있습니다. 몇 초 후에 호흡이 다시 시작되고 정상 피부색과 의식이 돌아옵니다.

창백해지는 경우는 아이가 머리를 부딪쳤거나 넘어졌거나 갑자기 놀랐을 때 호흡을 멈추게 되어 의식소실과 함께 근긴장 저하를 보일 때인데, 이것은 미주신경의 과민 반응에 의한 반사성 무호흡 발작입니다. 이때 뇌에서는 심박수를 크게 늦추라는 신호를 미주 신경을 통해 보내므로 의식이 손실되는 것입니다. 일시적인 의식손실과 호흡정지는 놀람에 대한 신경 반응으로 심박수가 저하된 것이지요. 호흡이 멈추고 급속히 의식이 손실되며 창백해지고 축 처집니다. 이때 발작 또는 요실금이 일어날 수도 있습니다. 일반적으로 발작 중에는 심장이 매우 느리게 뜁니다.

청색증을 보이거나 창백해지는 것 모두 불수의적으로 일어나는 현상으로 의도적으로 호흡을 정지시키거나 발작을 통제할 수 없다는 것을 의미합니다. 호흡정지발작은 일부 아이들에게서 드물게 나타나는 단기간의 자발적 호흡정지 증상과 쉽게 구별됩니다. 자발적으로 호흡을 정지하는 아이들은 의식을 잃지 않고, 원하는 것을 얻거나 얻지 못했을 때, 호흡정지 상태가 불편해지면 정상적으로 다시 호흡하기 시작합니다.

양육지침

호흡정지발작은 화남, 두려움, 좌절 같은 강력한 감정에 대한 불수의적인 반응이며 건강한 아이들에게 나타날 수 있습니다. 의도적인 것이 아니라 불수의적인 것이므로 행동의 문제가 있는 것은 아닙니다. 발작 후에는 치료를 받지 않아도 심장이 다시 빨라지고 호흡이 다시 시작되며 의식이 돌아옵니다. 호흡정지발작은 아이에게 해롭지 않으며 의식을 잃는 것이 아니라는 것을 인식시켜주는 것이 필요합니다. 발작이 무서울지라도, 위험하거나 장기적인 영향을 받는 것이 아니기 때문입니다.

호흡정지발작이 있는 동안 부모는 특별한 행동을 할 필요는 없습니다. 호흡정지발작이 없어질 때까지 아이 옆에 머물러 있으면 됩니다. 아이가 호흡정지발작을 일으키면 부모는 아이가 고통, 두려움, 상처, 화, 분노 등을 경험하지 않게 하려는 시도를 하는데 이런 행위는 호흡정지발작을 강화시킬 수 있습니다. 원하는 반응을 얻기 위해 반복하는 것을 배우는 것이지요. 이럴 경우 부모는 무관심하게 대하거나 그 자리를 떠나는 것이 바람직합니다.

1. 아이의 주의를 분산시키고 격노로 이어지는 상황을 방지합니다. 종종 호흡정지발작의 구성요소 중 하나인 격노는 아이의 주의를 돌리고 발작을 일으키는 것으로 알려진 상황을 피함으로써 방지할 수 있습니다.

2. 아이의 입에 음식이나 다른 물건이 있는지 살펴봅니다. 아이가 의식을 되찾았을 때 질식할 위험이 있기 때문입니다. 경련을 할 경우엔 주변의 물건들을 모두 치웁니다.

3. 호흡곤란이 심해지면 응급실에 갑니다. 호흡정지발작이 일어나도 보통 몇 분 안에 호흡을 다시 시작합니다. 청색증이 계속되거나 1분 이상 숨을 쉬지 않는다면 119를 부르세요. 창백해지는 증상이 심하다면 종합병원에서 뇌파를 찍고 약물치료를 할 것을 권합니다.

4. 호흡정지발작을 처음 일으켰다면 진찰을 받으세요. 호흡정지발작

이 해로운 것은 아니지만 아이의 건강을 체크하는 것이 좋습니다. 호흡정지발작인지 그와 비슷한 다른 의학적 증상인지 확인할 수 있고, 무엇이 호흡정지발작을 유발하는지, 대처법은 무엇인지, 앞으로 어떻게 예방할 수 있는지 알 수 있습니다. 예를 들어 빈혈은 호흡정지발작의 빈도를 증가시키므로 철분제 투여가 증세를 줄일 수 있다는 연구가 있습니다. 병원에서 빈혈에 대한 혈액검사를 할 수도 있고, 설령 철결핍성 빈혈이 없는 경우에도 철분 보충 치료에 반응할 수 있습니다.

5. 분노발작과 고집스런 행동에 항복하지 않습니다. 아이가 대처기술로 발달시킬 경우 증세를 더 키울 수 있습니다. 부모에게는 굉장히 큰 도전이 되는 일입니다. 아이가 호흡정지발작을 유발하지 않도록 훈육하는 길을 발견하세요.

13

소변 가리기를 못하는 아이

QUESTION ?

저희는 맞벌이 부부로 20개월 된 남자아이를 키우고 있습니다. 둘 다 직장에 다니다 보니 외할머니께서 아이를 봐 주시는데 불안해서 그런지 아직 소변을 가리지 못합니다. 깡통이나 어린이용 변기를 대주어도 안보는 곳에 소변을 보곤 합니다. 어떻게 가르치면 좋을까요?

ANSWER

아이가 밤에 기저귀를 적시지 않게 하려면 밤중에 깨워서 소변을 뉘는 수밖에 없다고 생각하는 부모들이 많습니다. 그러나 실제로는 방광이 충분히 발달하면 저절로 밤에 소변을 누지 않게 됩니다. 다만 신경질적이거나 반항적인 아이는 예외입니다. 부모가 전혀 훈련을 시키지 않았고, 낮에는 늘 기저귀를 적시면서도, 12개월경부터 밤에 기저귀를 적시지 않는 아이가 100명 중에 1명꼴로 있는 것만 보아도 그런 사실을 알 수 있지요. 3세를 전후로 낮보다 밤에 소변을 더 잘 가리는 아이도 더러 있습니다. 아이의 콩팥은 잠을 자는 동안에는 소변을 만드는 활동이 뜸해지고 소변의 농도를 짙게 만들기 때문에 낮보다는 밤에 소변을 오랫동안 저장할 수 있습니다.

3세 정도가 되면 대부분의 아이들이 밤에도 기저귀를 적시지 않습니다. 남자아이는 여자아이에 비해 늦은 편이며, 지나치게 긴장하는 아이는 긴장하지 않는 아이보다 늦는 게 보통입니다. 늦게까지 소변을 가리지 못하는 것이 집안 내력인 경우도 있습니다.

밤에 소변을 가리게 하기 위해 부모가 할 일은 아무것도 없습니다. 방광이 자연적으로 발달하고, 소변은 변기에 누는 것이라는 생각을 기억하면 대부분은 저절로 가리게 됩니다. 어떤 부모들은 좀 더 적극적으로 오후 10시만 되면 아이를 깨워서 소변을 뉘는 경우도 있습니다. 이렇게 하면 방광이 아침까지도 가득 차지 않기 때문에 밤에 소변을 가리는 것이 약간 빨라질 수도 있습니다. 하지만 이런 일은 낮에 소변 가리기가 완전히 끝난 지 6~8개월 정도가 지난 다음에 시도하는 것이 좋습니다. 그때가 되어 아이가 밤중에 기저귀를 빼고 싶다는 의사를 나타내면, 부모가 기뻐해 주면서 기저귀를 빼도록 합니다.

밤에 깨우면 곧 일어나서 소변을 누는 아이가 있는가 하면, 일단 잠이 들면 못 일어나는 아이, 일어났더라도 쉽게 소변을 누지 못하는 아이, 두 가지 다 못하는 아이도 있습니다. 이런 아이들은 무리하게 훈련시키지 않는 것이 좋습니다.

발달적 의미

방광의 기능은 소변 가리기 훈련과 관계없이 성숙합니다. 생후 1년간은 방광이 수시로 비워지지만 15~18개월이 되면 2~3시간 동안 소변을 지니고 있을 수 있으며 어떤 아이는 생후 1년인데도 밤새 소변을 보지 않습니다. 방광 조절은 깨어있을 때보다 잠을 잘 때 더 쉽습니다. 낮에 소변을 가리지 못한 아이도 2시간쯤 낮잠을 자는 동안 기저귀를 적시지 않는 경우가 많습니다.

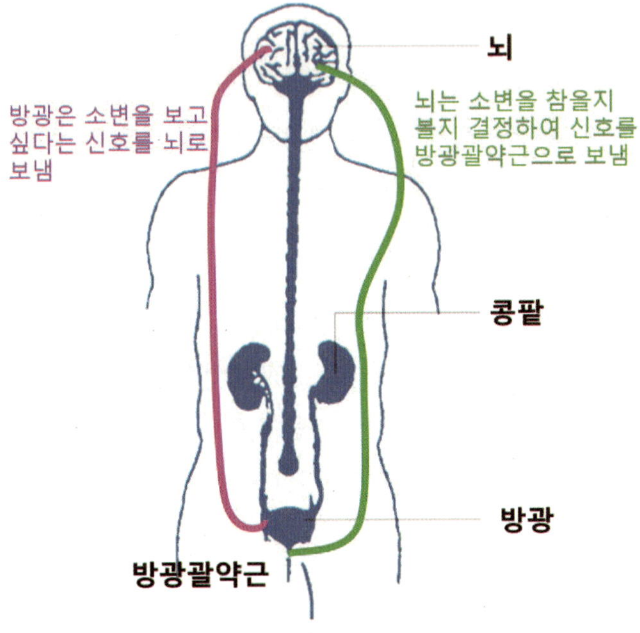

뇌방광회로

소변 가리기를 언제 시작할 것인가는 학자들마다 의견이 다릅니다. 소변을 참을 수 있고 말을 잘 알아듣는 20개월부터 시작하자는 의견이 많지만 15개월부터도 가능하다는 소아청소년과 의사도 있습니다. 드물게는 아주 어릴 때부터 변기에 앉혀서 소변을 보게 하는 경우도 있으나 소변 가리기 훈련은 생리적으로 방광을 조절할 수 있는 나이가 되어서야 가능합니다. 일정한 시기를 정하기보다 소변 가리기 훈련을 할 수 있는 신호들이 나타나면 시작하자는 학자들이 더 많습니다. 예를 들어 옷을 입는데 거들 수 있고 스스로 옷을 벗을 수 있거나, 흉내 내기를 잘하거나, 장난감이나 자기가 좋아하는 물건을 바구니나 상자 안에 넣는 것을 좋아해야 합니다. 또한 간단한 지시를 이해하고 따를 수 있어야 하며 성취하는 것에 자부심을 느껴야 합니다. 무엇보다 먼저 변을 규칙적으로 보고 두 시간 이상은 소변을 보지 않아야 대소변 가리기를 시작할 수 있습니다.

일반적인 소변 가리기의 발달을 보면 12개월 이전에는 소변을 조절하지 못하며 15개월이 되면 소변을 본 후 알립니다. 18개월에는 소변을 보고 싶다는 느낌을 알리지만 동시에 소변을 보기 때문에 변기에 앉히기는 어렵습니다. 24개월이 되면 소변을 미리 알릴 수 있습니다. 30개월에는 낮 동안에 소변을 가릴 수 있습니다. 3세가 되면 대체로 밤에 소변도 가리게 됩니다.

양육지침

20개월가량 될 때까지 기다리는 것이 좋습니다. 그러고 나서 한번에 2~3시간 동안 소변을 싸지 않을 수 있거나 혼자 옷을 벗고 입을 수 있을 때를 기다려야 합니다. 훈련을 시작하기 전에 혼자 옷을 입고 벗을 수 있도록 격려합니다. 가족들이 화장실을 사용하는 것을 관찰하게 하고, 화장실이라는 단어를 알려주며, 지시에 따르도록 가르칩니다.

1. 여러 가지 간식과 음료수를 준비해 강화물로 사용합니다. 강화물로 칭찬, 껴안아주기, 쓰다듬기, 미소 짓기, 손뼉쳐주기 등을 사용할 수도 있습니다.

2. 사용하기에 편한 어린이용 변기를 갖다 놓습니다. 변기에 친숙해지고 변기에 대한 책임을 많이 느끼면 느낄수록 더 빨리 배우게 됩니다.

3. 옷을 젖게 할 수 있고, 우유병을 마실 수 있으며, 바지를 입힐 수 있는 인형을 사줍니다. 아이가 인형에게 변기 사용법을 가르치게 하세요. 인형이 변기를 잘 사용하면 칭찬하게 하고 먹을 것을 주라고 합니다.

4. 바지를 어떻게 입고 벗는지 보여줍니다. '다 큰 아이'라는 생각은 스스로 옷을 입고 벗고 하는데서 옵니다.

5. 아이에게 자기 바지가 젖어있는지를 확인하도록 가르칩니다. 오줌을 싸지 않았다고 말하면 무엇을 주거나 칭찬을 해서 보상해줍니다.

6. 아이에게 아기용 변기로 걸어가서 바지를 내리고 앉아서 몇 분 동안 머물러 있고 일어나서 바지를 올리도록 가르칩니다. 변기에 앉아있는 동안 긴장을 풀도록 칭찬해 주고 자신감을 갖게 합니다. 배뇨가 시작되자마자 배뇨작용을 깨닫는 방법을 발달시키고 아이를 즉시 칭찬합니다.

7. 실수를 하면 다음번에는 변기를 사용할 수 있도록 격려해줍니다. 바지가 젖은 것을 깨달으면 스스로 바지를 벗어서 세탁바구니에 갖다 넣게 합니다.

14

모든 사람의 얼굴을 손으로 할퀴는 아이

QUESTION ?

21개월 된 여자아이를 키우고 있습니다. 집에서 할머니와 같이 있을 때와 달리 어린이집에서는 공격적인 행동을 합니다. 모든 사람의 얼굴을 손으로 할퀴고 때리기도 합니다. 하지 않겠다는 약속도 하고 엄하게 야단도 치는데 좀처럼 고쳐지지 않아서 걱정입니다.

ANSWER

아이들이 자기 뜻대로 되지 않을 때 갑자기 큰 소리를 지르거나 장난감 등을 던지고 다른 아이들을 때리는 등 공격적인 행동을 하는 경우가 있습니다. 자기가 원하는 대로 되지 않거나 아직 그 일을 할 수 있는 능력이 없을 때 분노와 좌절감을 드러내는 것이지요. 아이가 필요로 하는 것을 들어주는 사람이 아무도 없으면 과잉반응은 폭력으로 발전하기도 합니다. 분노와 함께 공격적인 행동의 대상은 처음에는 부모에게 향하지만, 학교에 갈 나이가 되면 형제자매나 친구에게 향하게 됩니다.

때리거나 깨무는 등 아이의 공격적인 행동은 부모는 물론 주위 사람들에게도 충격적일 수 있습니다. 하지만 공격적인 행동은 아이의 성장 과정 속에서 자연스럽게 나타나는 것이기 때문에 크게 걱정할 필요는 없습니다. 언어를 습득하는 시기에 독립심이 강해지는 반면 충동 조절 능력은 부족하기 때문에 정상적인 아이들에게도 공격성이 흔히 나타납니다. 그렇다고 해서 아이의 이런 행동을 무심하게 넘겨서는 안 됩니다. 공격적인 행동을 하면 옳지 않다는 것을 알려주고 자신의 감정을 잘 표현할 수 있는 방법을 가르쳐주도록 합니다.

발달적 의미

난폭한 행동을 일으키는 감정적 자극의 경로는 시상, 편도체, 시상하부로 이어져 때리거나 무는 것과 같은 즉각적이고 충동적인 행동으로 이어집니다. 시상은 오감의 자극을 모으고 거르는 영역이고, 편도체는 공포나 두려움 또는 화가 나는 감정을 만드는 영역이며, 시상하부는 편도체가 만든 감정이나 정서에 반응하여 본능적인 행동을 유발시키는 뇌 영역입니다. 감정적 자극이 전전두피질로 이어져야 감정이 제어가 되고 순화가 되어 화가 나거나 분노라는 감정을 표출하지 않게 되는데 아이들은 전전두엽이 아직 미성숙해서 감정을 조절하는 데 어려움을 느낍니다.

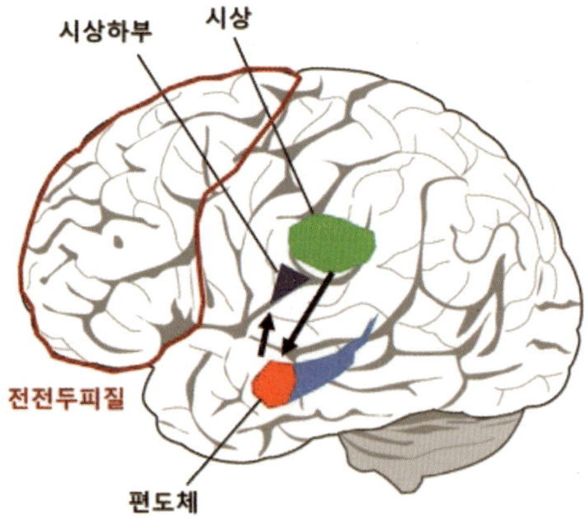

공격성의 뇌

난폭한 행동들은 성장하면서 점차 줄어들어서 여자아이들의 경우 6세 이전에 있었던 난폭한 행동들은 거의 사라지지만, 남자아이들의 경우 3~6세 사이에 생겼던 난폭한 행동이 성장 후에도 그대로 남아 청소년기에 나타나기도 합니다. 아이가 공격적이고 난폭한 행동을 할 때는, 왜 그랬는지 원인과 동기를 정확히 파악해서 갈등을 이해하고 해소할 수 있도록 도와주는 것이 중요합니다.

양육지침

때리거나 무는 행동을 한다면 그때 바로 저지합니다. 아이가 자신의 행동이 잘못된 것이란 것을 인지할 수 있도록 처음 때리거나 무는 것을 봤을 때 바로 저지해야 합니다.

1. 일관된 태도를 보여줍니다. 아이가 친구를 물었을 경우 "친구를 또 물었구나. 다시 반성하는 시간을 가져야겠네" 하는 식으로 부모가 지속적으로 동일한 반응을 보이면 아이는 자신의 행동에 대한 부모의 반응을 인식하게 됩니다.

2. 반성의 시간을 갖게 합니다. 단, 아이가 친구들과 놀다가 할퀼 경우, 놀이를 중단시키고 한 쪽에 앉게 한 후 "다른 아이가 너를 할퀴면 어떻겠니?"라는 식으로 추궁하듯 '사고력'을 요하는 질문은 하지 마세요.

3. 아이가 진정할 때까지 기다려줍니다. 그런 다음 아이가 무엇 때문에 감정이 격해진 것인지, 그 이유를 설명할 수 있는지 조용하고 부드럽게 물어봅니다. 화난 감정이 생기는 것은 지극히 자연스러운 일이지만 그런 감정을 때리고, 무는 것으로 표현하는 것은 옳지 않은 것이라고 부드럽지만 단호하게, 간단명료하게 말해줍니다.

4. 남에게 사과하는 방법을 알려줍니다. 아이가 처음부터 진심을 담아 사과를 하기는 어려운 일입니다. 부모가 시킬 때 아무 감정 없이 사과를 하는 경우가 대부분이지요. 하지만 사과하는 과정을 반복하다 보면 아이에게도 결국 감정이 생기게 됩니다.

5. 착한 행동에는 보상을 합니다. 아이의 잘못된 행동에만 집중하기보다 좋은 행동을 찾아 칭찬해주세요. 아이가 다른 사람을 할퀴거나 때리는 행동을 하지 않고 잘 지내면 듬뿍 칭찬해줍니다. 칭찬에는 아이의 행동을 변화시키는 힘이 있습니다.

6. 텔레비전 시청을 제한합니다. 소리를 지르거나 위협하고, 밀치거나 때리는 장면이 많이 포함된 프로그램은 시청을 제한하는 것이 좋습니다. 아이에게 텔레비전을 보여줄 때는 부모가 옆에서 함께 시청하며 상황에 대한 적절한 대처 방법을 알려주는 것이 좋습니다.

7. 바깥 놀이를 많이 합니다. 아이는 에너지를 발산할 기회가 없는 날이면 짜증스럽고 공격적이 되는 경우가 많습니다. 특히 잠시도 가만히 있지 않는 활발한 아이라면 바깥에서 자유롭게 뛰어 놀 수 있는 시간을 많이 주세요.

8. 화가 나거나 싸움이 났을 때 잘 조절되고 해결되는 그림책을 읽어줍니다. 아이들은 간접적인 경험에 대해서는 상처를 받지 않습니다. 그림책을 읽으면서 따로 아이에게 말하거나 지적하지 않아도 아이는 스스로 알고 경험하게 됩니다.

9. 간혹 부모조차 아이의 공격성을 통제할 수 없는 경우가 있습니다. 자주 공격적인 행동을 보이거나 다른 아이들에게 폭력을 가하는 문제를 부모의 노력으로 해결할 수 없다면 소아정신과 전문의나 심리전문가 등을 찾아 도움을 요청하세요.

15

낮잠을 자지 않으려고 하는 아이

QUESTION ?

아이가 낮잠을 자지 않으려고 해요. 잠을 재우려고 눕히면 버둥거리며 칭얼댑니다. 얼굴은 졸린 것 같은데 기를 쓰고 안 자려고 하는 때도 있어요. 낮잠을 꼭 안 재워도 되나요?

ANSWER

아이들이 오전과 오후 내내 깨어있기란 힘든 일입니다. 일정 시간 낮잠을 자면서 체력을 보충하는 게 좋지요. 낮잠을 제대로 자는 아이가 밤잠도 잘 자고, 낮잠을 줄이거나 자지 않으면 집중력도 떨어지고 보챈다는 연구조사 결과도 있습니다. 그런데 아이에게 잠이 중요하다는 것을 알아도 낮잠은 아이 기분에 맞춰 아무 때나 재우기 십상입니다.

아이들의 낮잠이야말로 제대로 된 스케줄 관리가 필요합니다. 아이들의 성장에 따라 낮잠 패턴도 자꾸 변합니다. 최소 백일은 지나야 제법 일정한 패턴을 보이는데 생후 4개월이 되면 하루에 3번까지도 낮잠을 자고, 6개월이 되면 오전 낮잠과 오후 낮잠을 자며 그 시간도 어느 정도 일정한 패턴을 보입니다. 보통 3세 이전까지는 하루에 2번 정도까지 낮잠을 잘 수 있고 5세 이전에는 1번 정도로 낮잠을 권합니다.

발달적 의미

생후 4개월이 지나면 성인과 비슷한 양상으로 수면 패턴이 바뀝니다. 이보다 어린 아기들은 REM수면이 많지만, 이 정도 연령이 되면 아기들은 성인처럼 NREM수면으로 옮겨가기 시작하지요. 깊은 수면에서 NREM수면으로 이동하는 수면 주기, 그 사이사이에 REM수면이 끼어드는 형식도 성인과 비슷합니다. 대부분의 아기들은 오전 7시에 하루가 시작됩니다. 4개월 정도 된 아기는 아침에 깨어 있는 시간을 2시간으로 하고, 8개월 정도 된 아기는 3시간으로 하는 것이 좋습니다. 그리고 낮잠 전에 아기를 달래는 시간은 30분 정도로 합니다. 이때 무엇을 할지는 부모 마음대로 정합니다. 목욕을 시키거나 우유를 주어도 되고 젖을 먹여도 되고 자장가를 불러주거나 마사지를 해주어도 좋습니다. 아기가 깨어 있어도 되는 시간이 2시간이라면 그 2시간이 끝나기 30분 전부터 아기를 달래기 시작해야 합니다.

10~12개월의 아기는 자율성이 정착하기 시작하는 단계이므로 고집이 세지고 독립심이 커지며 밤에 잠을 자려하지 않는다거나 자다가 깨는 일이 많습니다. 이 시기는 잘못된 수면습관이 문제가 됩니다. 특히 낮잠을 거르는 것이 수면 패턴을 망가뜨리는 가장 큰 원인입니다. 자아가 발달하여 낮잠을 자지 않겠다고 반항할 수 있으며 자는 것보다 나가서 노는 것을 더 좋아할 수 있습니다.

어떤 이유로든 아이들은 낮잠을 거르면 피로를 느낍니다. 그 피로에 대한 반응으로 각성상태가 고조되어 낮잠을 잘 수 없고 밤잠을 이루지 못하게 됩니다. 이 시기의 아이들은 오후에 신체 활동이 활발하고 세 번째 낮잠을 많이 거르기 때문에 일찍 재우는 것이 좋습니다. 취침시간이 너무 늦으면 낮잠을 걸렀을 때와 똑같이 수면장애를 일으킵니다. 밤에 아이들을 일찍 재울 때 가장 염려하는 것은 다음날 아이가 너무 일찍 일어나지 않을까 하는 것입니다. 하지만 실제 결과는 그 반대입니다. 일찍 재우면 늦게까지 잠을 잡니다. 오히려 너무 늦게 재우면 다음날 너무 일찍 일어나는 결과를 낳습니다. 오후 6~8시 사이에 잠자리에 들고, 오전 6~7시 사이에 일어나는 게 좋습니다.

13~24개월 아이들 중에는 자지 않으려고 하는 경우가 많습니다. 상당히 활동적이고 지적 호기심이 많아 집안일도 참견하고 보고 듣고 하는 일이 많아서 자기 전의 잠자리 환경에 영향을 많이 받습니다. 이 때는 어머니로부터 독립하려는 시기로 "안돼, 안돼!"하면서 잘 돌아다니지만 마음 한구석에는 어머니에게 매달리고 싶고 떨어지지 않으려는 분리불안의 감정이 항상 도사리고 있습니다. 따라서 잠자는 것이 자기가 피곤해서 자는 것이 아니라면 잠들지 않으려고 합니다. 잠을 자면 엄마가 사라지고 재미있는 세상이 없어지므로 자지 않으려고 버티는 것이지요. 게다가 잠자기 전 자극이 많을 때이므로 꿈도 자주 꾸고 잠도 깊이 못자기도 합니다.

양육지침

낮잠은 보통 1시간 이내의 잠을 의미합니다. 아이들의 낮잠도 마찬가지로 최대 2시간을 넘지 않도록 합니다. 하루에 두 번 정도 낮잠을 자는 3세 이하 아이는 오전에 한 번, 오후에 한 번 재울 것을 추천

하는데 오후 시간 낮잠은 밤잠에 영향을 받지 않도록 4시 이전으로 조절합니다. 하루에 한 번 낮잠을 잘 때는 오후 2시 이전에 재우는 게 좋습니다.

1. 낮잠을 재우는 장소는 밤잠과 통일합니다. 눕혀 재워야 숙면을 취할 수 있기 때문입니다. 안아서 재우지 말고 침대에 눕힌 다음 손으로 토닥거리며 재웁니다.

2. 커튼을 치는 등 주변 환경을 어둡게 만듭니다. 수면을 관장하는 호르몬인 '멜라토닌'은 빛에 의해 분비량이 조절됩니다. 눈으로 빛이 들어오는 낮 동안에는 분비되지 않다가 어두워지면 많이 분비되는데, 멜라토닌이 충분히 분비되어야 잠도 푹 자고 성장 호르몬도 많이 나옵니다.

3. '수면 의식'으로 수면 습관을 들입니다. 아이를 위한 수면 의식은 어떤 것이라도 좋습니다. 책 읽기, 음악 듣기 등 아이가 좋아하는 것으로 순서를 정해 매일 같은 시간에 일관성 있게 하는 것이 중요합니다.

4. 엄마(또는 아빠)가 옆에 있다는 사실만 느끼게 합니다. 엄마가 옆에 있어야 자는 아이라면 엄마가 옆에서 만져주거나 안아주기보다 옆에 있다는 사실만 느끼게 하는 것이 좋습니다. 혼자 자는 버릇을 들이기 위해서는 아이가 잠들기 전에 나가는 것을 습관화합니다.

5. 자다가 일어나 엄마를 부르더라도 조금 늦게 반응합니다. 아이가 일어나서 엄마를 부르다가 제풀에 자는 경우도 많기 때문입니다.

6. 수면 위생에 신경을 씁니다. 여기서 위생은 깨끗이 한다는 의미가 아니라 자기 전의 아이의 심리상태를 깨끗이 해준다는 뜻입니다. 자기 전 한 시간 안에는 텔레비전을 보지 않게 합니다. 아이가 가장 좋

아하는 동영상을 보면서 잠들게 하면 소중한 수면 시간 30분 정도를 잃어버리는 일입니다. 낮잠 자기 한 시간 전에는 흥분할 수 있는 놀이나 장난은 피합니다.

7. 규칙적으로 재우는 습관을 들입니다. 잠 트러블이 생기는 대부분의 원인은 일정한 시간에 자지 않는 데서 옵니다. 일정한 시간에 자고 일정한 시간에 자는 버릇을 들이도록 합니다. 아이를 무턱대고 재우려고 하기보다 일정한 낮잠 패턴을 익힐 때까지 시간을 정해놓고 함께 낮잠을 자는 것도 좋습니다.

16

낮과 밤이 바뀐 아이

QUESTION ?

생후 3개월 된 여자아이입니다. 밤에 잠을 거의 자지 않습니다. 약 1시간 간격으로 깨고, 깨면 바로 요란하게 울기 시작합니다. 안아주면 울음을 그치고 달래서 잠을 재우면 또 1시간 30분 정도 지나서 깨서 웁니다. 아기가 깨면 가만히 있지 않고 울기부터 합니다. 저와 아이 둘 다 잠을 못자고 있습니다. 여러 가지 방법을 써도 잘 안 고쳐집니다. 왜 그러는 걸까요?

ANSWER

신생아는 배가 고파서 깰 때 외에는 줄곧 잠을 자는데 일반적으로 하루에 대여섯 번 잠을 잡니다. 그러다 깨어 있는 시간이 점점 길어져 밤에 오래 자고 잠깐씩 낮잠을 자지요. 그러나 수면각성 주기의 틀은 최소한 3개월이 지나야만 정해집니다. 부모의 생활리듬에 맞게 유도하는 것은 좋지 않습니다. 밤에 오래 자게 하려면 수유시간 및 방법을 조절하고 일정한 시간에 재우는 방향으로 조금씩 교정해보세요. 그러나 일부러 깨우거나 재우려고 노력하진 마세요. 수면-각성 주기의 형태가 불안정한 시기이기 때문에 자는 시간의 조절이 거의 불가능합니다. 인위적으로 조절했다고 하더라도 오랫동안 고정되지 않고 쉽게 변합니다. 시간에 얽매이지 않고 아기가 배고파하는 것 같으면 언제든 젖을 주고, 기저귀가 젖었으면 갈아주고, 자고 싶어 하면 곧바로 자게 합니다.

발달적 의미

같은 시간을 자더라도 중간에 자주 깨거나 잠들기 어려워하는 아이들이 있습니다. 기질적으로 까다롭거나 영아산통과 같은 신체적 불편이 있거나, 수유량이 적거나, 방이 덥거나, 기저귀가 젖었거나 하는 사소한 이유들도 요인이 될 수 있지요. 밤중 수유도 문제가 되는데 아기가 잘 자려면 계획을 세워서 밤중 수유를 줄여나가는 것이 좋습니다. 먹이는 양을 줄이면서 간격을 서서히 떼어 2개월쯤 되면 분유는 한 번, 모유는 두 번 정도 먹입니다. 생후 2개월이 되면 4~5시간 정도, 3개월이 되면 6~8시간 정도 안 먹고 버틸 수 있기 때문에 굳이 밤중 수유를 여러 번 할 필요는 없습니다. 어쩔 수 없이 먹여야 하는 상황이라면 완전히 깨워서 먹이기보다 조명을 어둡게 하고 조심조심 행동하세요. 만약 아기가 너무 자주 먹으려 한다면 밤에 깨더라도 스스로 잠들 때까지 조금 기다려봅니다. 아기가 조금만 움직여도 안아주고 얼러주고 우유병을 물리면 밤에 아기를 재우기가 더 힘들어집니다.

영아산통은 소화관의 불편을 호소하는 증상으로 다리를 위로 쳐들고, 주먹을 꽉 쥐고, 얼굴이 선홍색이 될 정도로 붉히며 배를 만져보면 딱딱하게 느껴지는 경우도 있습니다. 울음이 몇 시간씩 이어지거나 오후나 저녁까지 연장될 수도 있습니다. 영아산통은 다음과 같은 특징이 있으니 잘 살펴보길 권합니다.

1) 발작성 울음이나 짜증이 생후 2주 정도부터 시작되고, 6주째가 지나도 우는 횟수가 줄어들지 않습니다.
2) 일주일에 3일 이상 발작성 울음이 있고, 하루에 서너 시간 정도 지속되며 3주 이상 이어집니다.
3) 대부분 오후 5~8시 사이에 울기 시작해서 한밤중이 되어서야

그칩니다.

4) 3~4개월 정도가 되면 발작성 울음이나 짜증, 신경질이 차차 줄어듭니다.

달래는 방법으로는 흔들의자, 그네, 바퀴에 스프링이 달린 요람이나 유모차 등에 태워 흔들어주거나 적당한 운동을 시키는 것이 도움이 되며 젖, 우유병, 주목, 손목, 엄지손가락, 노리개 젖꼭지 등을 빨게 하는 것도 효과적입니다. 담요나 모포로 감싸거나 꼭 껴안아주거나, 따뜻한 물을 주거나 배를 따뜻하게 해주세요. 수유 전에 트림을 시키거나 수유 중에도 가끔 트림을 시키는 것도 도움이 됩니다. 특히 중요한 것은 엄마의 심리상태입니다. 되도록 긴장하거나 불안해하지 말고 편안하고 행복한 상태에서 수유하세요.

양육지침

신생아도 5시간 정도는 한꺼번에 잘 수 있지만 낮에 길게 자면 밤에 적게 자기 때문에 낮잠을 3시간 이상 길게 잘 때는 깨우는 것이 좋습니다. 시간이 지날수록 점점 더 밤에 더 오랫동안 자며 낮잠은 짧고 불규칙하게 바뀝니다. 아기가 자고 싶어 하는지, 아니면 부모와 놀고 싶어 하는지를 구분해보세요. 아기는 원래 어둡고 조용한 방에 혼자 있는 것보다 여러 사람과 함께 노는 것을 더 좋아합니다. 따라서 부모를 곁에 붙들어두고는 잠들지 않으려고 저항하기도 하지요. 우선 깨어 있는 시간의 간격을 짧게 유지하세요. 아기가 아침에 일어났을 때, 혹은 낮잠을 자고 난 후에는 늘 시계를 보면서 확인하세요. 1시간이 지나서 짜증을 부리거나 졸려하기 전에 달래야 합니다. 달래는 중에 잠시 흔들어주더라도 잠든 후에는 눕히도록 합니다.

1. 일관성을 유지합니다. 아기를 달래는 방법을 한 가지 택하여 일관성을 유지하여야 학습이 이루어집니다. 낮잠을 잘 때 부모가 도와주지 않고 아기 혼자 안정을 찾아 잠드는 방법이 있으며 아기가 잠들려고 할 때마다 부모가 아기를 안고 깊이 잠들 때까지 달래주는 방법이 있습니다. 일단 한 가지 방법을 택했다면 그대로 유지합니다.

2. 아기가 2시간 정도 깨서 놀았다면 조용한 곳으로 데려가서 재웁니다. 흔히 아기가 울면 배가 고프거나 짜증이 났다고 생각합니다. 하지만 아주 피곤해서 울 수도 있습니다. 낮잠을 잘 자지 못했거나, 너무 늦게 잠자리에 들면 피곤한 상태에서 울게 됩니다. 외부로부터의 자극이 너무 많거나 부모의 불규칙한 양육 태도 때문에 잠을 못자는 경우도 있습니다. 2시간 이상 깨어 있으면 아기는 지칠 뿐 아니라 자극에

의한 과다각성 상태가 되어 짜증을 많이 냅니다.

3. 아기가 자고 싶어 한다면 자신감을 갖고 아기를 혼자 남겨두어 자게 합니다. 아기들은 밤잠을 오래 자는 습관이 먼저 생깁니다. 밤에 어둠이 깔리고 주위가 어두워지며 부모의 활동이 줄어들고 조용할 뿐 아니라 부모도 아기가 잔다고 생각하고 조심스럽게 행동하기 때문입니다.

4. 가족들의 생활습관을 아기에게 맞춰 바꿉니다. 잠버릇이 좋은 아이로 키우고 싶다면 잠을 잘 시간이 되었을 때 조명을 어둡게 하고 이불을 펴 놓는 등 쉽게 잠잘 수 있는 분위기를 만들어줍니다. 밤이 되었는데도 집안에 불이 환하게 켜져 있고 주위가 분주하면 아기는 쉽게 잠들지 못하고 부모와 같은 사이클을 갖게 됩니다.

5. 저녁 8시 이전에 목욕을 시키고 아기의 몸과 마음을 모두 안정시킨 뒤 잠을 잘 수 있는 조용한 분위기를 만듭니다. 목욕도 아기의 잠에 영향을 주는데 오후 9시가 넘어서 목욕을 시키면 그만큼 잠을 자는 시간도 늦어집니다. 아침에 늦게 일어나면 그만큼 늦게 자게 되지요. 아침 9시가 되면 억지로라도 아기를 흔들어 깨우도록 합니다.

6. 아기가 잠을 쉽게 들지 못하면 리듬감 있는 음악을 틀어줍니다. 낮

은 목소리로 자장가를 불러주거나 태동 음악 같은 간단한 리듬을 들려주는 것도 좋습니다. 촉감이 좋은 수건이나 이불, 인형, 베개 등 아이가 좋아하는 물건을 주면 심리적으로 안정된 상태에서 편안하게 잠을 잘 수 있습니다.

7. 안아주어도 잠잘 생각을 하지 않는다면 안아주는 방법을 바꿉니다. 먼저 엄마의 심장 고동 소리를 들을 수 있도록 세워서 안습니다. 엄마 뱃속에 있으면서 친숙했던 진동이 전해지면 아기는 태아 때처럼 편안한 마음을 갖게 됩니다. 아직 목을 가누지 못한다면 엄마의 배 위에 아기를 엎드린 자세를 해서 안아줍니다. 역시 엄마의 호흡을 느끼며 편히 잠들게 됩니다. 아빠가 책상다리를 하고 앉아서 가슴에 아기를 안아주어도 좋습니다. 그러나 세게 흔들지는 마세요. '흔들린 아기 증후군'이라고 하여 미세한 뇌출혈을 일으킬 수도 있습니다.

8. 낮에 실컷 놀게 합니다. 밤에 잘 자려면 낮에 많이 놀아야 합니다. 집안에서 놀 때는 방을 밝게 하고, 놀이터 등 야외로 자주 데리고 나갑니다. 낮 동안 아기와 체조를 하거나 유모차에 태워 산책을 시켜주면 아기는 피곤하여 밤에 쉽게 잘 수가 있습니다. 어릴 때부터 밝을 때 놀고 밤에는 불을 끄고 혼자서 지내야 한다는 것을 가르치도록 합니다.

17

심한 장난을 하고 까부는 아이

QUESTION ?

3세 남자아이인데 서랍을 열고 안에 있는 것을 끄집어내어 방 안을 어지럽히거나 문짝에다 낙서를 하거나 장난만 칩니다. 화를 내도 시침 뚝 떼고, 눈만 떼면 같은 장난을 되풀이합니다. 갈수록 장난의 정도가 심해져서 버릇을 고쳐주고 싶습니다.

ANSWER

아이들은 잠깐 얌전하게 있는가 하면, 금방 뭔가를 찾아내어 만지작거리거나 부수거나 하지요. 이런 탐색활동은 모든 아이가 하는 정상적인 행동입니다. 서랍 속은 아이에게 보물 상자만큼 매력 있는 것이기 때문에 왜 꾸지람을 듣는지 알 수 없고, 재미가 있으니까 꾸지람을 들어도 다시 하는 것입니다.

장난은 아이의 발달에 커다란 거름이 됩니다. 부모 입장에서는 하면 안 되는 장난도 아이에게는 '이건 뭘까?'하는 호기심과 탐구심이 솟구치는 일입니다. 무엇을 해도 안 된다고 금지하거나 과보호해서 장난을 못치게 하면 자주성과 독립심이 키워지지 않습니다. 오히려 장난 한번 안치고 얌전하고 착한 아이가 문제를 일으킬 가능성이 크다고 봐야 합니다.

물론 해서는 안 되는 장난도 있습니다. 가위, 칼 등을 갖고 노는 건 당연히 위험하지요. 게다가 집에는 약병, 세제, 담배, 성냥, 바늘, 다리미, 토스터, 난로, 포트 그리고 콘센트나 스위치 등 위험한 것들로 가득합니다. 위험한 것을 끄집어내면, "위험하니까 안 돼!"라고 따끔하게 야단칠 필요도 있습니다. 그러나 위험한 것을 그대로 두고 말로만 야단치기보다 그런 물건들은 손이 안 닿는 곳에 보관하도록 합니다. 위험한 것이라고 해도 무조건 뺏기보다 쓰는 법을 가르쳐줄 필요도 있습니다. 예를 들어 가위를 갖고 오면, "이렇게 하면 손을 다치게 돼"라고 주의를 주면서 제대로 쓰는 법을 가르쳐줍니다. 안 되는 것은 왜 안 되는지 이유를 설명해줍니다.

발달적 의미

어린 아이가 집중하는 시간은 대개 5분 이내입니다. 아이가 성장하면 집중하는 시간도 늘어나지요. 그러나 집중하는 시간의 길이와 관계없이, 흥미를 끌만큼 자극적이고 호기심을 주면 집중을 합니다. 아이와 놀 때 산만하고 충동적인 아이의 행동에 당황하는 부모가 많지요. 그런데 아이의 장난은 부모의 관심을 끌기 위한 것입니다. 심하게 장난을 치고 소란을 피울 때마다 관심을 보이고 반응을 하면 아이의 행동은 더욱 심해질 것입니다. 부모의 일을 방해하면 상당한 관심이 자기에게 쏠린다는 것을 학습하는 것이지요.

그러나 위험하거나 남에게 폐를 끼치는 장난은 그대로 보아 넘겨서는 안 됩니다. 목소리를 바꿔서 정색을 하고 권위 있게 대처해야 합니다. 절대로 해서는 안 되는 일은 어떤 때라도 "안 돼!"라고 말하는 것이 중요합니다. 부모의 사정이나 기분에 따라 봐주거나 화를 내면 아이는 무엇이 되고 안 되는지 배우지 못한 채 부모의 눈치를 보고 행동하는 아이가 됩니다. 아이도 몇 번이고 절대 안 된다는 말을 들으면 해보고 싶어도 참는 마음이 생깁니다.

양육지침

아이의 호기심을 인정합니다. 부모라면 누구나 동의하겠지만, 아이와 함께라면 집 건너편 가게에 가는 일도 쉽지 않습니다. 한 걸음 한 걸음 옮길 때마다 아이에게는 놀라운 광경과 볼거리가 생기기 때문에 매번 멈춰서 관찰하고 싶어하기 때문입니다. 비둘기가 있으면 쫓아가야 하고, 날아서 도망하는 것까지 봐야 직성이 풀립니다. 길모퉁이에 버려진 병뚜껑이나 동전이 있으면 꼭 가서 살펴봐야 하고, 꽃이 있으면 향기를 맡아봐야 합니다. 아이들은 호기심 천재들입니다. 시간을 넉넉히 가지고 기다려주세요.

1. 좋은 일과 나쁜 일을 정확하고 구체적으로 가르쳐줍니다. 위험하지 않은 장난은 너그럽게 봐주세요. 이것도 안 되고, 저것도 안 된다고 하면 자발성도 호기심도 시들고 맙니다. 장난기를 적절히 받아주며 탐구심이 풍부한 아이로 키워주세요.

2. 유머스러운 장난은 받아줍니다. 아이들은 어릴 때부터 유머를 압니다. 아기도 "없다, 없다, 까꿍!"하면 소리 내어 웃는 것처럼 아이들은 즐거운 장난을 좋아합니다. 3세가 되면 동작을 하는 재미뿐만 아니라, 말의 재미도 알기 때문에 유머스런 장난을 즐겨 하지요. 유머로 받아야 할지 까분다고 받아야 할지 부모의 생각에 따라 평가가 다르겠지만 되도록 아이의 즐겁고 유머스러운 마음은 받아주도록 합니다.

3. 화를 내거나 소리를 지르지 않습니다. 부모도 아이가 심하게 장난을 치면 좌절감을 느낍니다. 그래서 화가 나서 소리를 지르게 되지요. 하지만 아이는 부모의 그런 반응을 자신에 대한 관심으로 받아들입니다. 아이가 장난을 칠 때마다 과도하게 반응하면 아이의 행동을 지속시킬 뿐입니다.

4. 나쁜 장난은 받아주지 않습니다. 아이는 심한 장난을 해서 부모의 관심을 끌고 싶어 합니다. 부모의 관심을 끌고 싶은 나머지 천박한 말, 상스러운 욕을 해서 부모의 반응을 끌어내는 것입니다. 그런 행동

이나 말을 하면 상대를 하지 않는 것이 좋습니다. 부모의 반응이 재미있어서 너무 까불거나 신나하는 수도 있기 때문입니다.

5. 아이의 장난기를 이용하여 일상습관을 들입니다. 형제끼리 눈싸움을 해서 진 사람이 장난감을 치우거나 이불 위에서 떼굴떼굴 구르기를 하다가 낮잠을 자는 등 즐거운 체험을 통해 생활습관을 들이면 밝고 즐거운 아이로 자랍니다.

6. 착하고 얌전한 것을 좋은 아이의 기준으로 삼지 않습니다. "조용히 그림책을 읽어라", "말을 하지 말고 밥이나 먹어", "똑바로 대답하는 거야" 등 잔소리가 많아지면 아이는 수동적이고 의존적인 아이가 됩니다. 까불거나 재미있는 것을 생각해 내는 아이는 조그만 일에 머리를 쓰고 생각을 잘해냅니다.

7. 착한 아이 증후군을 조심합니다. 아이는 뭐든지 하고 싶어 합니다. 이런 내적인 에너지가 부모의 과보호로 착한 아이라는 틀이 만들어지면 부모나 친구들과 독립적인 관계를 만들기 어렵습니다. 자존감을 키워주지 않으면 부모의 눈치를 보고, 쉽게 자신감을 잃고 좌절에 빠지며 의욕이 없고, 열등감이 강한 아이로 자랄 수 있습니다.

8. 아이의 일과를 규칙적으로 만듭니다. 낮잠과 밤잠은 대부분의 경

우 정해진 시간을 지키는 것이 좋습니다. 심지어 휴가를 떠난 중이라도 가능한 아이가 평소 일과대로 생활할 수 있도록 잠들 시간을 고려하여 저녁 외출을 준비할 것을 권합니다.

9. 컨디션을 관리합니다. 3세 아이는 점차 낮잠 시간이 줄어드는 대신 주변에 더 관심이 많아지므로 부모는 아이에게 더 넓은 세계를 보여줄 수 있습니다. 아이는 컨디션만 좋다면 부모가 원할 때, 부모가 원하는 어디든 기꺼이 같이 갈 것입니다. 여러 가지 볼일을 보러 가든, 부모의 모임에 참석하든, 하루 종일 걸리는 여행, 심지어 하룻밤을 자고 오는 여행을 나서든 즐겁게 따라나설 것입니다.

18

잘 안 먹는 아이

QUESTION ?

아이가 이유식을 끊고 밥을 조금씩 먹기 시작하면서부터 저희 집 식탁은 전쟁터로 변했습니다. 밥을 먹일 때마다 고개를 젓습니다. 이것저것 가리지 않고 잘 먹어 주면 좋으련만 어찌나 음식을 가리는지 "싫어!"를 연발합니다. 몸에 좋지도 않은 과자를 보면 눈이 반짝반짝 빛나면서 밥을 주려고 하면 경기를 하듯 고개를 저어 속이 무척 상합니다.

ANSWER

돌이 지나면 고형식을 잘 먹을 수 있게 됩니다. 체중은 별로 늘지 않는 시기여서 먹는 양이 갑자기 줄어들기는 하지만 입맛이 다양해져서 음식의 감촉이나, 맛, 냄새 등 자기가 좋아하는 음식이 생기고 밥도 잘 먹고 어른의 식사시간에 맞춰 먹게 되지요. 이때부터는 우유병 대신 컵으로 먹기 때문에 분유 대신 생우유를 더 좋아합니다. 하지만 우유를 많이 먹이는 것보다 다양한 고형식의 맛을 알게 하고 양을 늘리는 데 더 초점을 두어야 합니다. 아이가 먹는 것에 적극적으로 관심을 가져야 하지요.

아이가 음식을 거부하는 데에는 여러 가지 이유가 있습니다. 원인을 찾아 해결책을 마련하면 거부하던 음식도 먹게 됩니다. 노는 데 취해 식사 때를 거르기도 하고 음식이 마음에 들지 않아 배가 고파도 먹지 않는 경우도 있기 때문에 어른이 먹는 식으로 먹거나 말거나 놔두면 야위기가 쉽습니다.

발달적 의미

돌이 지난 아이를 먹이거나 다루는 것은 돌이 되기 전의 아기를 다루는 것과는 큰 차이가 있습니다. 돌이 지난 아이는 자기관리 능력이 어느 정도 있어서 엄마나 대리양육자와 독립되어 있다는 것을 발견하고 확신합니다. 호기심이 많아서 주변을 돌아다니고 에너지가 넘치며 자기를 적극적으로 표현할 뿐 아니라 자신이 엄마와 독립되었다는 것을 나타내느라 "안 돼! 안 돼!"를 연발합니다. 그렇기에 예전처럼 아이를 다루거나 단순히 돕는 역할만을 한다면 낭패를 보기 쉽습니다.

식품을 고르고, 음식을 만들고, 식사시간을 조절하고 아이가 가족 식사에 참여할 수 있도록 도와주는 일은 부모의 책임입니다. 그러나 아이가 먹을지 안 먹을지, 얼마나 먹을지, 그리고 몸이 야위는지의 여부는 부모의 탓이 아닙니다.

아이들은 새로운 것에 대한 호기심이 많지만 낯설음과 변화에 대한 반발심도 매우 큽니다. 새로운 음식에 대한 거부감을 가질 수 있지요. 따라서 어릴 때부터 다양한 식품의 맛과 냄새, 질감을 느끼게 하는 것이 좋습니다. 특히 이유식을 끊게 되면 재료의 특징을 그대로 살린 음식을 먹게 되므로 이때에는 조리법을 바꿔 가며 아이의 입맛이 다양해지도록 해야 합니다.

아이가 안 먹는 데에는 다양한 이유가 있습니다. 아이가 잘 먹지 않을 때 "잘 먹는 것을 더 먹인다"는 태도를 가진 부모도 있습니다. 이런 태도는 권장할 만한 것은 아닙니다. 아이가 점점 더 익숙한 것만 찾게 되어 새로운 것을 영영 거부할 수도 있기 때문입니다.

신체상의 이유도 있습니다. 치과질환이 있거나 몸이 아플 때에도 잘 먹지 않습니다. 평소에는 그런대로 잘 먹던 아이가 어느 날부터 잘 먹지 않는다면 신체적인 이상이 없는지 살펴보세요. 음식과 관련된 불쾌한 기억도 문제가 됩니다. 무조건 잘 먹이고 싶은 마음이 앞서면 하나라도 더 먹이기 위해 아이를 다그치게 됩니다. 그러면 아이는 식사시간 자체를 두려워하게 됩니다. 부모가 강제로 아이에게 밥을 먹여 억지로 먹었던 불쾌한 기억이 있다면 밥 먹는 일을 싫어하게 되지요. 얼마만큼 먹느냐보다 어떻게 먹느냐가 더 중요합니다. 안 먹는 습관을 바로잡을 때만큼은 먹는 양에 신경을 곤두세우지 않도록 합니다.

양육지침

돌이 지난 아이의 식사습관을 잘 만들려면 다음과 같은 원칙을 지키도록 합니다.

1. 가족식사를 중요하게 여깁니다. 가능하면 가족이 먹을 때 같이 먹이도록 합니다. 아이가 배고파하면 간식을 가볍게 먹이되 가족과 같이 먹는 습관을 들입니다. 아이는 가족의 식사 모습을 모방합니다. 가족 중 누군가 식성이 까다롭거나 좋지 못한 식습관을 가지고 있으면 아이의 식습관도 나빠집니다. 다른 가족도 잘 먹지 않는 것을 아이에

게 먹이려고 하지는 않았나요? 만약 그렇다면 가족의 식습관부터 바로잡는 게 좋습니다.

2. 아이의 음식은 따로 준비합니다. 가족과 같이 먹더라도 아이가 잘 먹는 음식을 따로 준비해서 다양한 음식을 맛보여줍니다. 한 가지 음식을 잘 먹는다고 연속해서 먹이면 그것마저 먹지 않게 됩니다.

3. 조리법을 바꿔 봅니다. 특정 음식을 싫어하는 이유가 맛 자체 때문인지 냄새나 질감, 혹은 형태 때문인지 잘 살펴봅니다. 그에 맞춰 조리법을 바꾸면 예상 외로 잘 먹기도 합니다. 음식의 질감에 유독 민감한 아이라면 잘게 다지거나 튀김, 볶음으로 조리법을 바꿔 보세요. 아이들이 좋아하는 캐릭터나 꽃, 나뭇잎 모양으로 만들어주는 것도 좋습니다. 편식으로 영양에 손실이 가지 않도록 대체 식품을 이용하는 것도 한 방법입니다.

4. 아이를 요리에 참여시킵니다. 음식을 보고 느끼고 냄새 맡고 만지게 하는 것이 좋습니다. 아이는 새로운 음식을 거부하는 경우가 많으므로 음식과 낯을 익힐 기회와 시간이 필요합니다.

5. 억지로 먹이려고 하지 않습니다. 먹도록 어르거나 속임수를 쓰거나 애원하는 것은 바람직하지 않습니다. 그러나 식탁에 앉아있게 하는 것은 중요합니다.

6. 바람직한 행동에 관심을 보입니다. 아이가 식탁에서 바람직하지 못한 행동을 하면 무관심하는 것이 좋습니다. 차라리 아이를 식탁에서 벗어나게 하는 것도 한 방법입니다. 음식에 대한 거부인지 엄마에 대한 거부인지를 구별하여 잘못된 행동에 대해서는 관심을 보이지 말아야 하며 음식을 잘 먹을 때 칭찬을 하는 것도 바람직하지 않습니다.

7. 컨디션을 관리합니다. 피곤하거나 놀이에 자극되면 식욕을 잃는 경우가 많으므로 식욕을 잃은 상태에서 먹지 않게끔 배려합니다.

8. 30분 안에 먹입니다. 음식을 적게 먹었더라도 먹기 시작한 지 30분이 지나면 생리적으로 포만감을 느낍니다. 30분 안에 어느 정도 먹여두는 것이 좋습니다.

9. 불안한 모습을 보이지 않습니다. 우측 전두엽은 감정과 분위기를 감지하는 데 아주 뛰어납니다. 음식을 먹지 않는다고 걱정하는 부모의 불안한 표정이나 초조한 목소리, 긴장된 몸을 아이는 금방 알아챕니다.

10. 억지로 먹이지 않습니다. 아이가 싫어하는 음식은 먹이는 횟수와 양을 서서히 늘리며 적응할 시간을 줍니다. 새로운 음식은 한 번에 한 가지만 주면서 잘 먹는지 살펴보고, 싫어한다면 억지로 먹이지 말고 좋아하는 음식과 함께 먹일 방법을 찾습니다. 아이가 음식을 잘 못 먹는다고 혼내면 절대 안 됩니다. 혼나지 않으려고 음식을 꾸역꾸역 먹다 보면, 음식을 먹는 즐거움을 느끼지 못하게 됩니다.

11. 부모가 먼저 먹는 모습을 보여줍니다. 이 시기의 아이들은 부모가 하는 것을 그대로 따라 하려는 특징을 보입니다. 새로운 음식을 아이에게 먹이기 전에, 엄마가 먹으면서 즐거워하는 모습을 보이면 거부감이 줄어듭니다. 즐겁고 행복할 때 아이는 싫은 것도 하게 됩니다. 바빠서 얼굴 보기가 힘든 아빠가 어느 날 일찍 들어와 저녁을 함께 먹을

때, "아빠도 이거 좋아하는데, 한번 먹어 볼래?"하면 싫어하던 것도 한 숟가락쯤은 먹습니다. 이때 칭찬을 듬뿍해주면 기분이 좋아 한 숟가락 더 먹을지도 모릅니다.

19

혼자 놀지 못하는 아이

QUESTION ?

3세가 된 저희 딸은 놀 때마다 엄마가 옆에 있어야 합니다. 혼자 잘 놀다가도 엄마가 시야에 없으면 노는 것을 그만 두고 엄마를 찾습니다. 그림 그리기, 블록 끼우기, 장난감 정리하기 등 스스로 할 줄 알면서도 엄마에게 해달라고 합니다. 이젠 혼자 놀아도 될 것 같은데 엄마만 찾으니 어떻게 하면 좋을까요?

ANSWER

의존적인 아이들은 자기 스스로 할 수 있는 일도 도움을 받길 원하고 끊임없이 부모의 애정과 관심을 원합니다. 애정, 주의집중, 도움을 받기 위해 징징거리거나 울먹이고 몸을 부비는 등 의존적 행동을 보이지요. 특히 아이가 어릴 때 부모가 지나치게 요구를 많이 하거나 잔소리를 하면 순종적이거나 의존적인 성격을 갖게 됩니다. 특히 평소에 부모의 개입이 많고 놀이를 주도하는 경향이 있다면 아이들은 놀 때도 의존적이 됩니다. 그렇기에 어릴 때부터 아이 스스로 자존감과 독립심을 갖도록 양육하는 태도가 필요합니다.

아이가 무언가를 묻거나 자기가 만든 것을 보여줄 때 그 즉시 친절하게 반응해줍니다. 합당한 이유 없이 무조건 안 된다고 하거나 질질 끌면서 "글쎄", "두고 보자" 등 애매모호하게 반응하면 아이를 불안하게 하여 의존적인 성향이 커집니다. "안 된다"고 말할 때는 이유를 단호하고 확실한 어조로 말해줍니다. 필요 없는 장난감을 많이 사주거나 놀이 과정에서 아이 스스로 할 수 있는 일을 부모가 해주는 것은 의존성을 기르는 지름길입니다.

발달적 의미

의존적인 아이의 부모는 대체로 지나치게 허용적인 양육태도를 보입니다. 허용적인 태도가 아이의 자율성을 키우는 좋은 방법이긴 하지만 지나칠 경우 아이는 해도 좋은 것과 해서는 안 되는 것의 경계를 몰라 불안을 느끼게 됩니다. 바로 그 불안감 때문에 의존적인 행동이 나오는 것입니다. 반대로 부모의 간섭이 많을 때도 의존성이 커집니다. 놀이에 열중하고 있을 때 다른 장난감을 주거나 중간에 끼어들면 집중력이 떨어지고 의존적이 됩니다. 아이가 혼자 집중하고 있을 때는 방해하지 않는 것이 좋습니다.

아이들은 어릴 때에서 어떤 사물에 매력을 느끼면 한동안 그곳에 집중합니다. 어떤 놀이에 몰두하고 있으면 방해하지 않도록 조심합니다. 한창 놀고 있을 때 목욕을 시키거나, 책을 읽어주거나 뭘 사러 나가야 한다는 등의 이유로 놀이를 자꾸 중단시켜서도 안 됩니다. 놀이에 몰두할 수 있도록 놀이 공간을 마련해 주는 것도 좋습니다.

특히 혼자 놀게 하려면 작은 것이라도 스스로 이루게 하는 것이 중요합니다. 작은 것이라도 성공을 경험한 아이는 행복감을 느끼며 다시 성공하고 싶다는 느낌을 갖습니다. 스스로 무엇이든 할 수 있다고 느끼게 되지요. 이런 느낌은 실패해 대한 두려움 없이 용감하게 문제를 해결하는 원동력이 됩니다.

생활의 규칙을 정해주는 것도 효과적인 방법입니다. 장난감은 정리함에, 책은 책꽂이에 혼자서 정리하게 하는 등 규칙을 정해 주면 아이의 의존성을 낮출 수 있고, 의존성으로 인해 생기는 불안도 낮아집니다.

양육지침

혼자 놀도록 북돋우기 위해서는 아이가 좋아하는 것에 빠져 놀게 합니다. 한 놀이에 1분 이상 집중하지 못하고 다른 놀이를 찾는다면 우선 가장 좋아하는 놀이부터 시켜보세요. 한 가지 놀이를 통해 혼자 놀도록 한 다음, 그것을 바탕으로 다른 놀이도 혼자 할 수 있도록 유도합니다. 아이가 재미있게 하는 놀이를 아이와 같이 시작합니다. 처음 몇 번은 노는 시간 내내 같이 놀아줍니다. 놀이를 하는 동안에는 아이를 가볍고 사랑스럽게 두드려줍니다.

1. 작은 일이라도 아이 스스로 해내면 칭찬을 듬뿍 해줍니다. 예를 들어 장난감을 스스로 정리했다거나, 아이 혼자 그림책 한 권을 모두 봤다면 아낌없이 격려하고 칭찬하세요. 아이에게 성취의 기쁨을 느끼

게 하는 것도 혼자 놀게 하는 방법입니다.

2. 독립된 하나의 놀이를 고릅니다. 독립된 놀이는 혼자서 잘 할 수 있는 것이어야 합니다. 레고를 쌓는 것은 혼자 할 수 있습니다. 공놀이 같은 사회적 놀이는 두 사람 이상이 필요하기에 적절하지 않습니다.

3. 혼자 노는 시간을 늘려줍니다. 아이가 놀이에 빠져 능동적으로 참여할 때 부모는 살짝 빠져나옵니다. 처음엔 아주 잠깐, 5초 정도 나갔다가 바로 돌아오는 정도가 좋습니다. 이틀 동안 5초 이상 혼자서 놀면 7~8초로 늘려봅니다. 부모가 없어도 혼자서 놀 수 있도록 시간을 점점 늘려갑니다. 부모가 없을 때에도 놀이가 방해받지 않고 지속되도록 하는 게 중요합니다.

4. 아이에게 신뢰감을 줍니다. 아이가 독립심을 갖고 놀게 하려면 부모를 신뢰할 수 있다고 느껴야만 합니다. 자신이 어려운 상황에 처할 때마다 엄마나 아빠가 도와줄 것이라는 신뢰감이 있으면 혼자 있을 수 있습니다. "엄마는 어디 가지 않고 여기 나하고 같이 있을 거야"라는 생각을 하면 집 안 여기저기를 탐색하며 복잡한 놀이도 혼자 잘하게 됩니다.

5. 가볍고 비언어적인 신체적 접촉을 꾸준히 해줍니다. 혼자 노는 연

습을 2~3개월 동안 꾸준히 할 때 아이에게 규칙적으로 가볍고 비언어적인 신체적 접촉을 계속 해줍니다. 부모가 옆에 없어도 아이는 안심하고 놀이에서 즐거움을 얻고 정서적 의존성도 줄어듭니다.

6. 성취감을 느끼게 합니다. 아이는 시간과 기술이 늘어남에 따라 부모의 도움 없이 스스로 즐겁게 노는 방법을 익히게 됩니다. 혼자 놀면 놀수록 스스로의 일을 성취할 수 있으며 놀이로부터 생기는 만족을 더 많이 느낄 것입니다.

7. 일관성 있는 태도를 보입니다. 일단 아이를 혼자 놀게 했다면 떼를 쓰거나 징징거려도 포기하지 말고 지속합니다. 단, 아이에게 미워서 혼자 두는 것이 아니라는 점을 충분히 설명해주어야 합니다. 아이가 같이 놀자고 계속 떼를 쓰거나 징징거린다고 참다못해 화를 내거나 소리 지르는 일은 피해야 합니다. 아이가 떼를 쓰거나 우는 행동을 보이기 때문에 부모의 태도를 바꾸어서는 안 되지만, 합리적인 다른 이유가 생겼을 때에는 아이에게 혼자 놀게 하는 기준을 완화할 수도 있습니다.

8. 아이들이 실수하면서 배울 수 있도록 합니다. 실수를 해볼 기회를 갖지 못하는 아이들은 새로운 것에 도전해 보려는 용기를 잃게 되고 늘 하던 놀이만 하려는 성향을 갖게 됩니다. 아이들이 해야 할 놀이에

부모가 불필요하게 개입하는 일은 놀이의 기쁨을 박탈하는 것입니다. 실수를 해도 다시 도전하도록 격려해주세요. 다시 도전하는 동안 아이들은 커다란 성취감을 맛볼 것입니다.

20

아이는 자면서도 낮의 기억들을 분류하고 조직화한다

QUESTION ?

7개월 된 아기입니다. 업어 재우고, 젖 주고 재우다가 수면 교육을 하기 위해 눕혀서 재우는 습관을 들였습니다. 울다가 잠드는 때도 있지만 울지 않고 뒹굴거리다가 잠드는 때도 있었어요. 그런데 최근에 아침 산책을 하면서 업힌채 잠들고 외출을 하면 유모차에서 잠들기도 해서 그런지, 다시 누워서 잘 때 30분~1시간 정도 심하게 울다가 잡니다.

ANSWER

수면에는 쉬는 수면과 연습하는 수면이 있습니다. 아이가 하루

8시간 잠을 잔다면 2시간에서 2시간 30분은 연습하는 수면입니다. 연습하는 수면 때 해마에서 낮에 중요했던 단편적인 기억들을 정리하여 장기기억으로 넘깁니다. 아이가 자는 동안 눈동자가 왔다 갔다 하는 걸 본 경험이 있을 겁니다. 이것을 학자들은 눈이 움직인다고 하여 '렘(Rapid Eye Movement, REM)수면'이라고 부릅니다.

아이가 블록으로 놀이를 하는 데 걸리는 시간은 짧기 때문에 단기기억으로 대뇌피질까지만 전달됩니다. 이것이 기억을 담당하는 '해마'까지 운반돼 장기 기억으로 바뀌는 때가 바로 REM수면의 단계입니다. 수면 중에도 뇌가 연습을 하고 정리를 하는 것은 뇌의 용량이 부족하기 때문입니다. 뇌에 집중적으로 입력되는 많은 정보를 실시간으로 기억하고 장기기억으로 넘기기에는 뇌의 용량이 부족하기 때문에 나중에 따로 시간을 내서 버려야 할 정보와 기억해야 할 정보를 구분하고 그것을 체계적으로 분류해서 장기기억으로 저장할 필요가 생긴 것이지요. 아이가 자는 동안 그 일을 해마가 하는 것입니다.

발달적 의미

신생아는 배고프면 깨어나 먹고, 먹으면 또 자고 해서 일반적으로 하루에 대여섯 번 잠을 잡니다. 갓 태어난 신생아들은 전형적으로 REM수면으로 시작하며, 생후 4개월 때 성인처럼 쉬는 수면인 NREM수면을 시작합니다. 태어난 지 1주일 된 신생아는 낮보다 밤에 더 잘 자며 자주 깨게 되는데, 각성과 수면의 리듬이 2~4시간 간격으로 연속적으로 이루어지기 때문입니다. 4주가 되면 우는 것 없이 깨게 되고 4개월이 되면 24시간 수면-각성 리듬으로 자리를 잡습니다. 아기가 커감에 따라 깨어있는 시간이 길어지는데 밤에 오래 자고 잠깐씩 낮잠을 잡니다. 6개월이 되면 24개월까지 낮 동안의 수면 시간이 점진적으로 줄어들며 대개 하루에 두 번 낮잠을 자게 됩니다.

6개월 이후의 아기는 아침에 깨자마자 조용히 놀고 가족생활에 참여하는 것을 좋아하는데 밤늦게까지 깨어있기도 합니다. 7개월 된 아기들 중 35퍼센트는 밤 동안 6시간 정도 깨지 않고 잘 수 있습니다. 10개월이 되면 72퍼센트의 아기들이 밤새 잠을 잡니다. 대부분은 일찍 일어나 혼자 노는데, 18퍼센트는 늦게 깨고 즉시 관심을 가져주기를 바랍니다. 12개월이 지나면 하루에 한 번 낮잠을 자고 유아기 동안 계속됩니다. 15~18개월에는 잠자는 시간은 하나의 의식이며 즐거운 시간이 되지만 잠자는 것에 문제가 생기기 시작합니다. 대부분 밤새 자지만 일부는 깨어나 자신을 편안하게 해주기를 바랍니다. 리치먼(Richman)에 의하면 이 시기 아이들 중의 20퍼센트가 밤에 깬다고 합니다.

양육지침

되도록 엄마 혹은 아빠와 같이 잘 수 있는 환경을 만듭니다. 부모들은 자신이 자는 동안 아기를 눌러서 질식시키면 어쩌나 하고 걱정을 합니다. 하지만 연구 결과 집에서 담배를 피우는 사람이 없는 한, 또는 술을 마시거나 약을 먹거나 너무 피곤해서 지각이 무뎌지지 않는 한, 그럴 일은 없다고 합니다. 오히려 아이와 자는 동안 부모의 지각 능력이 더 높아지는 것으로 알려져 있습니다. 800시간 동안 엄마와 아기들을 관찰한 동영상을 보면 엄마들이 잠을 자는 동안에도 옆에 있는 아기를 의식하는 것으로 나타났습니다. 엄마들은 아무리 가까이 있어도 아기 쪽을 몸을 굴리지 않았습니다. 수면 스트레스를 낮추는 방법은 다음과 같습니다.

1. 신체 접촉으로 아이의 스트레스를 줄여줍니다. 영아돌연사증후

군(Sudden Infant Death Syndrome, SIDS)은 대부분 불안정한 호흡과 미숙한 심혈관 계통으로 인해 발생합니다. 아기는 엄마와 따로 떨어지면 원시적인 방어모드로 들어가는데 그 결과 호흡과 심장박동이 불규칙해집니다. 엄마와 떨어져 잔 아기를 6시간 후에 살펴보니, 엄마 옆에서 자는 아기보다 스트레스 호르몬 농도가 두 배가 더 높았다고 합니다. 그에 비해 엄마와 신체 접촉을 하며 자는 아기는 심장박동과 호흡이 안정적이었습니다.

2. 오랫동안 울게 내버려두지 않습니다. 아기들은 생존을 위해 의존적일 수밖에 없으므로 스트레스 상태를 조절해줘야 합니다. 몇 시간씩 혼자 울게 내버려 두면 결국 지쳐서 잠이 들겠지만 좋은 방법이 아닙니다. 이것은 훈련이 아니라 아기가 지쳐서 도움 청하기를 포기하게 만드는 것입니다.

3. 엄마의 목소리를 들려줍니다. 포유류에 관한 연구를 보면 어미의 소리가 새끼의 스트레스 호르몬을 크게 낮출 수 있는 것으로 나타났습니다. “안녕, 우리 아가. 안심하고 편히 자거라. 엄마는 너를 아주 많이 사랑해”와 같은 엄마의 목소리를 들려주세요.

4. 엄마의 냄새를 맡게 합니다. 엄마의 냄새는 아기 뇌에 긍정적 감정을 불러일으킵니다. 아기가 자다 깰 때 엄마 옷 등 엄마 냄새가 나는

물건이 옆에 있으면 효과적으로 진정시킬 수 있습니다. 후각망울이 강력한 감정 연상 작용을 자극하는 편도체와 가까이 붙어있기 때문이지요. 익숙하고 편안한 상태가 되면 뇌에서 오피오이드가 분비됩니다.

5. 처음에는 아기의 리듬에 따릅니다. 밤이 되었는데도 시끄럽고 집이 환하면 아기가 편하게 잠을 자기 어렵습니다. 아기에게 맞춰 부모의 생활리듬도 바꾸도록 합니다.

6. 수면 환경을 조성합니다. 잠잘 시간이 되면 조명을 어둡게 하고 분위기를 편안하게 하는 등 수면 환경을 만들어줍니다. 너무 어두운 공간은 아기에게 공포심을 주므로 꼬마전구 하나를 켜두는 정도의 밝기로 하는 게 좋습니다.

7. 취침 의식을 만듭니다. 아이를 재우는 과정에서 목욕, 책 읽기, 자장가 불러주기와 같은 취침 의식이 별로 중요하지 않다고 생각하는 부모들이 있습니다. 아이가 점점 성장함에 따라 계속 취침 의식을 따르는 것이 피곤하게 느껴질 수도 있지요. 그러나 마음을 진정시키고 기분 좋게 만드는 취침 의식은 아이가 편안하게 잠들도록 돕는 중요한 과정입니다. 성인도 매일 밤 긴장을 푸는 과정을 거친 후 잠자리에 들면 숙면을 취하는 데 도움이 됩니다. 하루 종일 여러 가지 자극을 받은 아이가 곧장 잠이 드는 것은 힘들고 어려운 일입니다.

8. 낮잠을 꼭 재웁니다. 낮잠도 밤잠처럼 최소한 백일은 지나야 정착이 됩니다. 4개월의 아이기들은 하루에 2~3번 낮잠을 잡니다. 6개월이 되면 오전 낮잠과 오후 낮잠을 자게 되고 자는 시간도 어느 정도 정해지는 경향을 보입니다. 12개월이 될 때까지는 하루에 두 번 낮잠을 잡니다. 오전 낮잠은 활동적인 REM수면이 많은 반면 오후 낮잠은 조용한 NREM수면이 더 많습니다. 오전 낮잠을 잘 준비가 안 된다면 아기가 잠깐 동안 누워있거나 조용하게 앉아있을 수 있게 배려해주세요.

9. 밤잠을 잘 재우기 위해 낮잠을 줄이지 않습니다. 하루에 한번으로 낮잠이 줄어들면 아이는 아침이건 오후건 간에 저녁이 되기 전에 흥분하거나 지치게 됩니다. 낮잠은 밤잠과는 비교적 독립적입니다. 밤잠이 부족한 것을 낮잠으로 보충하기 어렵듯이 낮잠을 줄인다고 밤잠이 늘어나지도 않는다는 것을 명심하세요.

정상적으로 필요한 수면 시간

1주	밤잠 8시간 30분	낮잠 4회 8시간	총 16시간 30분
1개월	밤잠 8시간 30분	낮잠 3회 7시간	총 15시간 30분
3개월	밤잠 10시간	낮잠 3회 5시간	총 15시간
6개월	밤잠 11시간	낮잠 2회 3시간 15분	총 14시간 15분
9개월	밤잠 11시간	낮잠 2회 3시간	총 14시간
12개월	밤잠 11시간	낮잠 2회 2시간 15분	총 13시간 45분
18개월	밤잠 11시간	낮잠 1회 2시간 30분	총 13시간 30분
24개월	밤잠 11시간	낮잠 1회 2시간	총 13시간

PART 3

25~48개월

좌·우뇌 통합의 시기

BRAINSTORM
ITY

21

자다 깨서 우는 아이, 이것이 약

QUESTION ?

36개월 된 제 딸은 처음 태어났을 때부터 남달랐던 목청으로 한 번 울기 시작하면 끝이 없습니다. 한번 울면 1시간 이상 넘기기가 일쑤입니다. 달래어도 잘 되질 않네요. 새벽에는 갑자기 일어나서 울기 시작하여 그칠 줄을 모르고 웁니다. 물론 새벽에 깨면 토닥이며 잠을 다시 청하도록 도와주고 다독여주지만 쉽게 울음이 가시질 않습니다.

ANSWER

25~48개월 아이는 대개 저녁 7~9시 사이에 취침을 하고 오전 6

시 30분~8시 사이에 잠에서 깹니다. 대부분 낮잠이 필요한 시기이지요. 36개월 된 아이의 평균 낮잠 시간은 2시간 정도입니다. 하지만 개인차가 많아서 1시간만 자는 아이도 있고 3시간 30분을 자는 아이도 있습니다. 낮잠 시간과 취침 시간은 상황에 맞춰 합리적으로 정하되 잠자리에서 이루어지는 일상생활은 규칙을 지키도록 합니다.

36개월 이후가 되면 잠을 규칙적으로 자게 되지만 가끔 새벽에 일어나서 심하게 우는 경우도 있습니다. 또래 아이들과 어울리며 바깥에서 보내는 시간도 많아진 시기이기 때문에 심리적 긴장이 문제가 될 수 있습니다. 갑자기 깨어 심하게 울었더라도 무엇이 무서웠는지 아침에 물어보면 확실히 대답을 못하는 경우가 대부분입니다. 환경이 바뀌었거나 몸이 안 좋을 때 나타나는 현상일 수도 있지만 많은 경우 심리적 요인 때문입니다. 동생이 생겨서 어머니를 독점하지 못하는 불안, 어린이집에서 느끼는 긴장, 친구와 잘 놀지 못하는 스트레스, 지금까지 경험한 일이 없는 강한 자극 등이 문제가 되는 것입니다.

발달적 의미

36개월의 아이는 밤잠 10시간 30분, 낮잠 1회 1시간 30분, 하루에 총 12시간 정도를 잡니다. 이 시기의 아이들은 일반적으로 밤을 무서워합니다. 번개를 동반한 심한 폭우, 개 짖는 소리, 커다란 트럭 등 많은 것들이 아이들을 두려움에 빠뜨립니다. 밤에 대한 두려움 때문에 심각한 수면장애가 생기기도 합니다. 아이들은 자다가 자연스럽게 부분각성 상태로 될 때가 있는데, 스스로 다시 잠들지 못하고 완전각성 상태로 바뀌면 침대 밖으로 나오게 됩니다.

성장통도 문제가 됩니다. 깨어나서 다리가 아프다고 하는 경우가 많은데, 성장통은 별다른 치료법이 없고 자연스럽게 증상이 나아지는 경우가 많습니다. 평소 아이의 무릎과 종아리, 발목을 주물러주면 좋아지지만, 자주 다리가 아프다고 한다면 병원에 가봐야 합니다.

자다 깨는 아이들에게 문제가 되는 것은 취침시간이 일정하게 정해지지 않는 것입니다. 규칙적인 취침 및 기상 시간, 조용하고 어두운 침실, 차분한 분위기, 일정한 취침시간 의식은 수면 문제를 해결하는 데 도움이 됩니다. 낮 시간의 스트레스로 인하여 수면 문제가 생길 수가 있는데 부모가 관심을 가지고 어려움을 말하도록 유도하고 안심시키는 것이 필요합니다. 가장 효과적인 방법은 매일 같은 취침 일과를 반복하는 것입니다. 같은 일과를 반복하면 뇌에서 옥시토신이나 멜라토닌 같은 호르몬이 분비됩니다.

양육지침

자다가 갑자기 깨는 현상은 발달과정에서 겪는 일시적인 현상일 수 있지만 이로 인해 수면의 질이 떨어지고 수면 습관이 제대로 자리를 잡지 못해 일상생활에 어려움을 겪을 수 있습니다. 아이를 잘 재우고 싶다면 다음과 같은 방법을 적용해보세요.

1. 곁에서 책을 읽어줍니다. 부모가 신체 접촉을 하며 책을 읽어주면 아이의 뇌에서 옥시토신이 분비되어 잠이 잘 옵니다. 이야기를 들으면 전두엽이 활성화되면서 침대 위에서 뛰거나 장난을 치고 싶은 운동 충동이 억제됩니다.

2. 아늑한 분위기를 만듭니다. 우리 몸은 어둠 속에서 멜라토닌이 분비됩니다. 취침 시간이 되면 전등 밝기를 낮추거나 안전한 촛불을 켜 놓습니다. 차분한 음악을 틀어 긴장을 풀어주는 것도 좋습니다.

3. 아이를 깨어 있게 만드는 음식을 주지 않습니다. 취침 두 시간 전부터는 고기나 생선 같은 단백질 음식을 주지 않습니다. 단백질 음식을 먹으면 뇌를 자극하는 도파민이 분비됩니다. 초콜릿도 자극적인 약물인 카페인을 함유하고 있습니다. 아이가 배고파하면 바나나처럼 뇌에서 세로토닌을 분비해 잠이 오게 만드는 탄수화물 음식을 줍니다.

4. 하위 뇌의 두려움 체계를 활성화시키지 않습니다. 아이의 두려움과 불안을 진지하게 받아들이고 안심시켜주지 않으면 뇌에서 글루타

메이트, 노르에피네프린, CRF(부신피질자극호르몬방출인자)가 다량으로 분비되면서 긴장과 불안이 더 심해집니다.

5. 아이가 자는 동안 있었던 일을 기록해 놓습니다. 잠든 시간, 깨어난 시간, 침대 밖으로 나온 횟수, 아이가 반항하면서 칭얼거린 시간 등을 모두 기록합니다. 아이의 행동에 대한 일관된 태도를 유지할 수 있습니다.

6. 아이의 상태를 보고 바로 잠을 재웁니다. 늦은 오후나 초저녁에 아이가 피곤한 것처럼 행동하면 그날 낮잠이 부족했거나 저녁 취침시간이 너무 늦었을 가능성이 있으므로 바로 해결해줍니다.

7. 규칙을 정합니다. 잠잘 시간이 되면 자리에 눕고 아침이 될 때까지 절대로 침대 밖으로 나와서는 안 된다는 규칙이 생겼음을 알립니다. 아이가 자기 침대에서 빠져나와 언제나 부모 침대로 온다면, 다시 아이 침대로 돌려보냅니다.

8. 규칙에 협조를 잘했을 때에는 매일 아침 칭찬을 많이 해줍니다. 아이가 말을 조금만 들었다면 작은 상을 주고 완벽하게 해냈다면 큰 상을 줍니다.

9. 아이에 대해 과민반응을 보이지 않습니다. 아이는 꿈을 꾸면서 얼굴을 찡그릴 수 있고, 주먹을 쥐거나, 눈동자가 돌아갈 수 있고, 손발이 갑자기 움직일 수 있습니다. 아이가 잠자면서 소리를 내거나, 움직이는 행동에 대해서는 안심하세요. 너무 걱정하지 않아도 됩니다.

22

만 3세 우리 아이, 거정되는 습관 5가지

QUESTION ?

아이 친구 엄마가 전화를 했습니다. 부산으로 이사 간다고 들었는데 사실이냐고요. 그게 무슨 말이냐고 되물었더니 우리 아이가 다음 달에 부산으로 이사를 가게 됐다고 하더랍니다. 아이에게 왜 그런 말을 했느냐고 물으니까 그저 웃기만 합니다. 악의가 없는 것은 알겠지만 이런 사소한 거짓말이 하나둘 늘어 습관이 될까 걱정입니다.

ANSWER

만 3세의 아이는 성인이 갖는 정서의 대부분을 갖게 됩니다. 그

만큼 정서나 감정에 민감해지는 것이지요. 부모에게 위대한 힘을 느끼고 부모의 권위를 알게 되는 때이기도 합니다. 부모에 대한 동일시가 생겨나기 때문인데, 부모의 표정부터 태도에 이르기까지 어떤 종류의 동경심을 갖습니다. 부모를 흉내 내는 일이 가장 많은 시기이고 부모로부터 가장 많은 영향을 받는 시기이기도 합니다. 반항기가 지나고 자아가 뚜렷이 정립되며 '자기'라는 개념이 생기는 동시에 '타인'의 존재에 대해서도 생각합니다. 눈에 보이는 것 외에 '마음'이 있다는 것도 알게 되지요. 다른 아이들과 함께 있는 것도 좋아해서 기본적인 예절도 조금씩 가르쳐야 합니다. 버릇을 들이고 훈육이 필요한 때인데, 말로 훈육을 하는 것보다 아이의 손이나 몸을 잡고 이야기하는 방식으로 부모의 마음을 전달합니다. 인사를 하거나 바깥나들이를 할 때에도 피부접촉을 많이 해주는 것이 좋습니다. 이 시기 때 아이들이 흔하게 갖는 습관은 다음과 같습니다.

1) 거짓말하기

"어제 우주인이 왔었어!", "아빠랑 놀이동산에 갔다 왔어!" 등 있지 않은 사실을 정말인 것처럼 얘기하는 아이들이 있습니다. 만 3세 아이는 현실과 공상을 정확하게 구별하지 못합니다. 자신이 바라는 일이 현실에서 일어날 수 있다고 생각하고 이야기하게 되지요. 아이가 이런 거짓말을 할 때 큰일이라도 난 것처럼 혼을 내거나 야단치며 윽박지른다면 죄책감을 갖게 됩니다. 이 종류의 거짓말은 성장과정 중에 나타나는 자연스런 모습이기 때문에 시간이 지나면 점차 사라집니다.

2) 손가락 빨기

6개월 이후의 아이가 손가락을 빠는 것은 배가 고프거나 심심해서일 확률이 높습니다. 특히 빠는 욕구가 충분히 충족되지 않으면 손가락 빠는 행동이 반복될 수 있습니다. 손가락 빨기가 습관으로 이어졌다면 만 3세경에는 습관을 고쳐주어야 합니다. 만 4세 이후에도 손가락을 빨 경우 턱뼈 발달에 이상이 생길 수 있고, 영구치가 나는 만 6세 이후까지 손가락을 빨면 부정교합이 생길 확률이 높아집니다. 손가락에 굳은살이 생기거나 짓무름, 손톱 감염 등 후유증이 생길 수 있으므로 이 시기에 바로잡아야 합니다.

3) 장난감 어지르기

생후 24개월이 되면 아이는 장난감을 제자리에 갖다 놓을 수 있습니다. 즉, 만 3세에는 정리정돈 습관을 기를 수 있다는 뜻이지요. 정리하는 습관은 부모의 모습을 보고 배우는데, 부모가 평소 하던 일이 끝나는 즉시 정리한다면 아이도 자연스럽게 정리 습관을 익히게 됩니다. 아이가 자기 물건을 치우지 않는다면 부모의 정리 습관을 돌이켜볼 필요가 있습니다. 반대로 부모가 결벽증이 있어 아이가 흉내 낼 수 없을 정도로 깔끔하게 치우거나 아이의 정리에 만족하지 못하고 화를 내지는 않았는지, 아이에게 정리할 기회를 주지 않고 자신이 모두 하지 않았는지도 생각해봅니다.

4) 성기 만지기

돌 전후로 아이들은 자신의 성기를 만지기 시작하고, 좀 더 자라 만 3세가 되면 성기를 들여다보고 만지면서 장난을 칩니다. 아이가 성기에 관심을 갖는 것은 자신이 여자인지 남자인지 확실하게 알아가는 과정이므로 크게 문제될 것이 없으며, 어느 날 갑자기 성기를 만지는 행동이 없어지고 다른 발달 과정으로 넘어갑니다. 그런 아이의 행동에 당황하거나 엄하게 금지시키는 것은 바람직하지 않습니다. 아이가 성기를 만지며 쾌감을 느낀다고 걱정스러워하는 부모들도 있는데 이것을 일종의 본능이므로 관심을 두지 않아도 됩니다.

5) 목욕 거부

아이가 목욕하기 싫어하는 것은 목욕에 대한 안 좋은 기억이 있기 때문입니다. 재미있게 놀고 있을 때 부모가 억지로 목욕을 시켰거나, 눈에 비눗물이 들어갔거나, 피부를 세게 문질러 아팠던 기억 때문에 목욕이 하기 싫고 무서운 일이 될 수 있습니다. 게다가 만 3세에는 아직 씻어야 하는 이유를 모르는 시기이기도 합니다. 억지로 목욕을 시키지 말고 놀이라는 인식을 심어주는 것이 중요합니다.

발달적 의미

3세 아이가 자신의 의지를 나타내기 시작하면서 어떤 말을 하더라도 "싫어, 싫어!"라는 말을 합니다. 아이가 '싫다'고 하는 것은 아이가 독립적이려고 하는 만큼 성장했다는 증거입니다. 아이의 안전과 관련된 것이 아니라면 아이의 의견을 존중해 주는 것이 좋습니다. 지적, 사회적, 정서적 발달이 빠르게 나타납니다. 아이를 격려하고 존중해 주면 심리적인 안정감을 느끼게 됩니다.

아이가 다른 사람의 감정을 보다 잘 이해할 수 있게 되고 다른 사람의 의견에도 조금씩 귀를 기울이게 됩니다. 아이는 이제 친구를 때리면 자신이 친구에게 맞았을 때처럼 아프다는 것을 이해할 수 있게 됩니다. 또 어머니 입장이나 친구 입장이 되어서 생각해 볼 수 있습니다. 따라서 친구들과 보다 사이좋게 지낼 수 있게 되고 다른 사람을 도와 줄 수 있게 됩니다. 이 시기의 아이들은 자신의 몸에 대해 깨닫게 되어 자신의 몸을 움직여 뛰고 기어오르면서 자신과 성취감을 느끼게 됩니다. 그러나 아직 높은 곳에서 내려오거나 높은 곳에 있는 것은 무서워 합니다.

4세 아이는 어른이 갖는 정서의 대부분을 갖게 됩니다. 그 만큼 정서나 감정이 민감해집니다. 부모에게 위대한 힘을 느끼고 부모의 권위를 알게 되는 때이기도 합니다. 부모에 대한 동일시가 생겨납니다. 부모의 표정이나 태도에까지 어떤 종류의 동경심을 갖습니다. 부모를 흉내내는 일이 가장 많은 것이 이 시기이고 부모로부터 영향을 받기 쉬운 것도 이 시기입니다. 반항기가 지나고 자아가 뚜렷이 정립되기 시작하는 시기로 '자기'개념이 생기는 동시에 '타인'의 존재에 대해서도 생각을 하게 됩니다. 더불어 눈에 보이는 것 외에 '마음'이라는 것이 있음도 알게 됩니다. 다른 아이들과 함께 있는 것을 좋아합니다.

버릇을 들이고 훈육이 필요한 시기입니다. 기본적인 예절도 조금씩 가르쳐야 합니다. 말로 훈육을 하기 보다는 아이의 손이나 몸을 잡고 이야기 하여 어머니의 마음이 전달되도록 해야 합니다. 인사를 하거나 바깥나들이를 할 때에도 피부접촉을 많이 해주는 것이 좋습니다.

양육지침

발달과정에서는 참으로 많은 일들이 일어납니다. 어제까지 순하던 아이가 어느 날 갑자기 거짓말을 하고, 목욕을 좋아하던 아이가 칭얼거리며 거부하기도 하지요. 뇌가 성숙하면서 자연스럽게 통합되는 일이므로 인내를 갖고 지켜봐주세요. 도움이 되는 지침은 다음과 같습니다.

1. 허풍스런 거짓말을 잠재우려면 무관심이 최선입니다. 아이가 한 말을 확인하려 하거나 따지지 마세요. 평소에 아이의 행동을 살펴 거짓말을 하지 않으면 칭찬해주는 등, 관심을 적극적으로 표현해줍니다. 이렇게 하면 부모의 관심을 받으려고 했던 거짓말은 줄어들고 바람직한 행동은 늘어납니다. 그동안 아이에게 소홀한 점은 없었는지, 부모와의 신뢰가 단단한지, 아이를 존중하고 있는지 등을 되짚어보는 것도 중요한 일입니다. 단호하게 야단쳐야 할 거짓말도 있습니다. 다른 사람을 골탕 먹이기 위한 거짓말, 싫은 것을 피하기 위한 거짓말 등입

니다. 이런 경우 아이의 거짓말로 인해 일어난 일들에 대해서는 아이 스스로 책임지게 하는 단호한 자세가 필요합니다.

2. 아이가 손가락을 빤다면 손을 청결하게 유지시킵니다. 아이가 손가락을 빨려고 할 때마다 차분한 목소리로 "엄마는 네가 손가락을 빨지 않았으면 좋겠어"라고 가볍게 지적합니다. 두 손을 이용한 놀이를 통해 손가락을 빨 틈이 없도록 하는 것도 좋은 방법입니다. 장난감을 이용해 만들기를 하거나, 밀가루나 찰흙 같은 반죽놀이를 하는 것도 좋습니다. 아이가 장시간 손가락을 빨지 않았을 때는 관심을 가지고 칭찬해줍니다.

3. 위생에 신경을 씁니다. 아이가 성기를 자주 만진다면 야단을 치기보다 염증이 생기지 않도록 신경을 씁니다. 속옷도 자주 갈아입히고 가급적 타이트한 바지는 입히지 않습니다. 남자와 여자의 신체적 차이를 이야기해주고 아이 눈높이에서 성교육을 시킵니다. 성기를 자주 만지면 나쁜 균이 들어간다고 이야기해줍니다. 신체에서 아주 중요한 곳이니 사람들 앞에서 성기를 보여주거나 만지지 말고 소중히 숨겨주자고 설명해줍니다. 간헐적으로 혼자서 하는 자위행위에 대해서는 무관심한 것이 좋습니다.

4. 자발적으로 정리할 수 있는 습관을 들입니다. 만 3세가 지난 후

에도 부모가 알아서 뒷정리를 하다보면 아이는 '뒷정리는 부모의 몫'으로 받아들이기 쉽습니다. 아이에게 정리 습관을 길러주기 위해서는 아이가 자발적으로 치우고 싶다는 생각이 들게 해야 합니다. 장난감을 제자리에 갖다 놓는 시합을 하는 등 놀이로 받아들이게 하는 것도 좋습니다. 깨끗이 정리한 후에는 칭찬해주고, 주변이 깨끗해져 기분이 상쾌해진다는 것을 느끼게 해줍니다. 정리하는 규칙을 통해 간단한 분류의 개념을 가르쳐도 됩니다. 아직 복잡한 정리는 할 수 없는 시기이므로 장난감은 바구니에, 책은 책장에 꽂게 하는 정도면 충분합니다. 정리정돈에 익숙하지 않는 아이라면 '이렇게' 혹은 '저렇게' 하도록 강요하기보다 부모가 먼저 시범을 보여주고 아이가 따라하게끔 유도합니다.

5. 욕실을 편하게 느끼고 목욕을 놀이처럼 즐기게 합니다. 물을 무서워하는 아이라면 물수건으로 얼굴과 손, 발을 닦아주고, 욕실에서 거품놀이나 비눗방울 놀이 등으로 즐겁게 놀게 합니다. 욕실이 편안하게 느껴지도록 물감놀이를 하는 것도 좋은데, 욕실 타일에 마음껏 물감으로 그림을 그리게 한 뒤 샤워기로 물을 뿌려가며 그림을 지워내는 것도 한 가지 방법입니다. 아이가 좋아하는 인형의 머리를 감기거나 장난감을 함께 씻기는 것도 시도해보세요. 아이가 물에 익숙해졌다면 장난감과 함께 즐겁게 놀면서 편안하게 목욕할 수 있게 합니다. 머리를 감길 때 비눗물이 눈에 들어가지 않도록 샴푸 캡을 이용합니다.

23

동생이 태어난 뒤, 큰아이가 받는 스트레스

QUESTION ?

서열 정리를 위해 주로 큰아이 편을 들어주었는데, 그 부작용인지 작은아이는 떼쟁이, 큰아이는 징징이가 되었습니다. 싸울 때 누구 편을 들어야 할 지, 싸우는 과정을 두고 혼내야 하는지 결과를 두고 판단해야 하는지 알 수가 없네요.

ANSWER

큰아이는 엄마 앞에서는 동생을 잘 돌보아주는 듯하다가, 잠시 얼굴을 돌리면 동생을 꼬집고 때리는 경우가 많습니다. 늘 큰아이에게 사랑을 주고 동생이라고 특별히 더 사랑하지도 않았는데 왜 이런 일이 벌어질까요? 큰아이가 동생을 해코지하는 것은 동생이 미워서라기보다는 자신에게 향했던 부모의 사랑과 관심을 동생이 빼앗을까봐 두렵기 때문입니다. 이런 경우 부모는 실제로 알게 모르게 동생을 편애한 것은 아닌지, 어린 동생을 돌보느라 큰아이에 관심이 소홀하지는 않았는지, 형이나 언니로서의 역할만 강요하지는 않았는지 점검할 필요가 있습니다. 아이들은 부모의 관심과 사랑을 원할 때 일부러 말썽을 피우기도 합니다. 어린 동생이 잘못되면 부모는 촉각을 곤두세울 것이고 자신에게 관심을 돌리게 될 것이라고 생각하는 것이지요.

큰아이는 동생이 태어나면 새로 태어난 아이에게 밀려나 외톨이가 된 것 같은 느낌을 가지게 됩니다. 아무도 자신을 좋아하지 않는다고 느낄 뿐 아니라 부모에게 사랑을 충분히 받지 못하고 때로는 무시당한다고까지 느낍니다. 더 나아가서 동생과 비교해서 자신이 엄마에게 사랑받을 자격이 없다고 느끼게 되면 엄마와 연결이 약해지고 있다고 믿게 됩니다.

발달적 의미

런던 대학교의 제키(S. Zeki)는 인간이 사랑을 느낄 때와 증오를 느낄 때 뇌가 어떻게 반응하는지에 대해 fMRI 검사를 했습니다. 그는 피검사자들에게 사랑하는 사람의 사진과 증오하는 사람의 사진을 보여주고, 각각의 경우에 뇌의 어느 부위가 활성화 되는지를 알아봤습니다. 피검사자들은 사랑하는 사람의 사진을 볼 때나 증오하는 사람의 사진을 볼 때 모두 뇌의 피각(putamen)과 섬엽(insula)이라는 부위가 활성화되었습니다.

피각은 육체적 행동을 취하는 데 관여하며, 섬엽은 질투와 같은 고통의 감정에 관여합니다. 차이점이 있다면 사랑을 느낄 때와는 달리 증오를 느낄 때에는 이성적 능력이나 판단능력에 관여하는 전두피질(frontal cortex)이 함께 활성화된다는 것이었습니다. 질투도 하나의 감정이기 때문에 변연계와 편도체가 활성화 됩니다. 그리고 섬엽이 부정적인 감정을 관찰할 것이고, 전전두엽이 질투를 객관적으로 판단을 하여 이들 부위가 활성화됩니다. 중요한 것은 질투의 감정을 느낄 때 전두대상피질의 통점이 활성화된다는 사실입니다. 질투를 심하게 느낄수록 통증은 심해집니다. 뇌의 이 부위는 갈등과도 연관이 있으며, 신체적 고통을 느낄 때나 감정적 고통을 느낄 때나 모두 활성화되는데, 사회적으로 고립될 때도 활성화됩니다. 질투를 느낄 때 아픔을 느끼는 통점이 활성화되는 것입니다.

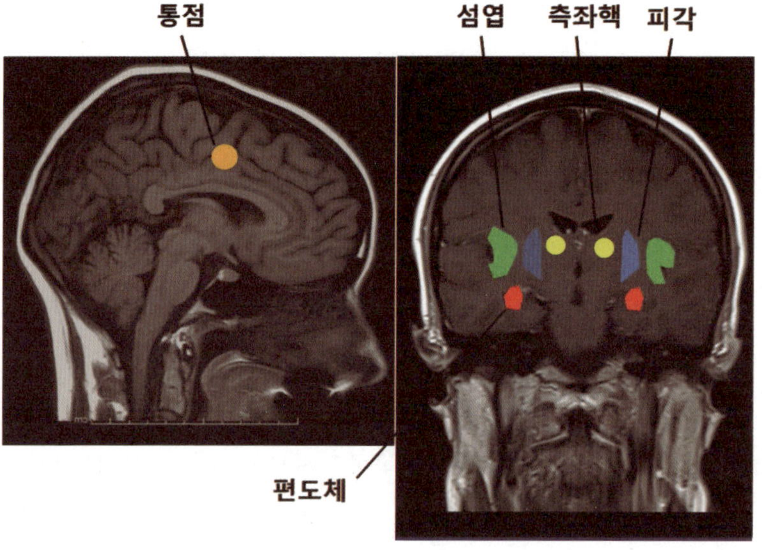

질투의 뇌

첫째 아이가 부모한테 야단을 맞으면 둘째가 고소한 기분을 느끼는데, 그 이유는 변연계의 측좌핵이 활성화되었기 때문입니다. 측좌핵이라는 부위는 보상을 담당하는데, 첫째가 야단맞아서 기분이 좋으면 보상을 받는 것 같다고 생각하는 것입니다.

양육지침

동생이 태어나기 몇 개월 전부터 변화되는 상황을 미리 조금씩 만들어둡니다. 예를 들어 아기의 방을 동생에게 주어야 한다면 출산 몇 개월 전에 미리 옮겨주거나 큰 침대로 바꾸어줍니다. 동생이 태어난 후 큰아이를 돌봐줄 수 없다면 동생이 태어나기 몇 개월 전부터 큰아이를 어린이집에 보내도록 합니다.

1. 소외감을 느끼지 않도록 배려합니다. 엄마가 아기에게 젖을 먹일 경우에는 아빠가 큰아이와 함께 놀아주면서 똑같이 보살핌을 받고 있다는 느낌을 갖게 합니다. 부모가 자신과 동생 모두를 똑같이 사랑한다는 것을 알게 하는 게 중요합니다. 예를 들어 큰아이의 어릴 때 사진이나 비디오를 통해 자신도 동생과 똑같이 목욕시켜주고, 기저귀를 갈아주고, 먹여줬다는 것을 보여줍니다.

2. 참여의식을 느끼게 합니다. 동생의 기저귀를 갈 때 큰아이한테 기저귀를 가져오게 한다든지, 우유병을 가져오게 한다든지 해서 어린 동생과 큰아이를 연결되게 합니다. 동생은 아직 어려 보살펴야 할 존재고, 형이나 언니로서 동생을 돌봐주는 것은 의젓하고 대견한 행동이라고 격려해줍니다.

3. 형과 동생을 강조해서 순위에 맞는 자기역할을 지나치게 강조하지 않습니다. 뭐든지 동생보다 빨리 해야 하고 잘해야 한다는 강박관념을 가질 수 있습니다. 부모의 기대에 미치지 못할 경우 좌절감이나 열등감에 빠질 수 있습니다.

4. 사소한 일이라도 형과 동생을 비교하지 않습니다. 아이가 잘못을 했을 경우에도 동생과 비교해서 야단치지 말고 잘못한 것 자체만 가지고 이야기합니다. 칭찬할 때도 마찬가지입니다. 비교당하며 받는 칭찬은 아이에게 깊은 상처가 됩니다. 칭찬받지 못한 아이의 상처야 말할 것도 없습니다. 자주 비교당하며 자란 아이들은 성인이 되어서까지 상대를 이겨야 한다는 강박에 사로잡히기도 합니다.

5. 나쁜 행동에는 단호하게 대처합니다. 때리거나 꼬집거나 콧구멍에 이물질을 넣는 등 몸에 가하는 행동은 단호하게 제재합니다. 그렇지 않은 경우라면 모른 척하는 것이 바람직합니다. 부모가 관심을 두지 않으면 대부분의 큰아이들은 동생을 못살게 구는 행동을 그만둡니다.

6. 감정은 읽어주되 괴롭히는 행동은 엄격히 다스립니다. 예를 들어 큰아이가 쌓아놓은 블록을 동생이 망가뜨렸을 경우, 큰아이에게 "네가 멋지게 지은 성을 동생이 부셔서 화가 났구나"라고 마음을 다독여

주고 이해해주되, 그로 인해 동생을 때리거나 동생의 것을 똑같이 망쳐놓는 행동을 묵인해서는 안 됩니다.

24

아이가 자다가 우는 이유

QUESTION ?

28개월 된 여자아이입니다. 몇 주 전부터 달래줘도 울고, 달래주지 않아도 울면서 12시경이 되어야 겨우 잠자리에 듭니다. 자는 동안엔 3~4번 심하게 눈물을 흘리며 울거나, 크게 소리를 지르는 등 잠꼬대를 하며 엄마가 안아주려고 해도 몸부림을 칩니다. 이것도 크는 과정인가요. 다른 이유가 있는 걸까요?

ANSWER

3~4세 아이들의 약 20퍼센트는 어떤 형태로든 밤에 깬다고 합니다. 이렇게 자주 깨는 이유 중에 하나는 이 시기에는 지적 호

기심이 많고 가족생활에 많이 참여하는 시기로서 흥분되는 일이 많기 때문입니다. 게다가 잠자는 것은 부모로부터의 분리를 의미하기 때문에 잠을 안자겠다고 저항을 할 뿐 아니라 잠을 자면서도 깨어서 부모가 옆에 있는지 확인하는 경우가 많습니다. 부모에게 업히거나 안겨서 잠들고 싶어 하고 노리개 젖꼭지라도 입에 물어 위안을 받고자 하는 것이지요.

또한 대소변 가리기가 대체로 완성되는 시기이므로 훈련으로 인한 스트레스와 엄마로부터 독립하려고 하나 마음대로 되지 않는 데서 오는 좌절감 등이 늘 마음에 남아 있습니다. 따라서 3~4세 아이들은 밤에 잘 깨고, 깨어나서는 부모를 찾습니다.

24개월이 넘으면 제법 말을 하기 시작하는데, 잠을 자면서 잠꼬대를 하는 아이들이 의외로 많습니다. 잠을 잘 때도 뇌의 일부분에는 깨어 있을 때의 흥분 상태가 남아 있어 자면서도 여러 감각을 느끼는데 이것이 꿈으로 나타나기도 합니다. 안 좋은 꿈을 꾼 듯 울기도 하고 기분이 좋은 꿈을 꾸는 것처럼 웃기도 합니다. 자연스러운 수면의 일부분이므로 억지로 깨우거나 말을 시킬 필요는 없습니다. 심한 악몽이 아닌 이상 깨우는 건 아이의 자발적인 수면 유도를 방해할 수 있습니다. 그대로 안고 토닥거리며 아이를 편안하게 해주세요.

아이들은 가끔 자면서 코를 곱니다. 코골음이란 호흡 시 빠른 공기의 흐름이 축 늘어진 목젖 점막사이 특히 입천장과 편도 주위의 점막을 지나며 이들을 진동시켜 요란한 소리가 발생하는 것을 말합니다. 아이들은 비공이 작기 때문에 코가 자주 막히는데 그로 인하여 코를 고는 일이 많습니다. 편도선이나 아데노이드가 비대해지면서 코골이로 이어지는 경우도 있습니다. 목이 앞으로 고꾸라지거나 옆으로 꺾이면 기도가 압박되면서 코골이 현상이 나타나기도 합니다.

이를 갈며 자는 아이들도 있습니다. 이갈기는 반수 이상의 아이들에서 보입니다. 아이들은 자랄수록 이갈기의 빈도가 많아집니다. 이갈기는 아이가 깨어있을 때도 나타나지만 주로 잠잘 때 나타납니다. 특히 렘수면이라고 하여 얕은 잠이 있는 시기에 나타나며 이때에는 다른 몸의 부위는 이완이 되나 턱 근육의 긴장도가 높아지기 때문입니다.

발달적 의미

수면에는 두 가지 수면상태가 있는데, 하나는 렘수면(REM)이고 또 하나는 비렘수면(NREM, non-REM)입니다. 비렘수면은 4단계로 구성되어 있습니다.

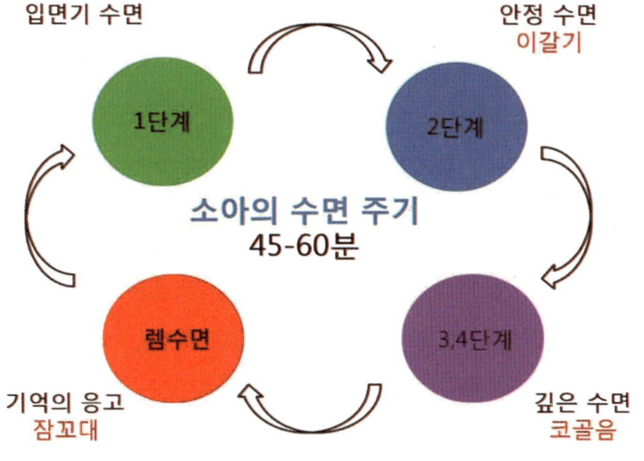

소아의 수면주기

(1) 1단계_입면기

아이가 막 잠이 든 상태로서, 정신이 흐려지기 시작합니다. 꿈은 아직 꾸지 않습니다. 어떤 자극을 주면 반응은 없으나 노크소리에도 쉽게 깨어나며 이내 다시 잠듭니다. 몸은 거의 움직이지 않으며 체온은 조금 떨어집니다. 수면의 첫 30초에서 5분 동안 유지됩니다.

(2) 2단계_경수면기

뇌세포의 전기적 활동은 점점 느려지고 저항할 수 없을 정도로 잠에 빠져들게 됩니다. 10~45분간 지속되는데 1단계와 2단계 과정이 전체 수면의 절반을 차지합니다. 이때 이를 많이 갑니다.

(3) 3~4단계_중등도 수면기와 심수면기

하룻밤 동안 약 2시간 정도 계속됩니다. 맥박과 호흡은 느리고 규칙적이며 땀을 흘리는 경우가 많습니다. 몸은 물론 얼굴도 움직이지 않습니다. 근육은 계속 긴장된 상태이며 코를 많이 곱니다.

(4) 렘수면 단계

깊은 수면 후에 꿈이 나타나는 역설적 수면의 단계입니다. 유아기에는 이 렘수면이 전체 수면 시간의 약 40~50퍼센트를 차지하다가 점차 줄어들어 성인이 되면 전체 수면 시간의 20퍼센트 정도가 됩니다. 이 시기는 뇌세포가 에너지를 충전하고 하루 동안 배운 것을 저장하며 기억을 정착시키는 순간입니다. 수평방향의 눈이 빠르게 왔다 갔다 하며, 손, 다리 또는 얼굴이 움직이는 것을 경험하게 됩니다. 초저녁에는 짧고 안구운동도 적지만 밤이 깊어가면서 렘수면기가 더 길어지고 꿈도 더 많이 꾸게 되어 잠꼬대가 많습니다. 3~4세 아이들은 많은 꿈을 꾸는 것은 아니지만 잠을 자는 것에 분리불안을 느끼므로 잠도 깊지 않습니다.

양육지침

아이들이 잠꼬대하는 것을 줄이려면 잠자리 환경을 편안하게 만들고 잠자기 한 시간 전엔 흥분된 놀이나 텔레비전 시청 등 자극이 되는 일은 피합니다. 잠자리에 드는 일이 즐겁고 자연스러운 일이 되려면 아이가 잠드는 동안 부모가 이야기를 해주거나 다독거려줍니다.

1. 아이가 좋아하는 애착인형이나 장난감을 갖고 자게 합니다. 낮에 활동량을 늘리거나 낮잠을 줄이거나 한밤에 수유를 하지 않는 것은 아이가 잠을 깊이 자는 데 도움이 됩니다. 아이가 자주 잠꼬대를 하고 깊은 잠을 자지 못한다면 몸이 아픈 데는 없는지 불안을 느낄 만한 사건이 있었는지 부모의 불화는 없는지 점검해봅니다.

2. 코를 고는 것이 건강상의 문제가 아니라면 크게 걱정하지 않습니

다. 코골이는 생리적인 현상이고, 피로하거나 감기 기운이 있을 때 더 많이 생깁니다. 건강상태를 살펴 이상이 없다면 일시적인 현상이므로 크게 걱정할 필요는 없습니다. 혹시 감기 같은 호흡기 감염이 있지 않나 살펴주는 것이 좋으며, 가습기를 틀어주는 것도 도움이 됩니다. 코가 막히면 눈에 넣는 생리식염수를 코에 서너 방울 넣어주면 막히는 것도 줄고 코골음도 줄어듭니다. 자세에 의한 코골이일 때는 반듯하게 눕혀서 재우거나 고개를 약간 젖혀주는 등 자세를 조금 바꿔주도록 합니다. 그래도 계속 코를 골고 수면무호흡이 있다면 병원을 찾아 진찰을 받도록 합니다.

3. 이갈기는 가볍고 느린 수면 중에 나타나며 특별한 의미가 없습니다. 같은 밤에 여러 번 나타나며 주위 사람을 괴롭히기는 하지만 아이는 어떠한 장애도 느끼지 않습니다. 일부 발달장애 아이들은 다른 아이들에 비해 훨씬 심하게 이를 갈며, 치아가 손상되기도 합니다. 치열 교열 이상, 턱 근육의 이상, 위장관장애 등이 있을 때 이갈기가 많이 나타나는데 심한 경우에는 이상이 있는지 점검합니다. 그러나 가볍게 이를 갈며 자는 정도라면 이에 영향을 주는 일은 없고 수개월이 지나면 저절로 없어집니다.

25

짜증내는 아이, 이유 묻지 말고 '공감'부터

QUESTION ?

45개월 아이가 하루 종일 짜증내고 화내는 통에 엄마인 저 역시 짜증이 납니다. 블록놀이를 하다가 제 맘대로 되지 않으면 애써 만든 것들을 무너뜨려 버리기도 하고, 심할 땐 하염없이 울기도 합니다.

ANSWER

욕구-요구-만족은 아이가 부모의 사랑을 몸으로 느끼는 가장 일반적인 과정입니다. 그렇게 해서 아이는 자신이 부모에게 소중한 존재임을 알고, 자기의 요구를 누군가 들어주므로 자기는 착한 존재이고 보호받는다는 안도감을 느끼지요. 그러나 언제나 아이의 요구를 충족시켜줄 수는 없는 일입니다. 중요한 것은 아이가 화를 낼 때 항상 이해하고 들어주는 것입니다. 아이가 화를 내는 이유는 자신이 요구한 일이 얼마나 중요한 것인지 부모에게 깨닫게 하기 위해서입니다. 화를 내는 목적이 관계회복이므로 관계를 깨뜨리지 마세요.

관계를 유지하고, 집중하고 배려하고 존중하세요. 부모가 일대일로 사랑을 충분히 주지 않으면 아이는 도발적인 행동으로 인정받으려고 합니다. 아이들은 종종 독특한 방법으로 관심을 끕니다. 귀에 대고 소리를 지르고, 주위를 뛰어다니고, 엄마를 툭 건드립니다. 그런 행동을 하는 이유는 이렇게 말하고 싶기 때문입니다. "나를 좀 봐주세요".

피곤하면 아이들은 더 크게 짜증을 냅니다. 조금만 마음에 들지 않아도 화를 조절하지 못합니다. 이렇게 짜증을 부리는 아이라면 대책을 강구하기 전에 몸에 이상이 없는지부터 체크해봅니다. 아이나 어른이나 몸이 아프면 만사가 귀찮고 사소한 일에도 짜증이 나는 법입니다. 피곤해서 짜증이 나도 뭔가 불행하다고 느끼고 그 이유를 찾습니다. 그리고 처음으로 마주치는 것에 핑계를 대며 짜증을 쏟아 붓습니다. 그래서 블록놀이를 하다가 애써 만든 것을 무너뜨리는 것입니다. 부부 사이가 원만치 않거나, 엄마 또는 아빠가 갑자기 바빠지거나 건강이 나빠져 알게 모르게 아이에게 소홀해져도 아이들은 짜증을 냅니다.

발달적 의미

아이가 짜증내고 화를 내면 신체 접촉, 공감하는 표정, 비판 없는 경청 등으로 아이의 우뇌를 달래주세요. 아이의 주장이 부모에게는 어이없고 비논리적으로 생각되겠지만, 아이는 자기가 부당한 대우를 받고 있고 자기의 불만이 정당하다고 진심으로 믿습니다. 우뇌의 정서적 욕구를 반영해줄 때까지 좌뇌의 논리는 도움이 되지 않습니다. 정서적 교감이 더 중요한 것입니다. 부모와 아이는 서로의 마음을 알아줌으로써 연결되었다는 느낌을 경험합니다.

아이와 정서적 교감이 이루어졌다면 대화를 통해 좌뇌에 다시 방향을 잡아줍니다. 아이의 감정이 안정되면 부모의 말을 들을 준비를 할 것입니다. 아이가 원하는 것 중 부모가 해줄 수 있는 것이 있다면 구체적으로 약속을 하고, 앞으로 무엇을 할지 즐겁게 계획을 세움으로써 좌뇌를 사용할 기회를 줍니다.

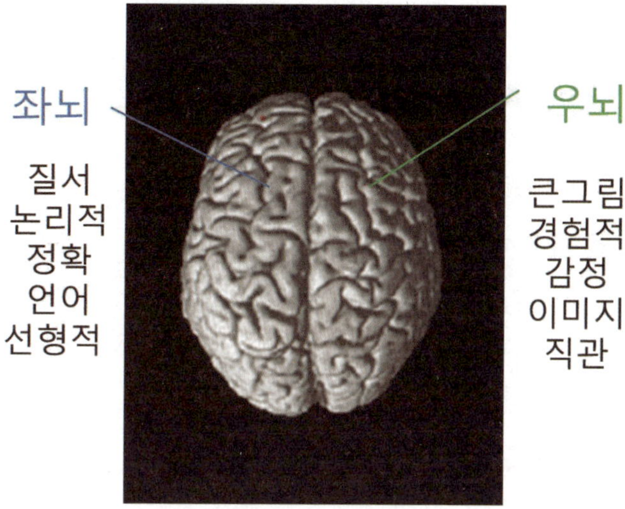

좌뇌와 우뇌

양육지침

가장 중요한 것은 감정에 공감해주는 것입니다. 대부분의 부모는 아이들이 짜증을 내면 이유부터 묻습니다. 하지만 이유를 묻는 대신 "지금 속상하구나", "화가 났구나" 등의 말로 아이의 감정에 충분히 공감해주고 기다려줍니다.

1. 동정하는 말투로 달래지 않습니다. 공감해주는 것과 동정은 다릅니다. 동정은 아이가 감정을 추스르는 데 방해가 됩니다.

2. 공격적이거나 파괴적인 행동은 용납하지 않습니다. 아이의 감정에 공감해준다고 해서 아이의 공격적이거나 파괴적인 행동까지 용납해서는 안 됩니다. 짜증이 난다고 물건을 던지거나 욕을 할 때는 "물건을 던지면 안 돼!"라고 엄격하게 선을 긋습니다.

3. 이유를 캐묻지 않습니다. 짜증을 내는 이유가 뭐냐고 자꾸 캐물으면 아이는 부담감을 갖습니다. 더 나아가 부모가 자신을 간섭한다고 생각하며 오히려 더 이유를 말하지 않습니다.

4. 아이가 스스로 말할 때까지 기다립니다. 어느 정도 시간이 지나면 아이들은 대개 화낸 이유를 말하기 때문입니다. 한참 동안 기다려도 이야기하지 않더라도 간섭하지 않습니다. 왜 짜증을 냈는지 이유를 말할 때는 차분하게 들어주고 해결 방법을 함께 생각해봅니다. 이때 부모가 먼저 제안하는 것은 바람직하지 않습니다. "친구 때문에 속상했구나. 그렇지만 그 친구를 때리거나 욕을 하면 어떻게 될까?"라고 아이가 제시한 해결 방법이 어떤 결과를 가져올지 추측할 수 있도록 도와줍니다.

5. 짜증, 위협, 체벌로 대처하지 않습니다. 아이가 짜증을 자주 낸다고 해서 부모도 똑같이 짜증을 부리거나 혼을 내거나 체벌해서는 안 됩니다. 짜증도 아이의 감정 중의 하나입니다. 공감해주는 것이 우선입니다.

6. 일관성을 유지합니다. 자신의 감정폭발에 부모가 관심을 보이는 경험을 하면 아이는 이후로도 같은 행동을 반복합니다. 부모는 아이에 대해 일관성 있는 반응을 보여야 합니다.

7. 감정단어를 가르쳐줍니다. 많은 아이들이 자신의 욕구나 감정을 표현할 단어를 알지 못하기 때문에 짜증을 부립니다. 따라서 아이에게 '화, 슬픔, 피곤함, 불만'같은 몇몇 감정단어를 가르쳐주세요. 아이가 적절한 순간에 '난 화가 났어'처럼 자신의 감정을 표현하게 해주면 짜증은 줄어듭니다.

8. 타임아웃은 최후의 수단으로 사용합니다. 이 방법은 아이가 누군가를 때리거나 물거나 발로 차거나 할 때 사용합니다. 만 3세 아이라면 3분 동안 시행합니다. 아이를 타임아웃 장소로 데려가서 말해줍니다. "네가 엄마를 물었으니까 여기서 잠시 혼자 있어야 해. 사람을 다치게 해서는 절대 안 돼" 단호하게 말하되 아이를 위협하거나 공포에 떨게 해서는 안 됩니다.

26

엄마 말은 안 듣고 제 맘대로 하는 4세 아이

QUESTION ?

우리 아이가 드디어 4세가 되었어요. 뭐든지 제 맘대로 하려고 하고, 엄마 말은 듣는 둥 마는 둥, 툭하면 놀이터에서 싸우고, 가게 앞에서 물건 사달라고 떼쓰고…. 그럴 때마다 속에서 불덩이가 치밀어 올라 견딜 수가 없어요. 어떻게 해야 하는 게 좋을까요?

ANSWER

아이가 고집을 부린다면, 그 고집이 자신의 독립성을 시험하기 위한 행동인가를 우선 판단해봅니다. 아이는 3세가 되면 옷 입고 벗기, 신발 신기, 밥 먹기 등 뭐든지 스스로 하려고 듭니다. 무조건 돌봐야 하는 의존적인 시기를 벗어나 자율성이 발달하는 것이지요. 이런 고집이라면 자연스러운 현상입니다. 오히려 이런 경우에는 아이의 고집을 꺾으려 해서는 안 됩니다. 아이가 스스로 시행착오를 거듭하면서 배울 기회를 허용해야 하지요. 부모는 다소 귀찮고 번거로울 수 있지만 아이를 위해 참아야 합니다.

그러나 발달과정의 자연스러운 고집 부리기가 아닌 '떼 부리기'라면 이야기는 달라집니다. '자신이 해서는 안 될 행동'이라는 것쯤을 알면서도 저지른다든가, 고집을 위한 고집, 거친 행동 등이 따르는 고집은 과감히 못하게 해야 합니다. 4세 아이가 고집을 부리는 이유는 크게 두 가지입니다. 첫째, 아이의 기질에서 비롯된 고집입니다. 까다로운 기질의 아이는 작은 환경의 변화에도 예민하고 조금만 불편해도 강하게 반응하기 때문에 고집을 부리는 것으로 감정을 표현합니다. 둘째, 부모의 일관성 없는 양육태도 때문입니다. 안 되는 것은 정확하게 안 된다고 일관성 있게 아이를 대하는 것이 좋습니다. 고집을 부릴 때마다 원하는 것을 해주는 버릇이 생겼다면 고집은 나날이 세어질 수밖에 없습니다. 4세 나이는 아직 미숙하고 자기중심적인 사고를 하는 시기이기 때문에 제 뜻대로 되지 않으면 화를 내고 짜증을 부리거나 원하는 것이 이루어질 때까지 고집을 부리기도 합니다. 고집을 부리는 것이 효과가 있다는 것을 아이가 알게 되면 고집은 더 세질 것입니다.

발달적 의미

편도체는 아몬드 모양의 작은 구조물로 기억에 정서라는 색깔을 입힙니다. 편도체는 정서기억을 저장하고 회상을 조절할 뿐 아니라 학습된 정서 반응에 중요한 역할을 합니다. 몸의 감각기관을 통해 들어온 정보들이 편도체에 이르면 이를 대뇌피질로 투사하여 감정적 경험을 만들어냅니다. 감각신호를 받은 편도체는 자율신경계로 신호를 내보냅니다. 이러한 신호는 시상하부로 가서 자율신경 반응에 의해 스트레스 호르몬을 분비하거나 각성과 비슷한 생리적 반응을 유발합니다.

한편 편도체에서 뇌간으로 가는 신호는 자극에 대한 행동 반응을 유발합니다. 소리를 지르며 집 안을 뛰어다니는 아이들이나 길에서 어처구니없이 주저앉아 떼를 쓰는 아이들은 이 과정에서 발생하는 것입니다. 감정 조절이 제 기능을 하지 못하는 데에는 두 가지 요인이 있습니다. 하나는 전전두피질에서 대뇌변연계로 향하는 신호가 너무 미약하거나 방향이 정해지지 않아 편도체가 지시하는 행동에 압도당한 경우이고, 다른 하나는 외부의 자극이 없는데도 편도체가 과민해지는 경우입니다.

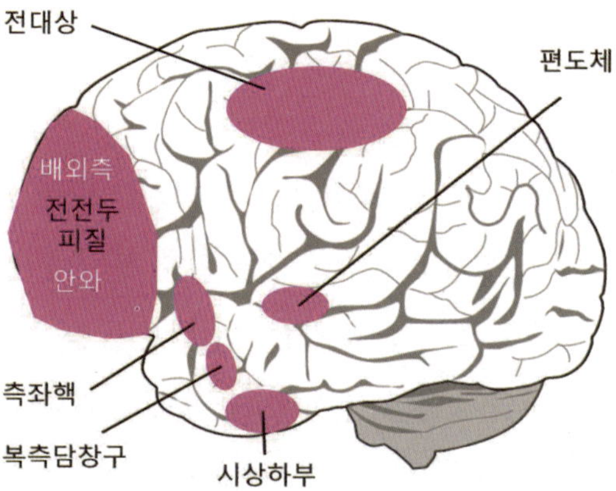

고집의 뇌

4세 아이들에게는 전자의 경우가 흔합니다. 특히 성인에 비해 아이들이 감정을 폭발시키는 경우가 많은데 아직 전전두피질의 신호가 미약하고 산만하기 때문입니다. 전전두엽의 뉴런은 성인이 되어야 성숙해지기 때문에 아이의 감정조절은 성인보다 어렵습니다. 이에 비해 편도체는 태어나면서부터 어느 정도 완성되어 있기 때문에 상대적으로 편도체의 지시에 쉽게 압도당하지요. 전전두피질은 사용할수록 성숙하기 때문에 어려서부터 감정조절을 배우지 못하면 성인이 되어서도 감정조절이 어려워집니다.

양육지침

발달 단계상에 나타나는 고집이라고 해도 그 또래 아이들이 보이는 행동보다 정도가 심하고 이런 고집을 자주 부린다면, 아이들이 보이는 단순한 고집으로 보기 힘듭니다. 아이의 행동을 관찰하여 고집의 이유를 알아내고 상황에 따라 적절하게 훈육해야 합니다.

1. 고집을 부리는 정확한 이유를 찾기 위해 세심하게 관찰합니다. 단순하게 물건에 대해 싫증을 빨리 느끼는 것인지, 부모의 사랑을 충분히 받지 못했다고 느껴서 부모의 사랑을 확인하고 싶은 것인지, 마음속에 스트레스나 불안이 있는지 등 다양한 이유가 있을 수 있습니다. 아이가 처음 고집을 부릴 때는 최소한 3일간 관찰해봅니다.

2. 평소에 아이의 말에 세심하게 귀를 기울입니다. 아이가 진정으로 원하는 것이 무엇인지 알아주세요. 아이는 자신의 의견이나 욕구가 이

해되고 존중 받았다는 생각을 하면 부모의 요구사항을 받아들이고 고집을 부리지 않습니다. 아이에게 자신이 귀한 존재임을 알게 해주고 배려해주면 아이도 부모를 존중하고 부모의 얘기에 귀를 기울입니다.

3. 단호하고 일관된 태도를 보입니다. 상황에 따라, 부모의 기분에 따라 기준이 바뀌면 아이의 고집은 나날이 더 세집니다. 아이가 아무리 고집을 부리고 울고 떼를 써도 안 된다고 결정했으면 단호하게 거절하세요. 고집 피우고 떼를 쓸 때 어떤 경우는 받아주고 어떤 경우 받아주지 않는다면 아이는 해야 할 일과 하지 말아야 할 일을 판단하기 힘들어집니다.

4. 아이 스스로 할 수 있는 기회를 줍니다. 4세 아이는 혼자 해보고 싶은 것이 많아지는 시기입니다. 서툴지만 스스로 하고 싶은 것들을 할 수 있도록 기회를 주면 고집을 부리는 행동도 줄어듭니다. 위험한 일이 아니라면 스스로 하게 두고 도움을 요청할 때만 도와줍니다.

5. 고집을 부리지 않는 경우 아낌없는 칭찬과 관심을 줍니다. 고집을 부리는 행동에는 반응하지 말고, 고집을 부리지 않고 상황에 적절하게 행동했을 때 관심을 보이고 자주 칭찬합니다. 긍정적인 행동에 칭찬을 하여 그 행동을 다시 하게 되면 고집을 부리는 행동이 긍정적인 행동으로 바뀔 수 있습니다.

6. 아이가 고집을 부릴 때 이유를 알려고 캐묻지 않습니다. 캐묻는 과정에서 인내심을 잃고 화를 내면 아이의 고집은 점점 더 세집니다. 자신이 이런 행동을 할 때마다 부모가 관심을 보인다는 것을 알고 반복하는 것이지요. 사람들의 이목이 신경 쓰이는 공공장소라고 해도 아이를 위해 꾹 참습니다. 두 번만 참아도 아이는 떼쓰는 행동이 통하지 않음을 깨닫습니다.

7. 아이를 설득하지 않습니다. 고집을 피울 때마다 달래거나 원하는 것을 들어줄 경우, 그렇게 해줄 수 없을 때도 아이는 막무가내로 고집을 피우게 됩니다. "엄마가 웬만하면 들어줬잖니, 이번에는 안 돼!"라는 말로 설득하려들지 마세요. 되는 일과 안 되는 일을 정확히 구분짓고 이를 일관성 있게 지켜나가는 것이 중요합니다.

8. 자리를 옮깁니다. 사람들이 붐비는 공공장소에서 아이를 모른척하기는 힘든 경우에는, 아이를 번쩍 안아 비상계단이나 눈에 잘 띄지 않는 장소로 옮깁니다. 그런 다음 아이가 고집 부리기를 멈출 때까지 인내심을 갖고 기다립니다. 아이가 잘 보이는 곳에서 책이나 잡지를 뒤적이면서 기다리면 더 효과 있습니다.

9. 필요한 경우 아이가 떼쓰는 것을 무시하고 외면합니다. 자리를 피하기 전에 "엄마는 저기 보이는 의자에 앉아 있을 테니까 네가 그쪽으

로 오렴"이라고 말하고 부모가 기다리고 있음을 반드시 알려줍니다. 만일 물건을 사달라고 가게 앞에서 꼼짝 않고 서 있다면 "엄마는 이거 사주지 않을 거야. 저쪽 소파에서 기다릴 테니 네가 알아서 오렴!"이라고 말합니다. 즉시 자리를 뜬 후 약속한 장소에서 아이가 포기하고 올 때까지 기다립니다. 백화점 바닥에 드러누워 울던 아이도 어쩔 수 없다는 것을 깨닫는 순간, 옷을 털며 일어납니다.

10. 아이와 똑같은 행동을 하는 주인공이 나오는 그림책을 활용합니다. "이 그림책에 나오는 아이는 곰돌이랑 만난 지 얼마 안 되었는데 곰돌이를 버리고 새 장난감을 사달라고 하네, 곰돌이 속상하겠다!"라고 아이가 이해하기 쉽게 설명해줍니다. 자연스럽게 그림책 속 상황에 아이의 감정을 이입하여 자신의 장난감을 더 소중하게 다룰 수 있도록 도와줄 수 있습니다.

27

부정적 감정 다루기

QUESTION ?

30개월 된 남자아이를 키우고 있는데 부정적인 감정에 휩싸이면 거친 행동이 나옵니다. 마음대로 안 되면 소리치다가 바닥에 뒹굴며 악을 쓰고 웁니다. 물건을 집어던질 때도 있습니다. 행동 교정이 안 될까봐 무척 걱정됩니다.

ANSWER

아이가 부정적인 감정에 휘둘리면 언제나 부정적인 행동으로 표현합니다. 부모도 속상하면 아이에게 심술궂게 행동하지 않던가요. 아이들이 심술궂게 행동하거나, 괜히 반발을 하거나, 소리를 지르거나, 물건을 집어 던지거나, 벌렁 뒤로 누워서 울 때는 반드시 무엇인가가 아이의 마음속에 들어 있는 것입니다.

"아이 속상해!"
"화가 나서 못 견디겠네!"
"겁이 나"

이러한 속상함, 분노, 공포의 감정은 아이들의 행동을 더 나쁘게 하는 것들입니다. 아이가 심술궂고 반발심이 많으며 떼를 쓸 때에는 '속상해', '화가 나', '무서워'와 같은 감정을 가지고 있거나 이 세 가지 감정이 뒤범벅이 된 상태에 있다는 것을 알아야 합니다. '엄마 아빠는 날 사랑하지 않아' 이것이 바로 속상함이고 심술궂은 행동을 일으키는 원인입니다. '엄마 아빠는 심술쟁이야. 나도 엄마 아빠를 때려 줬으면 시원하겠다' 이것은 분노입니다. '하지만 그렇게 할 수는 없지. 내가 엄마를 때리면 나는 더 야단맞을 걸' 이것은 공포이며 아이를 바닥에 누워 울게 하는 것입니다.

발달적 의미

아이의 마음속에 무엇인가 부정적인 감정이 꿈틀거릴 때는 반드시 그 감정이 조만간 터져서 부모를 괴롭히게 될 것이라는 것을 알아두세요. 우리 어른들과 마찬가지로 아이들의 부정적인 감정들은 오랜 세월 동안 쌓일 수 있으며 제때에 터지지 못하면 아이들은 자기 마음을 다룰 수 없게 됩니다. 부정적인 감정이 그때그때 해소되지 못하고 오래 쌓일수록 그 감정의 원인들을 파헤치기란 더 어려워질 것입니다. 성장하면서 이 문제들이 자연히 없어지는 경우도 있지만, 성장한 다음에도 없어지지 않고 쌓여 있다면 다른 문제들을 일으킬 가능성이 있습니다.

배가 몹시 고플 때는 배가 아프게 느껴집니다. 그와 마찬가지로 정서적인 굶주림도 정도가 지나치면 아픔이 됩니다. 정서적인 배고픔을 잘 달래 줄 수만 있다면 우리는 많은 문제들을 미연에 방지할 수 있습니다. 정서적인 굶주림이야말로 속상함, 공포와 분노를 일으키고 심술궂은 행동을 하게 하는 것입니다.

양육지침

버릇을 고치는 방법에 대한 여러 이론 중 '습관화'가 있습니다. 때로는 어린 아이들이 울어서 지치게 놔두는 것이 바람직하다는 이론입니다. 그러나 이것은 잘해보겠다는 원래의 의도와 달리 아이에게 '엄마 아빠가 날 사랑하지 않는구나. 나를 버리는구나' 하는 생각을 갖게 합니다. 그런 생각이 들지 않도록 아이를 세심하게 돌봐주어야 합니다.

1. 기다려 줍니다. 아이들을 다루는 데 가장 현명한 길은 우리들이 원하는 것이 무엇인가를 아이들이 이해할 수 있을 때까지 기다리는 것입니다.

2. 다른 아이들이 할 수 있으니까 내 아이도 할 수 있다고 기대하지 않습니다. 아이들마다 다른 존재입니다. 부모는 아이마다 각각 다르다는 것을 알아야 합니다. 모든 아이가 똑같은 일을 하도록 기대하는 것은 잘못된 생각입니다.

3. 이해와 사랑으로 대합니다. 이해와 사랑은 아이들이 성장하는 데 가장 중요한 정서적 음식입니다. 정서적 음식을 충분히 주는 것만으로도 아이들에게 생기는 많은 문제들을 예방할 수 있습니다.

4. 아이의 메시지를 파악합니다. 아이는 부모에게 끊임없이 메시지를 보내고 있습니다. 배가 부른지 고픈지를 말할 수 있는 것은 아이 자신뿐인 것처럼, 아이에게 정서적 배고픔이 존재한다면 버릇없이 구는 것으로 "난 사랑을 더 받고 싶어요", "엄마 아빠, 날 더 깊이 이해해주세요", "나한테 좋은 점도 있지만 나쁜 점도 있다는 걸 알아주세요"라고 메시지를 보내는 것입니다.

5. 문제를 직시합니다. 부모는 무엇보다도 먼저 아이들이 자신의 느낌을 있는 그대로 직시하고 인정하도록 도와주어야 합니다. 문제를 직시하지 않으면 나쁜 감정을 해결할 수 없습니다. 아이에게 자신의 나쁜 감정들을 직시하는 것이 잘못된 일이 아니라는 걸 가르쳐주세요.

6. 감정을 인정합니다. 부모가 아이의 부정적 감정을 받아들이지 못하는데, 아이들이 자신의 부정적 감정을 받아들이기란 더욱 어렵습니다. 부모가 아이의 감정을 이해하고 받아들인다는 태도로 똑똑히 이야기해주면 아이들은 안정감을 느낄 것입니다.

7. 부정적인 감정을 억압하지 않습니다. 아이의 부정적 감정은 억압적인 방법으로 해결되지 않습니다. 강제적인 방법을 쓰는 것은 아이를 위해서도 좋지 않으며 부모를 위해서도 좋지 않습니다. 건전하지 못하기 때문에 사용해서는 안 되는 해소 방법이 있는가 하면, 부정적 감정

이라도 건전하고 안전하게 해소시킬 수 있는 방법도 있습니다.

8. 속상한 일을 갖고 놀이를 합니다. 놀이를 하다보면 가슴 속 응어리가 사라지게 됩니다. 분노가 다 쏟아져 나올 때까지 인형을 꼬집고 발로 차고 구부러뜨릴 수도 있고, 종이 위에 그림을 그릴 수도 있으며, 찰흙을 짱짱 두드리거나 주먹으로 치거나 잡아당길 수도 있고, 아빠, 엄마, 누나, 동생의 모양을 만들어서 목을 잘라 버릴 수도 있습니다. 이런 일을 하는 것은 실제로 다른 사람을 신체적으로 해치거나 다치게 하지 않습니다.

9. 대화를 합니다. 속상한 일을 말할 수만 있으면 말하는 것 자체가 마음의 응어리를 풀어지게 합니다. 원하는 대로 말을 할 수 있기 때문입니다. 말은 신체적인 손해를 아무에게도 끼치지 않습니다.

10. 타임아웃을 합니다. 훈육의 방법으로 타임아웃을 사용하는 일은 아이들이 혼자 조용히 있게 하는 기술을 가르치는 방법입니다. 부모가 아이에게 타임아웃을 하도록 하고 아이가 조용해진다면 아이들은 스스로 조용히 하는 것을 배운 것입니다. 아이들이 하루에 한두 번 정도는 스스로 조용해지는 일이 있을 텐데 타임아웃을 사용하는 것은 같은 기술을 실행하게 하는 기회가 될 것입니다. 아이들로 하여금 조용히 하도록 인식시켜야 합니다.

28

식습관이 좋지 않은 3세 아이

QUESTION ?

아이가 편식이 심하고 운동량이 많아 다른 아이에 비해 많이 마른 편입니다. 최근 유난히 보채면서 밥을 먹지 않고 편식까지 합니다. 아내는 쫓아다니며 먹이는 버릇을 멈추고 안 먹으면 배고파 울 때까진 놔뒀다가 먹이자고 했는데, 며칠 전 아이의 울음 섞인 짜증에 저도 폭발하고 말았습니다. 위협이 될 것이란 걸 알면서도 홧김에 아이의 눈앞에서 손가락질하며 울지 말라고 소리쳤습니다. 뒤늦게 반성을 했지만 또 이런 일이 생길 것 같아 걱정입니다.

ANSWER

3세 아이들 중에는 식사시간만 되면 한바탕 전쟁을 치르는 경우가 있습니다. 안 먹겠다고 버티는 아이, 돌아다니며 먹는 아이, 음식으로 장난치는 아이, 장난감을 갖고 놀면서 먹는 아이, 심지어 싫어하는 음식을 먹이면 바로 토해버리는 아이까지 있지요. 그런데 이런 식사 버릇은 부모로 인하여 지속되는 경우가 많습니다. '밥을 굶으면 배고플 텐데…', '한 숟가락이라도 더 먹여야지…'라는 마음에 아이의 행동에 맞추어 밥 먹이기에만 급급했다면 잘못된 아이의 식습관은 고쳐지기 어렵습니다. 지금이라도 아이의 식습관을 고치고 싶다면 조금은 강해질 필요가 있습니다.

식사 중에 부적절한 행동을 하면 단호하게 "안 돼!"라고 말하고, 식사할 때의 규칙과 이를 지키지 않았을 때 가해지는 페널티를 간결하고 단호하게 이야기해줍니다. 정해진 규칙을 아이가 따르지 않을 경우, 미리 알려준 페널티를 일관성 있게 적용합니다. 그렇다고 아이를 혼낼 때 감정이 격해지거나 협박에 가까운 표정과 행동은 바람직하지 않습니다. 아이의 행동은 잘못되었지만 아이가 나쁜 것은 아니므로 혼을 낸 후에는 바로 '너는 착한 아이'라는 사실을 인식시키고 감정을 바꾸어주어야 하는데 그런 과정이 생략되면 아이가 충격을 받습니다. 시간이 지나면서 아이가 잊을 수도 있지만 부정적인 기억은 상당히 오래 갑니다.

발달적 의미

아이도 배가 고프면 음식을 먹고, 배가 부르면 먹는 것을 그만 둡니다. 배고픔을 느끼는 공복감은 먹는 행위의 출발점이지만, 공복감을 느꼈다고 해서 바로 음식을 먹는 것은 아닙니다. 먼저 배가 고프다는 사실을 인식한 후 그 다음에 먹을 것을 찾습니다. 먹을 것을 찾은 후에도 그것이 어떤 음식인지, 냄새나 맛은 어떤지, 먹을 수 있는 것인지 등의 판단을 내린 후에야 비로소 음식을 먹지요. 먹는 행동은 감각, 인지, 평가, 그리고 운동의 작용이 서로 연동하여 이루어져야 비로소 성립되는 것입니다.

이러한 일련의 작용들 뒤에는 뇌의 복잡한 시스템이 작동합니다. 뇌의 중심부에는 시상하부라는 부위가 있는데, 이곳에서 생명 유지에 필요한 기본적인 욕구를 관장합니다. 식욕도 기본적인 욕구 중 하나입니다. 시상하부에는 배가 고프면 뭔가를 먹게 하는 섭식중추와 배가 부르면 그만 먹도록 자제시키는 만복중추가 있습니다. 시상하부의 외측핵에 있는 섭식중추가 자극을 받으면 음식을 계속 먹습니다. 반대로 섭식중추의 기능이 좋지 않으면 음식을 먹지 않습니다. 시상하부의 복내측핵에 있는 만복중추가 자극을 받으면 음식을 먹는 것을 중지합니다. 이처럼 시상하부에 있는, 음식을 먹게 하는 중추와 먹는 것을 중지시키는 중추가 상호작용함으로써 식욕이 적절하게 조절되는 것입니다.

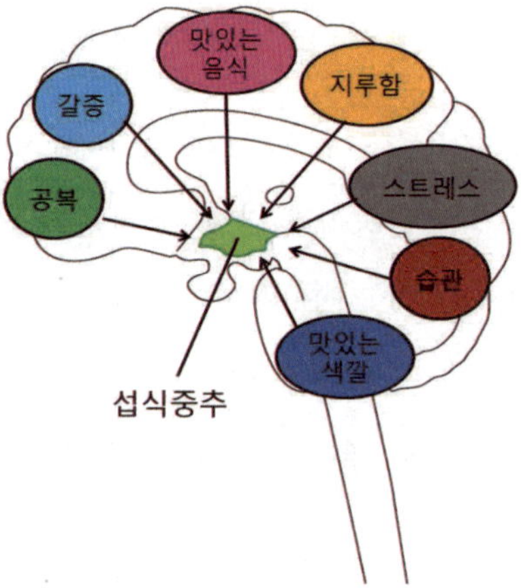

섭식중추의 자극요인

섭식중추와 만복중추는 혈액 중의 포도당 증감에 반응하여 활동을 조절합니다. 혈액 중의 포도당 농도가 감소하면 섭식중추가 반응하여 음식을 먹도록 신호를 보냅니다. 반면 혈액 중 포도당 농도가 증가하면 만복중추가 반응하여 음식을 그만 먹도록 신호를 보냅니다. 이러한 신호는 대뇌의 전두연합영역으로 전해져 공복감이나 포만감을 느끼게 됩니다.

양육지침

아이들이 식습관이 좋지 않은 데는 몇 가지 이유가 있습니다. 우선 밥 먹을 때 부모가 모델링이 되지 못한 경우입니다. 예를 들어 신문이나 텔레비전을 보면서 식사를 하거나, 부모 자신이 편식을 하거나, 식사시간이 불규칙하다면 아이도 따라 하기 쉽습니다. 식사시간에는 식사만 하세요. 부모의 행동은 언제나 아이들에게 본보기가 됩니다.

1. 일정한 장소에서, 일정한 시간에 식사합니다. 이것을 가장 큰 원칙으로 정해두고 실천합니다. 돌아다니거나 장난을 치며 먹는 아이에게는 밥 먹기 전에 식사규칙을 미리 알려줍니다. 규칙을 지키지 않으면 치워버리겠다고 말하고 그대로 실천합니다.

2. 아이 스스로 먹게 합니다. 아이가 먹는 것도 느리고 많이 먹지도 못하기 때문에, 영양이 걱정되는 엄마들은 아이가 스스로 먹게 하기 보다는 밥을 떠먹이며 한 숟가락이라도 더 먹게 하고 싶어 합니다. 그러다 보면 밥을 먹는 시간은 아이에게는 먹는 것이 아니라 먹어주는 것이 됩니다. 아이가 먹기를 거부할수록 엄마가 안달이 나서 관심을 보이고 한입이라도 더 먹이려고 하니 아이의 입장에서는 밥을 먹어주면 '엄마가 뭐든지 해 주는구나' 속으로 생각하게 되는 것입니다.

3. 처음부터 욕심 부리지 않습니다. 처음부터 욕심을 내서 여러 종류의 반찬을 골고루, 많이 먹이려고 한다면 실패하기 십상입니다. 엄마가 준 음식을 아이가 남김없이 다 먹으면 칭찬해주면서 서서히 밥의 양이나 반찬 가짓수를 늘려나갑니다. 이런 식으로 지속하면 길어도 3일 정도면 식습관을 고칠 수 있습니다. 다 먹지 못할 만큼 음식을 많이 늘어놓지 않습니다. 식욕이 생기지 않을 뿐 아니라 놀면서 먹게 하는 원인이 됩니다. 맛있는 음식 몇 가지만 놓아서 아이가 잘 먹게 합니다.

4. 천천히 식사습관을 잡아갑니다. 처음에는 젓가락만 갖다 대는 것만, 그 다음은 코로 가져가서 냄새만 맡고, 그리고 그 다음에는 깨알만큼만 맛을 보고, 다음에는 입에 넣어보는 식으로 작은 스텝으로 나눠서, 즐거운 게임처럼 합니다. 한 가지 스텝만으로 1주일쯤 걸린다고 여기고 느긋하게 생각하세요.

5. 아이가 잘 먹지 않는 음식은 다른 식품으로 대체합니다. 억지로 먹게 하려고 하면 더욱 싫어하게 될 뿐입니다. 편식을 하지 않는다면 더 바랄 것이 없지만, 시금치를 안 먹더라도 비슷한 영양가를 가진 먹을 것이 많습니다. 고기를 싫어하더라도 생선이나 달걀을 먹을 수 있다면 영양은 충분히 섭취할 수 있습니다. 달걀 알레르기 때문에 달걀을 싫어하거나, 몸에 안 맞는 음식을 본능적으로 피할 수도 있으므로 편식한다고 미리 단정 짓지 않습니다.

6. 간식을 주지 않습니다. 밥을 조금 먹었다고 간식을 주면 다음 식사도 잘 하기 힘듭니다. 식사를 제대로 하지 않았을 땐 간식도 없다는 점을 인식하게 합니다. 아이가 식사를 하지 않을 경우에는 일단 냉장고를 비워야 합니다. 그래야 간식을 먹을 수 없습니다. 안타까운 마음에 이것저것 먹이다가는 식습관을 교정하기 힘들어집니다.

7. 식사와 관련된 습관을 만듭니다. 아이에게 식단을 짜보도록 시키고 채소를 기를 수 있는 정원을 함께 가꿔봅니다. 식품을 구입하기 위하여 함께 장을 보러 갑니다. 아이를 요리에 참여시켜 간단하고 건강한 간식을 만드는 법을 가르칩니다. 식욕이 나도록 정기적인 운동과 규칙적인 수면을 습관화합니다. 식사를 할 때도 부모와 아이가 즐거운 마음으로 식탁 앞에 같이 앉아서 먹는 습관을 들입니다.

8. 어릴 때부터 신선한 재료로 유아식을 만들고 요리를 합니다. 편식 습관은 대부분 어릴 때 다양한 음식 맛을 경험하지 못한 아이들에게서 흔히 볼 수 있습니다. 유아식에 신경을 쓰라는 이유가 바로 여기에 있습니다. 갖가지 신선한 재료로 만든 유아식을 먹은 아이는 커서도 여러 가지 맛에 익숙해져 반찬을 가리지 않고 먹습니다. 지금까지 그렇게 하지 않았다면 이제부터라도 반찬을 골고루 먹을 수 있게 다양한 재료와 조리법으로 아이의 식단에 신경을 씁니다.

9. 영양제를 먹이는 것도 한 가지 방법입니다. 영양제는 아이의 식욕을 돋우는 데 도움이 됩니다. 특히 3세 아이들은 철분이 부족하거나

비타민이 부족하여도 식욕을 잃게 됩니다. 철분의 경우 반응이 빨리 나타나 하루 이틀 사이에 짜증을 부리거나 주의산만이 줄어들고 식욕이 증가하게 됩니다. 아연이 부족하여도 키가 작고 성의 성숙이 지연됩니다. 식욕을 잃어버리고 피부에 발진이 나고 상처가 잘 치료되지 않는다면 아연이 부족한 것은 아닌지 생각해봅니다.

29

자꾸 어지르면서 노는 42개월 아이

QUESTION ?

42개월 된 남자아이입니다. 아이가 자꾸 어지르면서 놉니다. 블록이나 장난감을 잔뜩 늘어놓고 조금 갖고 놀다가 다른 것을 꺼내 또 늘어놓습니다. 안가지고 노는 건 치우라고 하면 아직 가지고 노는 거라고 소리치고 억지로 치우면 서럽게 울어요. 놀이가 끝나도 장난감을 치울 줄을 모릅니다.

ANSWER

물건을 어지르는 아이들은 어느 곳에 어떻게 정리해야 하는지 모르는 경우가 많습니다. 아이에게 정리하는 습관을 길러주려면 물건을 정리할 수 있는 공간을 마련해주고 정리하는 방법을 알려주어야 합니다. 또 정리하는 방법이 어렵지 않아야 합니다. 그래야만 아이가 정리를 쉽게 시작할 수 있고 정리의 기쁨도 맛볼 수 있습니다. 정리습관은 실수와 퇴보, 성공이 반복되어 나타나므로 지속적인 관심과 격려가 필요합니다.

매일 부모가 아이와 함께 정리정돈을 하는 방법을 보여주며 따라하도록 하는 것이 좋습니다. 일정한 시간에 10분간 정리시간을 갖는 것입니다. 저녁식사 후 10분 동안도 괜찮습니다. 일단 정해진 시간이 되면 즐겁고 신나는 음악을 틀어주고 부모가 아이와 함께 정리시간을 가져보세요. 아이가 산만하거나 스스로 하지 못하면 부모가 도와주는 것으로 시작해 점차 아이가 혼자 정리하도록 유도합니다.

이렇게 하면 하루에 한번은 정리정돈을 하게 되고 이것은 습관으로 정착됩니다. 아이가 어릴 때부터 다음 놀이를 하기 위해서는 전 단계의 놀이를 끝내야 하고, 그러기 위해서는 장난감을 정리하는 것을 습관으로 익히게 합니다. 아이들에게 장난감 정리 상자를 만들어주고 상자마다 장난감 이름표를 붙여두는 것도 아이들의 정리습관을 키우는 데 도움이 됩니다. 아이가 서툴다고 엄마가 아이의 장난감을 바로바로 치워주는 경우가 많은데, 놀고 있는 아이의 마음을 불안하게 할 뿐입니다.

발달적 의미

전두엽은 감각기관을 통해 입력된 엄청난 양의 정보를 받아들여 끊임없이 주변 환경을 점검합니다. 감각정보의 과잉 속에서도 뇌가 압도되지 않는 이유는 전두엽은 넘쳐나는 정보들 중 아주 작은 일부분에만 주의를 기울이기 때문입니다. 해마는 감각기관에서 온 정보를 장기 저장소로 보내고 학습을 강화하는 데 중요한 역할을 합니다. 해마는 새로 전달되는 정보를 기존의 저장된 경험과 비교하는데, 사고과정에 필수적인 뇌입니다.

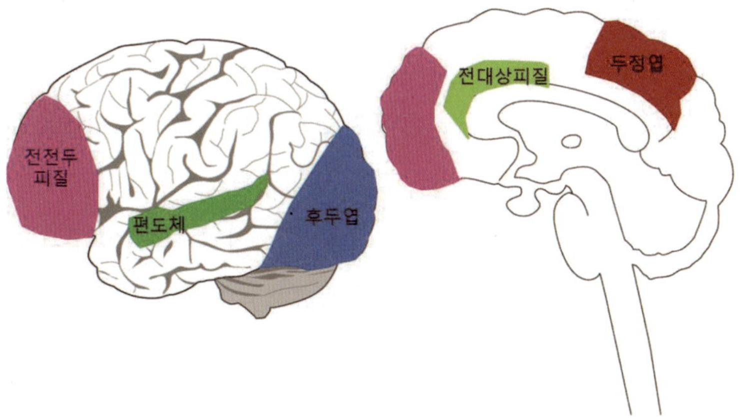

정리정돈의 뇌

또 정리를 잘하려면 전전두피질과 전대상피질이 활성화되어야 합니다. 전전두피질은 다른 뇌 영역들을 활성화하거나 억제함으로써 목적을 위해 행동을 이끌어냅니다. 전대상피질은 인지적 통제가 요구되는 작업에서 실행상의 실수를 감시하거나 찾아내는 역할을 하며, 충돌하는 정보 중에서 결정을 내릴 때 활성화합니다. 전대상피질은 또한 안와전두피질, 해마, 편도체와 연결되어 감정을 제어합니다.

아이에게 방이 어지럽다고 야단만 친다고 쉽게 아이의 행동을 변화시키기 어렵습니다. 부모가 정리할 장소를 지정하고 정리함을 만들면 효과가 나타납니다. 환경의 변화는 오랫동안 지켜온 습관을 바꾸는 데 유용합니다. 주변을 어지럽히는 아이는 부모의 행동과 관련이 깊습니다. 집 안이 늘 어수선하다면 아이의 뇌에는 어수선한 집안 이미지가 각인이 되어서 불편하지 않고 낯익은 환경이 됩니다. 아이의 뇌에 정리정돈이 잘 된 집안이 각인이 되려면 부모가 롤 모델이 되어 물건들을 제자리에 정리하는 모습을 보여야 어떤 물건이든 제자리가 있다는 것을 뇌가 자연스럽게 익히게 됩니다. 아이가 정리정돈을 하는 습관을 갖게 되면 집중력이 높아집니다. 정리정돈을 하는 습관은 자기주도성, 유능감, 독립심, 리더십을 키울 뿐만 아니라 책상습관으로 이어집니다. 아이의 정서를 안정시키고 건강에도 도움이 됩니다.

양육지침

가장 먼저 집안 환경을 단순화하는 것이 좋습니다. 아이의 환경이 조직화되어 있을 때 과제를 더 잘할 수 있습니다. 아이가 충동적으로 움직이고 잘 다친다면, 시간을 들여 집안을 정돈해서 안전하게 만듭니다. 사고에 의한 부상과 같은 아이의 나쁜 경험이 줄어들게 됩니다. 아이들이 쾌적한 심리상태에서 과제를 하려면 어떤 물건은 꼭 어떤 특정한 자리에 두게 하는 정돈된 환경을 만들어야 합니다. 그림책 읽기 같은 특정한 작업을 하는 경우라면 다른 식구들의 방해나 텔레비전처럼 방해가 될 만한 요소를 치워줍니다.

1. 칭찬을 합니다. 정리정돈 습관을 들이는 데 칭찬이 효과적입니다. 주변을 정리하거나 장난감을 치울 때마다 즉시 칭찬해줍니다. 보상으로 아이가 좋아하는 일을 할 수 있게 허용해주는 것도 한 가지 방법입니다. 예를 들어 정리하는 것을 어려워하는 아이가 조금이나마 식탁 위를 정리한다든지, 엄마가 꺼내 쓰고 되돌려 놓지 않은 간장을 찬장에 넣어 준다든지, 현관의 신발을 가지런히 정리하는 등의 일을 하면 "치워 줘서 고마워", "요즘에는 아주 깔끔하게 정리를 잘하는 구나"라고 아낌없이 칭찬을 해주세요.

2. 부모가 바로바로 치우지 않습니다. 아이가 정돈하는 일에 서툴다고 부모가 아이의 놀잇감을 바로바로 치워주는 것은 바람직하지 않습니다. 정리하는 좋은 습관을 들이기는커녕 놀고 있는 아이의 마음을 불안하게 할 뿐입니다. 놀이가 끝난 후에 스스로 치우게끔 유도합니다.

3. 불편함을 경험하게 합니다. 아이가 최소한의 정리만 해도 좋겠지만, 하루에 몇 번씩 치워줘도 아이의 물건과 장난감은 늘 어지럽게 널려있기 마련입니다. 이런 경우에는 아이에게 필요한 물건이나 장난감을 부모가 치워주지 말아야 합니다. 그래야 아이가 갖고 놀고 싶은 장난감이 있어도 쉽게 찾을 수 없어 스스로 불편하고 속상한 경험을 할 수 있습니다. 제대로 정돈해놓지 않으면 필요한 장난감이나 물건이 어디에 있는지 몰라 제때 사용할 수 없음을 알게 하세요. 이런 경험을 하게 한 후 얼마나 불편한지에 대해 차근차근 이야기해봅니다.

4. 수납함을 준비합니다. 아주 사소한 물건 하나라도 일정한 장소를 정해둡니다. 그래야 아이 스스로 정리를 할 수 있습니다. 유치원 물건을 정리하고 장난감을 치우고 옷을 정리할 수 있는 구체적으로 지정된 편리한 장소가 있어야 합니다. 수납함에 장난감, 필기구, 게임, 카드와 같이 이름표를 붙입니다. 책장, 서랍, 상자 등 수납할 수 있는 모든 공간에 이름표를 붙입니다. 미술놀이와 같은 특정 과제를 할 때는 모든 물건을 준비물 코너를 만들어 한곳에 보관하는 것이 좋습니다.

5. 준비물 일람표를 이용합니다. 아이가 해야 할 일들을 놓치지 않기 위해서는 집안일이나, 그날그날 해야 할 일의 목록을 만들어둡니다. 도표와 점검표를 사용하세요. 글이나 그림으로 표시해서 상기시켜 주면 아이가 해야 할 일들을 기억하기 쉽습니다. 우선 '그림그리기 준비물 일람표'에 해당 물건의 이름을 빠짐없이 적습니다. 그림그리기 수업 준비물을 챙길 때 이 표를 보고 가방을 싸다 보면 물건을 빠뜨리는 일은 일어나지 않을 겁니다. 일람표 대신 그림그리기 수업 관련 준비물을 전부 늘어놓고 사진을 찍는 것도 좋은 방법입니다.

6. 색깔을 이용합니다. 캐나다 브리티시컬럼비아대학교의 연구에 의하면, 빨간색은 집중력과 기억력을 높이고, 파란색은 창의력을 높인다고 합니다. 뇌과학적으로는 빨간색은 위급 상황이나 실패 등 문제가 있는 것과 연관시키기 때문에 세부적인 것에 주의를 집중하고 기억하는 것이고, 파란색에 대해서는 파란 하늘, 푸른 물 등 긍정적인 이미지를 가지고 있기 때문에 창의성이 발현되는 것입니다. 아이가 집중력과 기억력이 부족하다고 판단되면 놀이를 하는 주위에 빨간색의 물건을 놓거나 빨간색 배경의 환경을 만들고, 창의력이 부족하다면 파란색 물건을 두거나 푸른색 배경의 환경을 만듭니다.

7. 집안을 정돈해둡니다. 부모가 물건을 아무데나 두고 정신없이 찾는다거나 집안 살림살이가 늘 뒤죽박죽이면 아이들은 정리하는 방

법을 배울 수 없습니다. 부모가 솔선수범해 물건들을 제자리에 정리하는 모습을 보이면 어떤 물건이든 제자리가 있다는 것을 자연스럽게 배울 수 있습니다.

8. 치울 수 있는 시간을 줍니다. 식사나 숙제하기 5~10분 전에 놀이를 마무리할 시간을 주도록 합니다. 놀이가 끝난 후에 스스로 치우게 합니다. 이것이 습관이 되면 다른 일을 시작할 때, 전 단계에 어질렀던 물건들을 치워야 한다는 점을 스스로 깨닫게 됩니다.

9. 정리할 시간을 미리 알려줍니다. "10분 후에 야외놀이 가야 하니까 놀던 장난감을 치워두렴"하고 정리할 시간을 미리 알려줍니다. 어릴 때부터 '놀이의 끝은 정리하는 것까지'라는 점을 명심하게 합니다. 그러면 시간의 감각도 익히게 되고, 다음 놀이를 하기 위해서는 전 단계의 놀이를 끝내야 하고, 그러기 위해서는 다 가지고 논 놀잇감을 정리해야 한다는 것을 알게 됩니다.

30

밤이 무서운 아이

QUESTION ?

생후 35개월 된 아이입니다. 아이가 잠을 안 자려고 합니다. 눈 밑이 판다처럼 되는데도 안자고 버틸 때까지 버팁니다. 저도 스트레스를 받고 아이 역시 잠을 안자니 힘들어 짜증을 내고 울기도 합니다. 속상한 마음에 아이에게 화를 내기도 하는데, 아이에게 문제가 있는 건지, 제가 잠자는 습관을 잘못 들인 건지 궁금합니다. 고칠 수 있는 방법이 없을까요?

ANSWER

잠을 못 이루는 원인은 몇 가지가 있습니다. 집안에 어른이 많고, 잠자는 시간이 되어도 즐거운 웃음소리나 텔레비전 소리가 들린다면 잠을 자기 어렵겠지요. 자기 전에 집안의 소음을 없애고 전등을 끄고 조용한 환경을 만들어주세요. 낮잠을 너무 자도 잠들지 못합니다. 특히 빨리 잠들지 못해서 수면 시간이 모자랄 경우 걱정이 되는 마음에 낮잠이라도 오래 자게 두는데, 이게 습관이 되면 밤에 잠을 자기 어렵습니다. 수면부족과 낮잠을 너무 오래 자는 악순환을 되풀이되는 것이지요.

생활의 리듬을 붙여주는 것은 부모의 책임입니다. 낮에 긴장이 계속되거나, 잠자기 직전 지나치게 흥분해도 잠을 이루기 어렵습니다. 여유 있는 마음이 되도록 애정을 갖고 대하는 것이 중요합니다. 운동량이 모자라서 적당한 피로감을 맛보지 못하기 때문에 잠들지 못하는 경우도 있습니다. 낮에 바깥 놀이와 신체 놀이를 하여 땀을 흘리게 해주세요. 아주 작은 질병, 불편함 등으로 인하여 잠을 자기 어려운 때도 있습니다. 잠드는 것은 아이가 혼자 이겨내야 할 시련입니다. 약간 울더라도 다른 사람의 도움을 받지 않고 혼자 있게 놔둘 필요가 있습니다.

발달적 의미

이 시기의 아이들은 상상력이 왕성하고 환상에 빠지는 일이 많기 때문에 비교적 두려움을 많이 타는 시기입니다. 특히 어두움에 대한 두려움이 텔레비전에 나오는 무서운 장면과 관련하여 나타나는 경우가 종종 있습니다. 텔레비전에 나오는 무서운 장면이나 상상의 괴물이 아이를 두렵게 하며, 밤에는 눈에 익은 가구들과 사람들이 한밤중에 보이지 않는 데서 자기 주위에 대한 감각을 잃어버리는 것입니다. 잠을 자다가 우연히 어둠속에서 잠을 깨거나, 동물들이 우는 소리, 창문이 덜컹덜컹 흔들리는 소리, 마룻바닥이 삐걱거리는 소리 때문에 잠에서 깨어났는데 어둠 때문에 주위에 대한 파악이 이루어지지 않아서 당황하기도 합니다.

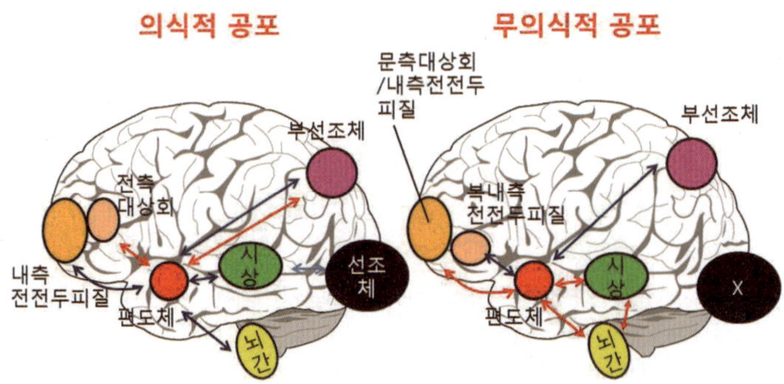

공포의 뇌

부모가 그림책을 많이 읽어주는 시기이기 때문에 아이를 재미있게 하기 위하여 의도적으로 도깨비나 귀신, 지옥, 악마 또는 산림 속에 사는 곰이나 호랑이에 관한 이야기를 무섭게 하여 아이를 놀라게 하는 경우도 있습니다. 그러나 이러한 두려움은 이 나이에 정상적으로 있는 반응이므로 느긋한 마음으로 두려움이 없어지도록 기다려야 합니다.

아이는 두려움을 제거하기 위해 자기방어를 개발합니다. 아이가 배운다는 것은 현실을 올바르게 유지하려고 한다는 것을 의미합니다. 현실을 환상과 구별하고 그 생각을 체계화시켜 효과적으로 기능을 발휘해 무서운 생각을 쫓아버리는 능력을 갖추게 되지요. 3세 때에는 버림받는다는 두려움이 최고조에 달하는데 홀로 있게 된다는 불안과 관계가 있습니다.

양육지침

쾌적한 잠자리 환경을 만들어주기 위해 가장 중요한 것은 집안의 적당한 온도와 습도를 유지하는 것입니다. 아이들은 주변 환경에 영향을 많이 받으므로 무작정 온도를 낮추거나 춥다고 실내 온도를 지나치게 높이는 것은 좋지 않습니다. 실내 온도는 22~24℃, 습도는 50~60퍼센트로 유지하도록 합니다. 특히 추운 겨울철에는 난방을 하면 습도가 금세 30~40퍼센트로 떨어지는데, 아이의 호흡기 점막이 마르면 저항력이 떨어져 목감기에 걸릴 수 있으므로 방 안에 가습기 등을 틀어 적정 습도를 유지해줍니다.

1. 구슬리지 않습니다. 아이가 잠을 안 잔다고 장난감을 사주겠다는 식으로 구슬리는 것은 금물입니다. 잠자리에 드는 건 아이 스스로 해야 할 일이고 부모는 잠들기 좋은 환경만 만들어주면 됩니다.

2. 매일 밤 일정한 잠자리 의식을 반복합니다. 이 일은 수면 습관 형성에 도움이 됩니다. 아이가 잠잘 준비를 할 수 있게 그림책을 한두 권 읽어주고, 굿나이트 뽀뽀를 하고 불을 끄고 눈을 감는 식입니다. 특히 잠자리에서 잠자리 그림책을 읽어주는 것은 좋습니다. 나지막하게 그림책을 읽어주는 부모의 목소리를 들으며 긴 하루의 긴장과 피로감을 씻어낼 수 있으며 애착 형성에도 도움이 됩니다. 아이는 자신을 위해 그림책을 읽어주는 부모의 나른한 목소리를 들으며 하루를 마감하게 됩니다.

3. 잠자리 그림책은 꼭 잠과 연관된 내용일 필요는 없습니다. 글이 많지 않아 부담 없이 읽을 수 있는 그림책, 즐겁고 유쾌한 내용의 그림

책이라면 어느 것이든 좋습니다. 잠자리 그림책을 읽어줄 때는 부드러운 조명 아래 차분한 목소리로 읽어주며 최대한 편안한 환경을 만들어주어야 합니다.

4. 억지로 재우지 않습니다. 잠들지 못하는 아이에게 자라고 명령을 해도 좀처럼 잠들지 못합니다. 억지로 재우려고 해서 실패하기보다 저절로 졸음이 오도록 머리를 씁니다. 그림책을 읽어줘도 좋고 누운 채로 조용히 손가락 놀이를 하는 것도 즐겁습니다.

5. 잠자리에 드는 즐거움을 알게 합니다. 어둡고 추운 방에서 혼자 자야 한다는 생각만으로도 눈이 말똥거리는 아이도 있습니다. 몸을 따뜻하게 해주고, 엄마의 살이 닿으면서 즐거운 이야기나 놀이를 할 수 있다고 생각하면 즐거운 마음으로 잠자리에 들 수가 있습니다. 꾸짖거나 타이르거나 어떻게든 재우려고 하지 말고 즐겁고 따뜻한 마음을 유지합니다. 밤이라는 시간이 저절로 잠을 이끌어가 줄 것입니다.

6. 스트레스를 줄여줍니다. 아이가 잠을 잘 못자는 기간이 병을 앓고 있기 때문이거나 가족의 불화로 어려웠던 기간이었다면 원인을 정직하게 파악해서 아이에게 가해진 스트레스를 줄여주는 조치를 취해야 합니다. 비록 부모 자신이 어려운 문제에 당면했을 때는 아이의 견해에 공감하기 어렵겠지만 노력을 기울일 가치가 충분하다는 것을 잊

어서는 안 됩니다.

7. 두려움을 없애는 방법을 취합니다. 아이의 방에 전등불을 끄고 나서 익숙한 물체들이 어둠속에서 보이는 모양을 하나씩 확인시켜 줍니다. 그림자가 너무 커지지 않도록 조명도가 낮은 침실 등을 사용합니다. 아이의 방문을 조금 열어놓고 부모가 근처에 있다고 안심시켜 줍니다. 만일 아이가 한밤중에 우는 이유를 찾을 수 없으면 아이의 방에 들어가서, "방 안이 어두워서 겁이 나는 걸 알고 있어. 그러나 네 인형과 같이 있지 않니? 그리고 네 옷들은 저 의자 위에 놓여있지?"라는 말로 아이를 안심시켜줍니다.

8. 아침 일찍 잠을 깨웁니다. 아침에 늦게 자면 밤에 잠이 안 오는 것은 당연한 일입니다. 아침 9시가 되면 흔들어서라도 억지로 깨웁니다. 하루 생활이 규칙적으로 이루어져야 야행성 습관을 고칠 수 있습니다. 야행성 아이 중에는 이유나 수유 간격이 일정치 않은 경우가 많은데, 이유, 수유는 물론 놀이, 산책 시간도 규칙적으로 지키도록 합니다.

9. 애착인형을 이용합니다. 아이가 외로워하거나 잠자리에 적응을 하지 못할 경우 엄마의 체취를 느낄 수 있는 잠옷이나 부드러운 옷을 아이 곁에 놓아주어 안정을 찾도록 도와줍니다. 이런 방법은 여행이나 휴가, 이사 등으로 잠자리에 변화가 생길 때에도 사용할 수 있습니다.

10. 손가락 놀이를 합니다. 아이의 한 손을 살짝 감싸고 "엄지야, 엄지야, 잘 자거라", "검지야, 검지야, 잘 자거라"하고 차례로 접어가는 것입니다. 작은 목소리로 곡조를 붙이면 자장가 대신이 됩니다. 손가락을 하나씩 접고 나서 마지막으로 손을 따뜻하게 감싸주면 매우 기분이 좋아집니다. 몸도 마음도 따뜻해지면서 안심이 되면 어느새 쌔근쌔근 귀여운 숨소리가 들려올 것입니다.

31

친구를 따라 다니고 말과 행동을 흉내 낸다면

QUESTION ?

37개월 된 여자아이입니다. 최근에 둘째 출산으로 동생이 생겼고요. 어린이집 선생님이 아이가 친구를 계속 따라 다니면서 논다고 하네요. 한두 번도 아니고 하원 때마다 선생님이 "오늘은 누구를 따라 다니면서 놀았어요"라고 말합니다. 왜 친구들을 자꾸 졸졸 따라 다니는지 모르겠습니다.

ANSWER

37개월 아이들은 다른 아이의 말이나 행동을 흉내 내고 배울 수 있기 때문에 상당히 진전된 친구관계를 가질 수 있습니다. 이 시기의 친구관계는 흉내 내기부터 시작합니다. 자기가 좋아하는 친구를 졸졸 따라다니고 흉내를 내면서 친구관계를 쌓아가는 것이지요. 37개월 아이는 서서히 협동놀이가 가능해질 뿐 아니라 다른 아이의 말이나 감정 또는 행동을 재미있어 하고 흉내도 내기 때문에 또래 아이들과 같이 있을 기회를 주고 다른 아이들과 트러블 없이 잘 노는 것이 중요합니다.

특히 수줍어하고 자기주도성이 부족한 아이들은 친구를 흉내 내면서 유대감을 나타내고 친구관계를 만들어가는 일이 흔합니다. 중요한 것은 아이가 친구의 말이나 행동을 흉내 내고 따라하는 것이 아니라 자기주도성과 사회적 기술이 부족한지의 여부입니다. 아이가 따라하는 행동에 화를 내고 부정적으로 바라보기보다 아이의 자존감을 키워주고 역할놀이 등을 통하여 사회적 기술을 키워주어야 합니다.

사회성은 선천적인 것이라고 생각하기 쉬운데 그렇지 않습니다. 물론 아이의 성격이 외향적이거나 높은 수용성을 가지고 있다면 친구를 잘 사귈 가능성이 많지만 무조건 친구를 잘 사귀는 것은 아닙니다. 사회성은 환경을 만들어주고 사회적 기술을 가르쳐줄 때 발전합니다. 일시적으로 친구를 따라하고 친구를 쫓아다니는 것은 이상한 행동이 아니므로 걱정할 필요가 없습니다. 그런 행동은 시간이 지나면 서서히 없어집니다.

발달적 의미

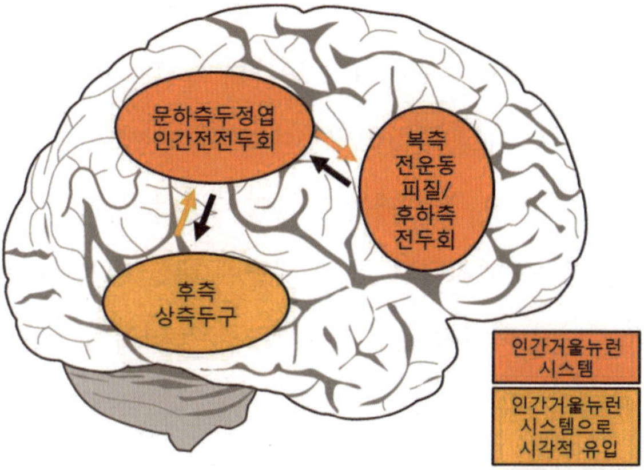

인간 거울 뉴런 시스템

아이들은 왜 다른 아이의 행동을 흉내 낼까요? 1990년대 초, 이탈리아 출신의 신경과학자 자코모 리졸라티(Rizzolati) 연구팀은 원숭이를 대상으로 손의 의식적인 움직임에 관여하는 뇌 체계에 대해 연구하고 있었습니다. 그런데 원숭이의 운동피질이 활성화되고 물건을 집거나 땅콩껍질을 까는 등의 실제행동이 일어나기 1,000분의 1초 전에, 운동 시퀀스를 준비하는 전운동영역이 먼저 활성화된다는 사실을 발견했습니다. 즉, 어떤 행동이 일어나기 위해서는 전운동영역이 먼저 그러한 행동에 필요한 운동 시퀀스를 준비한 다음에 실제 움직임을 이끄는 운동 피질 체계를 활성화시켜 관련된 근육을 움직이게 된다는 것이었지요. 과학자들을 더욱 놀라게 한 것은 원숭이가 자신이 과거에 경험해 본 의도적인 동작을 다른 사람이 하는 것을 관찰할 때도 원숭이의 전운동체계가 활성화된다는 점이었습니다.

과학자들은 거울 뉴런이라고 불리는 특정 뉴런들이 두 가지 경우에서 발화된다는 사실을 밝혀냈습니다. 첫 번째는 동물이 특정 동작으로 움직일 때이고, 두 번째는 동물이 다른 누군가가 같은 동작으로 움직이는 것을 볼 때입니다. 특정 행동에 대한 거울 뉴런들은 인간의 뇌 속에서도 발견되었습니다. 그런데 전운동영역의 거울 뉴런은 단순히 다른 사람의 손이나 입의 움직임을 관찰함으로써 활성화되는 것이 아니라, 오로지 상대방이 목표지향적인 행동을 할 때만 활성화됩니다. 여기에 더하여 땅콩을 잡는 운동처럼 행동 목표가 물체일 때는 두정엽의 특정 뉴런도 활성화됩니다. 과학자들은 이것을 '거울 뉴런 시스템'이라고 부릅니다. 어떤 움직임을 인식하는 것만으로도 그 움직임을 직접 만들어낼 때와 유사한 뇌 영역을 사용하는 것입니다.

양육지침

앞에서도 말한 것처럼 친구를 따라하는 행동 자체는 자연스러운 것입니다. 아이의 사회성과 자기주도성에 더욱 관심을 두고 살펴봐주세요.

1. 자존감을 키워줍니다. 엄마라도 속내를 전혀 알 수 없을 만큼 자신의 생각을 잘 드러내지 않는 아이가 있습니다. 이런 아이의 내면에는 "내 생각을 말하면 엄마한테 꾸중을 들을 거야", "이 말을 해서 관심을 끌지 못하면 어쩌지?"라는 걱정과 염려들로 가득합니다. 아이들은 자존감이 부족하거나 의존적인 성향이 있을 때 친구를 잘 사귀지 못합니다. 자신감이 없는 아이에게 호감이 생기지 않기 때문입니다. 평소 아이가 자존감을 갖고 의존적이지 않도록 칭찬하고 격려해줍니다.

2. 자기주도성을 키워주세요. 사소한 선택도 아이 주도로 하게 하세요. 그림책의 선택, 옷을 입는 것, 놀이 참여까지 아이의 주도성을 키우는 것이 중요합니다. 자기주도성이 만들어지면 자존감도 커가며, 그러다보면 친구의 말이나 행동을 따라 하기보다는 자신만의 말과 행동을 하는 일이 늘어날 것입니다.

3. 다른 아이에게 자기를 소개하게 합니다. 아이가 교실로 들어갈 때 "안녕?"이라고 말하게 합니다. 이것이 습관화되면 아이들과의 관계가 부드러워집니다. 말을 잘하지 못하는 아이들은 친구를 만났을 때 무슨 말부터 해야 할지 모르는 경우가 많습니다. 말 거는 방법을 차근차근 일러줍니다. "잘 있었어?", "반가워", "너 이 블록놀이 해봤어?" 등과 같이 여러 상황에 대비해 가르쳐줍니다.

4. 사회적 기술을 익힐 수 있습니다. 사회적 기술은 선천적인 성격과는 관련이 없습니다. 수줍어하는 아이라고 하더라도 친구에게 반갑게 인사하고 자신의 장난감을 가지고 놀도록 양보하고 순서를 지키는 것은 그림책이나 역할놀이, 부모의 설명으로 충분히 키울 수 있습니다. 사회적 기술의 노하우를 알려주세요.

5. 아이의 장점에 주목하세요. 아이를 관찰해서 아이가 어떤 장점이 있고 무엇을 잘하는지 알아야 합니다. 부모가 아이의 장점에 주목하면 아이의 자존감이 높아지고 다른 아이들과 지낼 때도 대등하게 지낼 수 있습니다.

6. 부끄러워하는 것을 없애줍니다. 소극적이거나 부끄럼을 잘 타는 아이는 다른 아이와 관계를 가지는 것이 어려울 수 있습니다. 아이가 소극적이라면 도와주는 데 더 많은 노력이 필요합니다. 부모가 먼저

다른 아이와 놀다가 자기 아이를 합류시킬 수도 있습니다. 처음에는 장난감을 주거나 말하도록 용기를 주고 지금 같이 놀도록 하거나 더 놀도록 하는 등의 거들어줄 필요도 있습니다.

7. 보여주고 말합니다. 아이들은 부모의 행동을 관찰하면서 사회적 기술을 배웁니다. 따라서 부모가 사회적 행동을 하는 모습을 보여주고 부모의 행동을 배우게 해야 합니다. 식사시간에 즐겁게 말하는 것과 감사하는 것을 말하면 아이도 배우게 됩니다. 또 부모의 친구에 대하여 긍정적으로 이야기하는 것이나 부모가 다른 사람에게 한 좋은 행동을 보게 하며 친구가 약속을 잊었다 하더라도 비난하지 않는 보습을 보여주도록 합니다.

8. 친구들과 같이 지낸 경험을 중시합니다. 친구와 노는 친구들과 잘 지내는 성공경험이 아이의 자신감을 높여줍니다. 친구와 노는 재미와 그 방법도 알게 됩니다 친구를 따로 집으로 불러 같이 잘 지내는 경험을 갖도록 하세요. 친구와 재미있게 놀았던 경험은 다른 아이들과 아이가 친구들과 놀려는 동기를 부여합니다. 친구와 노는 재미와 그 방법도 알게 됩니다.

9. 아이와 성향이 맞는 친구와 사귀게 합니다. 일단은 아이의 성향을 인정하는 데서부터 시작합니다. 수줍은 아이들은 여러 명의 아이들

과 함께 어울리는 것을 힘들어하므로 아이 성향에 맞는 한두 명의 친구와 같이 사귈 수 있도록 하는 것이 좋습니다. 아이마다 개성이 있어 잘 맞는 친구와 잘 맞지 않는 친구가 있습니다. 자신과 잘 맞는 친구가 하나만 있어도 친구들이 놀아 주지 않는다며 속상해하지 않습니다.

10. 부모들끼리 친하게 지냅니다. 사회성을 키워주려면 익숙한 사람과 함께 지내는 기회를 자주 갖게 하는 게 좋습니다. 가까운 친척이나 친한 친구처럼 익숙한 사람들부터 시작해 차차 관계를 넓혀갑니다.

친척집을 방문하거나 집에 놀러오게 하고, 함께 게임을 즐기거나 여행을 가는 식으로 공유하는 시간을 늘려갑니다. 아이가 친숙한 친척이나 친구와 어울리는 것에 익숙해지면 가까운 이웃으로, 더 나아가 좀 덜 친한 친구로 관계를 차츰차츰 확대시켜 나갑니다.

32

아이들이 느끼는 두려움

QUESTION ?

안녕하세요? 25개월 된 남자아이를 키우고 있습니다. 지난번엔 놀이터에 나갔는데 미끄럼틀 계단에 올라갔다가 아래에서 올라오는 또래 아이를 보더니 무서운 걸 본 듯 놀랐습니다. 미끄럼틀 밖에 서있던 저에게 안아달라고 울더군요. 집에서는 말도 잘하고 활발하게 노는데 낯선 곳이나 낯선 사람을 보면 안아달라고 떼를 쓰고 저한테만 의지하려고 합니다. 어쩌다 모르는 사람 집에 놀러가거나 차 안에 가족 외에 다른 사람이 타기만 해도 울어요. 오픈된 공간보다 실내에서 더 심해집니다. 이젠 싫다는 말도 곧잘 하는데 누굴 만나면 무안하고 민망한 일이 자주 생깁니다.

ANSWER

25개월 아이는 부모의 도움 없이도 하루 중 겪게 되는 여러 가지 사소한 일들을 혼자 할 수 있습니다. 또한 부모뿐만 아니라 할머니, 베이비시터, 교사 등 다른 어른들과 자기보다 큰 아이들도 발견하지요. 슬슬 자기 또래의 친구들을 좋아할 때이기도 합니다. 친구들과 놀 때면 엄마, 아빠는 뒷전으로 물러납니다. 잠시 부모에게서 떨어지는 경험에도 익숙해지지요. 떨어져 있던 부모가 아이를 찾으러 오면 이 경험을 바탕으로 아이는 부모의 존재와 사랑에 의존할 수 있다는 안정감을 가지게 되고, 부모에게 집중하던 관심을 다른 곳으로 돌려 바깥 세상에 초점을 맞추게 됩니다.

부모라는 안전한 항구에서 벗어나 잠시 다른 길에 접어들어도 좋다는 느낌을 아이가 가지는 것이 중요합니다. 아이는 부모를 믿기 때문에 자신과 자신의 세계 안에 있는 다른 사람들을 신뢰하기 시작합니다. 하지만 부모 없이 어떤 상황에 대처할 수 있는 능력은 한시적인 것입니다. 스스로 편안하게 할 수 있는 정도보다 훨씬 더 많은 것을 부모가 기대한다고 느끼거나, 어떤 일이 일어나서 안정감이 떨어지면, 아이는 불안할 때 부모에게 매달리곤 하던 행동으로 돌아갈 수도 있습니다. 아이에게 충분한 독립성을 허용하되 너무 많이 강요해서는 안 됩니다. 과보호하지 않으면서도 아이를 걱정시킬 만한 일을 미리 예측해서 부모가 정리해줍니다.

발달적 의미

25개월 아이는 자아개념과 동일시가 형성되는 시기입니다. 그 과정에서 이따금씩 자기 자신이 양육자와 얼마나 많이 떨어져 있는가를 깨닫고 불안해합니다. 환상에서, 놀이에서 그리고 성인과 동일시함으로써 자신의 한계에 대한 인식을 해결하지요. 타인에 대한 두려움이 거의 사라지고 자신에 대한 믿음이 확고해지기 때문에 다른 사람을 물거나 할퀴는 일도 없어집니다. 대신 끊임없이 명령하고 그 명령이 받아들여지기를 바랍니다.

자기 소유물을 소중히 하고 지키려고 하는 성향도 나타나는데 남이 빼앗을까 두려워서라기보다 아끼는 것이기에 나름대로 정리하고 질서를 부여하는 것입니다. 자신의 존재를 알리려고 일부러 "아니"라고도 합니다. 무조건적으로 나오는 "아니"라는 대답은 반발하기 위해서가 아니라 자신도 고유한 인성을 가지고 있다는 것을 보여주기 위해서입니다. 으스대는 경향도 있습니다. 자신에 대한 믿음이 커서 이제는 완전히 독립된 존재라고 생각하기 때문이지요. 이런 자기 확신은 아이를 얌전하게 만들기도 합니다.

그러나 기질적으로 예민한 아이들은 낯선 세계나 사람에 대하여 상당히 조심스러운 접근을 하게 됩니다. 엄마와의 애착이 안정되게 이루어져서 그러한 신뢰감을 기반으로 낯선 세계에 접근을 하지만 여러 가지 감정적 변화가 많기 때문에 어른들이 보기에는 아주 성격적으로 불안하고 정서장애가 있지 않나 생각될 정도의 이상한 행동을 할 때도 있습니다. 예를 들면, 동물이나 큰 소리에 대해 과도한 두려움을 보이기도 하고 낯선 상황에서 과민한 반응을 보입니다. 특히 어떤 낯선 상황, 즉 폭력적인 상황이나 갑자기 부닥친 일, 혹은 심하게 놀란 일이 있을 때에는 수주일간 외부세계에 대하여 소극적이 되는 일이 많습니다.

이 시기의 아이들이 전형적으로 두려워하는 것 중에는 어둠, 천둥, 번개, 목욕 그리고 화장실 사용 등이 있습니다. 또한 홀로 있게 된다는 것, 낯선 사람들, 동물과 소아청소년과 의사에 대한 두려움도 아이를 근심스럽게 합니다. 예상치 못한 장면이나 시끄러운 소리 혹은 공포스러운 분위기 등을 경험한 아이들은 한동안 움츠려들어 소극적이고 엄마로부터 떨어지지 않으려는 경향을 보이기도 합니다. 어떤 아이들은 만화책에 나오는 사납게 보이는 등장인물에 대해서도 강렬하게 두려운 반응을 보입니다. 매일매일 두려워하는 대상이 달라지기도 하지요.

이러한 경험 후에는 울고불고 매달리며 사물을 부정적으로 보는 일시적인 경향까지도 나타납니다. 실제적인 경험에 대한 두려움도 있지만 그런 상황에 의하여 촉발된 상상력까지 더해져서 두려움의 강도가 커지는 것입니다. 그러나 두려움이라는 것은 정상적인 반응입니다. 용감한 사람이란 전혀 무서운 것이 없는 사람이 아니라, 안으로 느끼는 두려움을 인정하며 받아들여, 두려움이 주는 교훈을 배울 줄 아는 사람입니다. 두려움을 느낄 줄 모르는 것은 위험한 일입니다. 두려움이란 기본적으로 매우 정상적인 감정입니다. 두려움은 위험을 알려주고 우리가 그 위험에 대처하도록 하며, 알 수 없는 상황에 대비하도록 해주기 때문입니다.

양육지침

3-4세가 되면 아이는 자신을 돌보는 어른들, 특히 엄마와 쉽게 떨어질 수 있게 됩니다. 아직은 부모에게 의존적이지만 잠깐 떨어져 있는 정도면 침착하게 대응합니다. 그러나 떨어져 있게 될 경우엔 말로 설명해주는 것이 좋습니다. 잠시 아이를 두고 나올 때 "뭐 좀 가지러 잠깐 차에 다녀올게"라고 말하면 아이는 엄마와 자동차의 모습을 머

릿속에 그릴 수 있습니다.

아이를 혼자 놔두고 오랫동안 떠나있지 않으면 안 될 경우나 아이를 돌보는 사람에 두려움을 느끼는 경우에는 엄마가 떠나기 전에 아이를 돌보는 사람과 친숙하게 지낼 수 있도록 세심한 배려를 해야 합니다. 엄마가 있는 데서 서로 친해질 때까지 그 사람과 아이가 함께 놀도록 합니다. 아이가 다른 사람의 집에 머물러 있어야 할 경우에는 부모가 떠나기 전에 조금씩 머무르는 시간을 늘리는 식으로 그 집에 대해 낯설음이나 불안을 느끼지 않도록 합니다.

1. 아이가 무서워할 때는 일단 안심시킵니다. 아이에게 미치는 말의 영향력이 예전보다 더 커졌으므로 차분하게 설명해 주면 아이의 불안감을 완화할 수 있습니다. 아이가 겁이 많다고 놀리거나 조롱하는 것은 아이에게 상처를 주는 잔인한 일입니다. 부모가 계속 해오던 것, 아이를 껴안아주거나, 쓰다듬어주거나 기분전환을 해줍니다.

2. 아이의 자립 속도가 불안정하고 더디더라도 아이 스스로 그 페이스를 정하게 합니다. 무서워하고 겁을 집어먹고 있는 아이한테 "무섭지 않은 거야", "좀 강해지는 거야"라고 아무리 말해도 불안을 해소할 수는 없습니다. 아이가 두려워하고 있는 것에 과도한 관심을 보이거나 과소평가하는 태도는 아이가 두려움에서 벗어나는 데 오히려 장애가 됩니다.

3. 아이마다 특별한 두려움과 근심을 갖고 있다는 것을 인정합니다. 3-4세 무렵 특히 심하게 나타나는 불안감이 있습니다. 이 연령의 아이 특유의 활발한 상상력으로 아이는 텔레비전이나 라디오 등을 통해 보고 들은 자연재해에 대해 염려할 수도 있습니다. 아이들의 두려움은 매우 감상적이고 부모를 곤란하게 만들지만 아이에게는 심각한 현상임을 알아야 합니다.

4. 아이에게 두려움의 실체를 확인해주고 두려운 것이 아님을 분명히 말해줍니다. 아이는 생채기가 난 무릎은 낫고, 스케이트를 타다가 넘어져도 몸이 산산조각 나지 않으며, 엄마는 결코 자기를 잃어버리거나 자신에게 아무런 말도 없이 어디론가 사라지지 않는다는 걸 알게 될 것입니다. 차분히 시간을 가지고 외부에 노출시키는 시간을 가지게 도와줍니다.

5. 또래 아이들과 함께 보내는 시간을 만들어줍니다. 또래 아이들이 있는 가정을 엄마와 같이 방문하거나 또래 아이가 있는 다른 엄마들을 집안으로 초대합니다. 억지로 같이 놀지 않더라도 같은 방에 있는 것만으로도 도움이 됩니다.

6. 아이가 주위의 상황이나 장면을 이해하고 받아들일 때까지 시간을 줍니다. 아이들은 잠재적인 고통에 집중합니다. 유아의 경우에는 주사를 맞으면 잠깐 울지만 3~4세 아이는 다음번에 있을 정기검진을 두려워합니다. 주사를 맞을 때 고성을 지르고 그 일을 무서웠던 기억으로 간직하기 때문이지요. 아이 스스로 주위의 상황을 받아들이도록 기다려주세요.

7. 심한 경우 소아정신건강의학과 의사에게 도움을 청합니다. 아이가 수줍음이 많거나 불안해하는 성격이라면 아이가 자라도 크게 변하지는 않습니다. 하지만 유아기를 벗어나면서 일상생활의 스트레스에 대처하는 아이의 능력과 그로 인한 기분은 나아질 가능성이 많습니다. 그러나 몇 주 이상의 시간이 지났음에도 불구하고 아이의 반응이 너무 극단적으로 나타나면 병원에 가서 전문의의 진단을 받아봅니다.

33

유치원에 가기 싫어 한다면

QUESTION ?

47개월 여자아이를 둔 워킹 맘입니다. 친정엄마가 아이를 돌봐주고 있습니다. 최근 유치원에 다녀온 아이가 할머니에게 별일 아닌 일로 짜증을 내고 울고 했다는 얘길 들었습니다. 이상하다고 생각하고 아이에게 왜 그런지를 물었더니 친구가 없다며 울었다고 합니다. 매일 아침마다 '월화수목금토일'을 세면서 토요일, 일요일이 왔으면 좋겠다고 노래를 부릅니다.

ANSWER

47개월 아이는 또래 친구들과 노는 것을 즐거워합니다. 그렇기 때문에 친한 친구가 없으면 스트레스를 받고, 유치원 다니는 것도 재미가 없어지지요. 아이에게 유치원은 낯선 장소입니다. 불안과 스트레스로 다가오는 곳이지요. 가능하면 가지 않으려고 하는 것은 그런 불안에서 비롯되는 것입니다. 독립에 대한 두려움이 있으며 분리불안을 느끼는 나이기 때문에 오랫동안 부모와 떨어져 있는 것을 힘들어할 수도 있습니다. 발달전문가들은 36개월이 되면 이러한 분리불안에도 불구하고 부모가 동반하지 않고 사설기관에 다른 아이들과 잘 지낼 수 있다고 합니다. 처음 적응할 때는 어렵지만 독립적으로 유치원에 다닐 수 있는 뇌의 준비는 이루어진 상태인 것입니다.

유치원에서 아이들과 노는 즐거움과 기쁨을 강조해주어야 스트레스를 줄일 수 있습니다. 처음 유치원에 갈 때는 낯선 환경에 대한 불안을 없애주는 것이 가장 중요합니다. 아이에게 익숙한 장난감이나 동물 인형을 가지고 가면 아이가 유치원과 집을 쉽게 연결할 수 있습니다. 부모가 아침저녁으로 유치원 교사와 아이의 일상생활에 대해 상세하게 정보를 교환하는 일도 필요합니다. 아이의 잠자는 습관, 밥 먹는 습관, 좋아하는 것, 싫어하는 것, 성격, 사소한 문제들, 약점, 앓고 있는 병 등을 교사가 자세히 알고 있으면 아이와 빠른 시간 안에 잘 지내게 됩니다. 아이가 유치원에 가기 싫어한다면 부모가 같이 동반해서 가거나 외적 보상을 제시해서라도 매일 가야 한다는 인식을 심어줄 수 있습니다. 아프거나 사정이 있을 땐 가끔 빠질 수도 있지만 가기 싫다고 안 보내게 되면 점점 감당하기 어려워집니다. 유치원에 갔더니 즐겁고 재미있더라하는 경험이 쌓여야 합니다. 그러다보면 유치원에 다니는 것을 즐거워할 것입니다.

발달적 의미

보육시설에서 주로 생활하는 아이들의 코르티솔 농도가 높다는 보고가 있습니다. 스트레스 호르몬인 코르티솔 분비는 자체적이고 자연적인 기복을 보입니다. 코르티솔 농도는 아침에 가장 높았다가 시간이 지나면서 감소합니다. 하지만 어린이집에 맡겨진 5세 이하의 아이들을 대상으로 조사한 결과를 보면 코르티솔 농도가 시간이 가면서 떨어지는 것이 아니라 오히려 높아지는 것으로 나타났습니다. 아이들 중 91퍼센트는 어린이집에서 코르티솔 농도가 높아지는 것으로 나타났습니다. 그러나 아이들이 다시 부모와 만나자마자 스트레스 수치가 크게 낮아졌습니다.

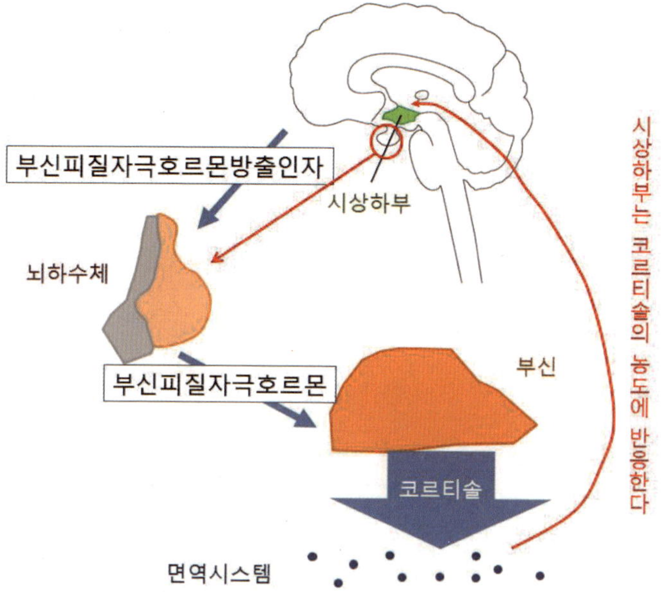

스트레스와 뇌

어린이집에서 다른 아이들과 잘 어울리는 아이들은 혼자 노는 아이들보다 코르티솔 농도가 낮은 것으로 나타났습니다. 아이에게는 유치원에서 다른 아이들과 잘 노는 것이 중요한 것이지요. 아이가 유치원에서 스트레스를 받으면 공격적이며 친구들과 사이좋게 어울리지 못하게 됩니다. 아이가 스트레스를 받으면 부신피질자극호르몬방출인자(CRF)의 농도가 높아지고 긍정적인 각성 화학물질인 도파민, 세로토닌, 노르에피네프린의 분비가 차단되기 때문입니다. 또한 오피오이드가 감소하면서 '반대 세력'인 아세틸콜린이 활성화됩니다. 아세틸

콜린이 적당할 때는 머리가 맑아지고 집중력이 높아지지만 다량으로 분비되면 분노, 적개심, 불안을 느낍니다. 아이가 유치원에서 돌아오면 부드럽고 다정한 접촉으로 아이의 오피오이드와 옥시토신 분비를 촉진시켜주세요. 유치원에서도 친구들과 원만하고 행복하게 지내야만 코르티솔을 줄일 수 있습니다.

양육지침

유치원에서 경험한 부정적인 기억을 극복하도록 도와주는 것이 중요합니다. 부정적인 기억은 편도체가 기억하기 때문에 오래갑니다. 부정적인 기억을 극복하는 방법은 두 가지입니다. 한 가지는 부정적 기억을 다시 상기하여서 그런 상황이 될 수밖에 없는 상황을 이해하거나 부정적인 기억을 별 것 아닌 것으로 생각하게 하는 것입니다. 그렇게 된 상황을 설명하고 이유를 말해줍니다. 또한 교사가 아이의 편이라는 것을 인식할 수 있도록 아이에게 친절하게 대하는 구체적인 행동을 해주어야 합니다.

다른 한 가지는 부정적인 기억을 덮기 위한 긍정적인 기억이 4배 이상 있어야 한다는 것입니다. 긍정적인 기억은 오래 가지 않기 때문에 여러 번의 되풀이해서 경험해야 합니다. 친구들과 같이 노는 4번 이상의 기억을 만들어주면 부정적인 기억이 덮어질 것입니다.

1. 친한 친구와 개인적인 시간을 갖도록 합니다. 친한 친구를 집으로 데려와서 둘이 노는 시간을 만들어줍니다. 친구 부모와 친해져서 부모끼리도 친해질 수 있다면 아이는 더욱 안정감을 느낄 것입니다. 아이가 사귀고 싶어 하는 아이와 같이 노는 시간을 마련해주세요. 집에서 놀아도 좋고 유치원에서 즐거운 경험을 만들어주기 위해 교사에게 부탁할 수도 있습니다.

2. 아이가 유치원에 가기 싫어하는 것을 일시적인 적응기간으로 생각합니다. 유치원에 재미있게 놀 수 있는 친구가 있고 교사가 관심을 가져준다면 유치원에서 지내는 것을 좋아하게 됩니다. 처음에는 낯설고 불안정하겠지만 다른 아이와 교사와 친해지고 익숙해지면 더 이상 유치원에 가지 않겠다고 말하지 않을 것입니다. 개인적인 차이가 있겠지만 최소한 3개월은 지나야 적응이 가능합니다. 그때까지는 유치원에서 즐겁게 지낼 수 있도록 관심을 가집니다.

3. 집에서라도 아이에게 따뜻하게 대해주고 재미있게 지내도록 해주세요. 아이가 좋아하는 맛있는 음식도 만들어주고 하여 집에서 편안한 마음을 갖도록 해야 합니다. 이렇게 하면 스트레스가 해소되고 회복탄력

성이 높아져서 유치원에서도 자신감 있고 자존감을 키울 수 있습니다.

4. 아이가 새로운 것에 거부감을 느낄 때 이미 알고 있는 것과 연결시켜줍니다. 설명할 때는 천천히 말하고 추상적이지 않은 언어를 사용합니다. 아이들의 호기심을 일깨울 수 있다면 그 다음에는 호기심이 스트레스를 몰아냅니다. 호기심이 생기면 두뇌에서 도파민 분비가 촉진되기 때문입니다. 이러한 분리불안 시스템은 아이의 전두엽이 발달하면서 점차 억제됩니다. 아이는 자라면서 책을 읽거나 텔레비전을 시청하는 것처럼 기분 전환하는 법을 배울 것입니다.

5. 아이의 분리불안을 인정합니다. 4세 아이라도 여전히 분리불안을 느낄 수 있고 오랫동안 부모와 떨어져 있는 것을 힘들어할 수 있습니다. 따라서 아이가 부모와 얼마나 오래, 얼마나 자주 떨어져 있어야 하는지, 그리고 누구에게 아이를 맡길 것인지 결정을 할 때는 항상 아이가 느낄 감정적 고통을 진지하게 고려해야 합니다. 아이 뇌의 GABA체계는 부모와 떨어지는 것 같은 환경 변화에 민감하게 반응합니다. 연구에 의하면 어릴 적 부모와 격리된 경험은 불안시스템에 변화를 가져온다고 합니다.

6. 오랫동안 우는 아이를 달래줍니다. 어떤 부모는 우는 아이를 달래지 않고 내버려 두는 것을 일종의 스트레스 예방접종이라고 말합니

다. 하지만 진정한 의미의 스트레스 예방접종은 아이를 알맞은 정도의 스트레스 상황에 두고 적응하도록 도와주는 것입니다. 처음 수영장에 데려간 아이를 물에 살며시 담가보는 것처럼 말입니다. 아이가 오랫동안 우는 일을 스트레스를 적당히 경험하는 것이라고 생각하면 큰 착각입니다.

7. 듣는 기술을 가르칩니다. 양쪽의 차이점을 잘 듣고 아이에게도 상대방의 이야기를 듣도록 하게 합니다. 아이의 감정을 말로 표현해줍니다. 아이 스스로 자신이 어떤 감정 상태인지 알게 하는 것이 좋습니다. "친구가 없어서 심심하고 외로웠구나"라고 말하고 친구와 사귀려면 어떻게 해야 하는지, 행동이 아닌 질문이나 말로 갈등을 해결하도록 유도합니다.

8. 차분하게 작별인사를 합니다. 작별을 할 때는 살짝 뽀뽀한 후 시간을 끌지 않아야 아이를 안심시킬 수 있습니다. 부모가 불안해하면 아이는 눈치가 빠르기 때문에 아이의 불안을 키우게 됩니다. 사실 아이들은 대부분 유치원에서 행복하게 지냅니다. 그러므로 얼마 지나지 않아 아이도 기쁜 마음으로 등원할 것입니다.

9. 서로 나누도록 도와줍니다. 아이들은 장난감이 자기에 속한 것이 아니라는 것을 이해하지 못합니다. 친구를 집에 초대했다면 친구

가 오기 전에 아이가 좋아하는 것을 치워놓고 같이 놀 수 있는 것을 꺼내놓습니다. 그림도구, 종이찰흙, 인형집이나 블록 등은 같이 나누면서 놀기 좋은 장난감입니다. 똑같은 장난감 두 벌을 준비하는 것도 좋으며 공처럼 싸우지 않고 가지고 놀 수 있는 것도 있습니다. 또 하나의 방법은 차례를 지키게 하는 것입니다. 타이머를 준비했다가 벨이 울릴 때까지 갖고 놀라고 하는 식으로 차례를 지키는 것을 가르쳐줍니다.

"벨이 울릴때까지만
가지고 노는 거야"

34

손가락 빠는 습관 고치기

QUESTION ?

38개월 된 아이가 아직도 잘 때 엄지손가락을 빨고 잡니다. 손이나 치아가 변형되지 않을까 걱정입니다.

ANSWER

손가락을 빠는 행동은 일종의 반사 작용으로 생후 6개월 이전에 특히 많이 나타나는데, 6개월 이후의 아이가 손가락을 빠는 것은 배가 고프거나 심심해서일 확률이 높습니다. 특히 24개월 이전의 구강기에는 빠는 행위에서 쾌감을 느껴, 욕구가 충분히 충족되지 않으면 손가락 빠는 행동이 반복될 수 있습니다. 손가락 빨기가 습관으로 이어졌다면 가능한 4세경에는 습관을 고쳐주어야 합니다. 만 4세 이후에도 손가락을 빨 경우 턱뼈 발달에 이상이 생길 수 있고, 영구치가 나는 만 6세 이후까지 손가락을 빨면 부정교합이 생길 확률이 높아지기 때문입니다.

손가락에 굳은살이 생기거나 짓무름, 손톱 감염 등 후유증이 생길 수 있으므로 끊기 힘든 습관으로 자리 잡기 전에 바로잡아야 합니다. 아이가 스트레스를 받지 않도록 세심하게 신경 쓰는 것이 필요합니다. 간혹 손가락에 쓴 약물이나 머큐로크롬을 바르는 충격요법을 쓰기도 하는데, 자신의 신체에 대해 나쁜 이미지를 가질 수 있으므로 피하는 게 좋습니다. 무리하게 금지시키면 공격성과 적대감을 키울 수 있고, 심한 경우 틱, 머리박기, 손톱 물어뜯기 등 다른 문제행동을 보일 수도 있습니다.

발달적 의미

아이의 뇌에서 습관의 과정은 3단계의 고리로 이루어집니다. 첫 단계는 신호입니다. 신호는 우리 뇌에게 자동 모드로 들어가 어떤 습관을 사용하라고 명령하는 자극입니다. 일종의 방아쇠의 역할을 하는 것이지요. 다음 단계는 반복행동이 있습니다. 반복행동은 몸의 행동으로 나타나기도 하고, 심리 상태나 감정의 변화로도 나타날 수 있습니다. 마지막 단계는 보상입니다. 보상은 뇌가 이 특정한 고리를 앞으로도 계속 기억할 가치가 있는지 판단하는 기준이 됩니다.

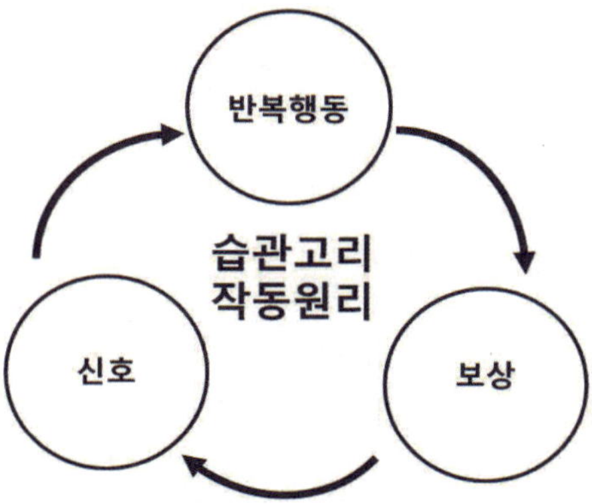

습관의 고리

시간이 지나면서 '신호–>반복 행동–>보상'이 반복되면 고리는 점점 기계적으로 변해 갑니다. 신호와 보상이 서로 얽히면서 강렬한 기대감과 욕망까지 나타나면 마침내 습관이 탄생합니다. 아이들은 처음에 심심하거나 스트레스를 받는 신호가 왔을 때 그것을 해소하려고 손가락을 빨았을 지도 모릅니다. 손가락을 빠는 행동을 반복하니 외로움이 달래지고 스트레스가 해소되는 보상을 얻게 됩니다. 이렇게 해서 '신호–〉반복행동–〉보상'으로 이어지는 손가락 빠는 습관이 생긴 것입니다. 일단 만들어진 습관은 습관의 고리를 찾아 잘 이용하면 잊힐 수도 있고 변할 수도 있으며 대체될 수도 있습니다.

양육지침

아이가 손가락을 빤다면 우선 항상 손을 청결하게 해주세요. 손가락을 빠는 행위는 일종의 습관성이기는 하나 아이에게 거의 무해하므로 만 4세 이전의 아이는 특별한 치료가 필요 없다고도 볼 수 있습니다. 그러나 6개월 이후에도 손가락을 빠는 아이는 4세 이후까지 손가락을 빠는 경우가 많기 때문에 6개월 이후부터는 손가락보다는 노리개 젖꼭지로 대체하는 것이 좋습니다. 손가락 빨기보다는 노리개 젖꼭지를 빨지 않게 하는 것이 쉽고, 노리개 젖꼭지는 2세 이전에 싫증을 내는 경우가 많기 때문입니다.

자기 전이나 혼자 있을 때 심리적인 안정을 느끼기 위해 손가락을 빠는 경우가 많기 때문에 대용물로 노리개 젖꼭지 외에도 아이가 좋아하는 색깔 있는 베개, 인형, 장난감을 가지고 있게 해 심리적 안정을 느끼게 하는 것도 좋습니다.

1. 관심을 다른 곳으로 돌릴 수 있도록 도와줍니다. 아이는 심심할 때 손가락을 잘 빨게 되므로 손을 빨 때 같이 이야기하거나 놀아주어서 심심하지 않게 하고 관심을 다른 데로 유도하는 것이 좋습니다. 손가락을 빨 때는 손으로 조작할 수 있는 장난감이나 기구를 주어서 아예 손가락을 입에 넣지 못하게 하는 것도 좋은 방법입니다. 장난감을 이용해 만들기를 하거나, 밀가루나 찰흙 같은 반죽놀이를 합니다.

2. 비난하거나 야단치지 않습니다. 불안함, 초조함, 애정결핍 등 심리적인 스트레스에서 나타나는 행동이라면 손가락을 빨거나 손톱을 물어뜯는 행동에 대해 지적하는 대신 아이에게 충분한 관심과 애정 표현을 해줍니다. 손가락을 빤다고 비웃거나, 놀리거나, 하지 못하도록 윽박지르는 것은 열등감을 주고 자기가 불행하다고 생각하여 부모를 원망하게 되므로 조심해야 합니다.

3. 손가락을 빨지 않을 때 보상을 해줍니다. 조금 큰 아이라면 스스

로 손가락을 빨지 않았을 때 칭찬을 해주거나 보상을 해줍니다. 손가락을 빨지 않을 때마다 스티커를 주고, 일정 개수가 모이면 아이가 원하는 것으로 보상해주는 방법을 이용해도 좋습니다. 대개 이러한 방법으로 손가락 빨기를 천천히 억제하면 자연스럽게 손을 빠는 것을 그만두게 됩니다.

4. 사라졌다가 다시 나타날 수 있다는 것을 이해하고 아이에게 관대하게 대합니다. 손가락 빨기를 그만두었다 하더라도 이사를 가서 환경이 바뀌었다든지, 동생이 생겨 심리적으로 위축이 된다든지, 아프다든지 하면 다시 손가락을 빨게 되는데 이때는 억지로 못하게 하지 않더라도 시간이 지나면 없어지는 일시적인 것이기 때문에 관대해질 필요가 있습니다.

5. 강요하거나 강압적인 방법을 쓰지 않습니다. 손가락에 반창고를 붙이거나, 장갑을 끼우거나, 붕대로 감는 등 손가락을 빨지 못하게 하는 방법을 사용하기도 하는데 크게 효과가 없습니다. 충격요법으로 손 전체를 붕대를 감거나 부목을 대는 것은 극단적인 처방이므로 절대 하지 않도록 합니다.

6. 지속적으로 관심과 애정을 기울입니다. 손가락을 빨지 못하게 하는 경우에는 그만큼 더 관심을 주어야 하며 부모가 사랑하고 있다는

것을 알려줘야 합니다. 손가락 빠는 것을 너무 급하게 억지로 중지시키려고 하면 오히려 해롭습니다.

35

뒤로 누워 떼쓰는 아이

QUESTION ?

29개월 된 남자아이를 키우고 있는데 고집이 너무 세고 조금만 거슬리게 하면 난리가 납니다. 자신의 물건에 손을 대거나 자신의 사탕 등을 집어 먹으면 갖고 있던 물건을 집어 던지고 소리치며 웁니다. 이런 행동을 저지하거나 혼을 내면 뒤로 누워 떼를 쓰며 웁니다. 왜 이런 행동을 하는 걸까요?

ANSWER

24개월~4세 사이의 아이가 길바닥에 누워 발버둥 치며 큰소리로 울어대는 것을 가끔 목격할 때가 있습니다. 웬만큼 칭얼대거나 우는 정도가 아니라 부모가 아무리 달래도 알아듣지 못하고 자신이 무슨 짓을 하는지도 모를 정도로 격렬하지요. 자제력이 전혀 없는 상태에서 감정에 몸을 맡기는 것입니다. 이런 행동은 대개 몇 분간 지속되다가 제풀에 그치곤 합니다. 일어나면 언제 그랬냐는 듯 평소 행동으로 돌아가지요. 이런 행동을 분노발작이고 합니다.

24개월~4세의 아이들은 우는 것과 함께 화를 내고 소리를 지르며 발버둥치거나 남을 때리는 등의 행동으로 자기의 욕구를 표현합니다. 자신의 요구사항을 아직 제대로 된 말로 표현할 수 없기 때문입니다. 욕구를 언어로 완전히 표현할 수 있는 나이가 되면 공격적인 행동으로 욕구를 표현하는 일은 줄거나 사라집니다. 그러나 욕구충족이 지연되는 것을 참지 못하는 아이들은 나이가 들어서도 자신이 원하는 것을 말로 차근차근 설명하거나 순서를 기다리는 대신 소리를 지르고 상대방을 공격함으로써 원하는 것을 빨리 이루려고 합니다.

발달적 의미

뇌는 무료함을 스트레스로 인식합니다. 고통스러운 상태에서 벗어나기 위해 무언가를 해서 각성을 높이고 신경전달물질을 바꾸려고 하지요. 예를 들어 어른들은 음악을 듣거나 텔레비전을 보거나 대화를 합니다. 유아들은 머리를 이리저리 움직이거나 침대를 흔들고, 좀 더 큰 아이들은 소리를 지르면서 뛰어다닙니다. 이런 행동은 이 나이의 아이에게는 누구에게나 일어날 수 있는 행동발달상의 한 과정입니다. 다만 아이가 이런 행동을 했을 때 부모가 겁을 먹거나 남 보기에 창피하다는 이유로 용인하고 보상하기 시작하면 아이는 자신의 행동을 무기로 삼아 같은 행동을 반복합니다. 이것이 습관화되면 문제행동이 되는 것이지요.

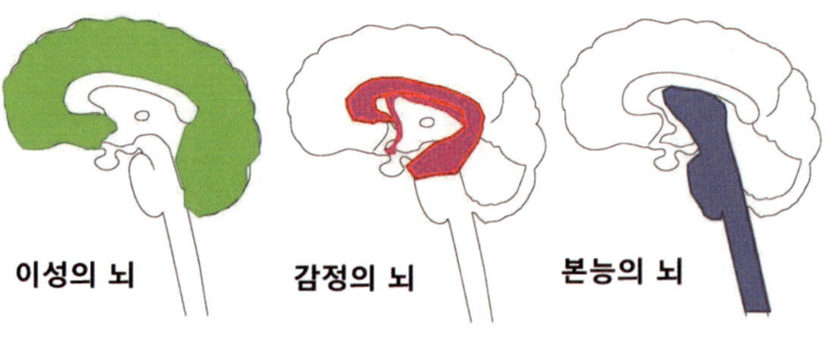

상위 뇌와 하위 뇌

아이들의 떼쓰기는 하위 뇌의 떼쓰기와 상위 뇌의 떼쓰기로 나눌 수 있습니다. 스트레스 때문에 떼쓰기를 할 때 아이의 뇌는 본능의 뇌와 감정의 뇌에 주로 휘둘리는 것입니다. 상위 뇌의 기능이 하위 뇌의 원시적인 감정시스템에 의해 공격받는 상태이므로 이성적으로 생각하거나 말을 하기 어렵습니다. 이때는 아이의 감정을 받아주고 스트레스를 풀어주는 것이 중요합니다. 호기심과 관심을 다른 곳으로 돌리면 분노나 스트레스 체계를 자연스럽게 제어할 수 있습니다. 또한 긍정적인 각성 화학물질인 도파민 분비를 촉진해서 스트레스를 완화하고 호기심과 동기를 자극합니다. 하지만 전두엽이나 상위 뇌를 사용해 고의적으로 행동하는 떼쓰기에 대해서는 무관심하게 대하는 것이 효과적입니다.

양육지침

버릇들이기의 가장 중요한 사항은 부모의 일관된 태도입니다. 아이의 좌절감이나 분노는 이해하지만 나쁜 표현방법은 인정할 수 없다는 일관된 태도를 보여야 합니다. 아이의 요구조건에 대해 어떤 형태로든 반응을 보이는 것은 아이의 태도를 들어주는 것을 의미하기 때문에 떼를 쓰는 것이 습관화되기 쉽습니다. 말을 하거나 육체적으로 접촉을 하거나 현재의 위기를 넘기기 위해서 약속을 하거나 흥정하지 않도록 합니다.

1. 일단 말로 타일러보고 진정되지 않으면 아이 스스로 진정할 수 있는 공간과 시간을 줍니다. 안전한 장소에서 떼를 쓴다면 아이의 행동을 무시하고 부모의 일을 계속하면서 반응을 전혀 보이지 않아야 합니다. 그래도 아이가 계속 떼를 쓰면 감정을 표현하지 말고 아이를 방으로 데려가서 스스로 조용해질 때까지 기다리는 것이 좋습니다.

2. 반항하거나 떼를 쓰는 아이를 혼내거나 체벌하면 오히려 더 반항심이 심해지므로 부모의 감정을 자제하면서 무관심한 태도를 보입니다. 체벌은 아이에게 좌절감과 분노, 공포와 불안감만을 가중시킬 뿐 행동교정에는 거의 도움이 되질 않습니다. 집안에서 떼쓰기가 조절되지 않으면 집 밖 아무 장소에서나 떼를 쓰게 됩니다. 창피하다고 아이의 요구사항을 들어주면 안 됩니다. 슈퍼마켓이나 거리 등 안전한 장소라면 비록 마음에는 내키지 않더라도 아이를 그대로 두고 걸어가는 것이 좋습니다.

3. 평상시 부모의 태도를 관리합니다. 부모가 화가 났을 때 자신을 제어하지 못하고 분노를 즉각적으로 표현하면 아이는 깜짝 놀라고 공

포감을 느낍니다. 이런 일이 자주 반복되면 부모와 같은 방법으로 감정을 표출하는 방식을 배우게 됩니다.

4. 아이가 좋은 행동을 하면 관심을 보이며 보상을 해줍니다. 다른 놀이나 대상에서 만족을 얻을 수 있다는 것을 알려주면서 유도합니다. 오랫동안 울면 성격이 나빠지고 현실에 불만족스러워하는 아이가 될 거라고 생각해서 요구를 들어주는 경우가 많은데, 십 몇 분간 울었다고 목에 이상이 생기거나 성격이 나빠지거나 심리적 타격을 받지는 않습니다.

5. 떼쓰기가 너무 심해서 하루에 3~4회 이상 발작을 하거나 15분 이상 지속될 경우에는 다른 행동장애나 정서장애와 관련된 것일 수 있습니다. 성장하면서 친구들과의 관계나 성격 형성에 나쁜 영향을 줄 수 있으므로 일시적인 현상으로 이해하지 말고 전문적인 진료를 받아봅니다.

PART 4

49~72개월
자아 통합의 시기

BRAINSTORM
ITY

36

신경질만 나면 욕설을 한다면

QUESTION ?

아이가 신경질만 났다 하면 욕을 합니다. 어디서 배웠는지 너무 자연스럽게 욕이 튀어나와요. 그때마다 당황스러워 혼을 내곤 하는데 잘 고쳐지지 않습니다. 평소 활달한 성격이라 밖에서 노는 시간이 많은데 혹시 나쁜 친구들과 어울리는 것은 아닌지 걱정이 됩니다.

ANSWER

5~6세 아이는 언어가 급격히 확장되는 때입니다. 들은 것은 반드시 한 번쯤 말해보고 싶어 하지요. 욕도 예외가 아닙니다. 친

구나 텔레비전에서 들은 것을 흉내 내는 정도라면 못 들은 척 적당히 넘겨도 괜찮습니다. 유행어를 따라 하는 것처럼 욕을 하다가도 어느 시기가 지나면 자연스럽게 사라지기 때문입니다. 그런데 아이가 욕을 하거나 '돼지', '방귀쟁이' 등의 말을 하면 친구들이나 어른들이 웃거나 "어디서 배운 거니?"하고 반응을 보이기 쉽습니다. 주변에서 반응을 보일수록 아이는 재미를 더 느껴 자꾸 반복하게 됩니다. 간혹 보면 고의적으로 나쁜 말을 해서 친구나 엄마의 마음을 상하게 하는 아이들이 있습니다. 이런 경우에는 아이의 마음속에 어떤 문제가 있지는 않은지 유심히 살펴봐야 합니다. 주변사람의 관심을 받으려고 일부러 나쁜 말을 할 수 있기 때문입니다.

일차적인 대응은 일단 못 들은 척 무시하는 것입니다. 화들짝 놀라 걱정스런 표정을 짓거나 꾸중을 하면, 이런 엄마의 반응을 자신에 대한 관심으로 생각해 욕하는 행동을 계속할 수 있습니다. 또는 반항심으로 욕을 더 할 수도 있습니다. 일종의 교육방침이 필요하다면 특권을 박탈하는 방법을 사용합니다. 가장 심각한 문제는, 적대적 반항장애의 한 증상으로 욕을 하는 것입니다. 짜증과 화를 자주 내고, 부모 말을 잘 듣지 않고, 타당한 규칙을 무시하고, 쉽게 기분이 상하는 등의 증상이 동반된다면 적대적 반항장애의 하나일 수 있습니다. 이런 경우에는 전문가를 찾아 상담을 받는 것이 최선입니다.

발달적 의미

편도체는 해마 앞쪽에 있는 아몬드 모양의 작은 구조물입니다. 해마의 끝부분에 달려 있는 편도체는 기억에 정서라는 색깔을 입힙니다. 편도체는 정서기억을 저장하고 회상을 조절할 뿐 아니라 학습된 정서 반응에 중요한 역할을 합니다. 특히 공포 반응은 편도체를 통해 뇌의 다른 부분에 정보를 전달하여 도전 또는 회피 반응을 유발합니다. 편도체에 있는 핵들을 크게 세 가지로 나누면 기저외측핵, 피질내측핵, 중심핵입니다. 몸의 감각기관을 통해 들어온 정보들이 편도체의 기저외측핵에 이르면 이를 전두엽으로 투사하여 감정적 경험을 만들어냅니다. 감각신호들 중에서 후각 신호는 편도체의 피질내측핵으로 들어옵니다. 시상을 통하여 편도체로 들어온 감각 신호는 중심핵으로 연결되어 자율신경계로 신호를 내보냅니다.

이러한 신호는 시상하부로 가서 자율신경 반응에 의해 스트레스 호르몬을 분비하거나 각성과 비슷한 생리적 반응을 유발합니다. 한편 중심핵에서 뇌간으로 가는 신호는 자극에 대한 행동 반응을 유발합니다. 아이가 욕을 하는 것은 이 편도체가 유발하는 행동 반응입니다.

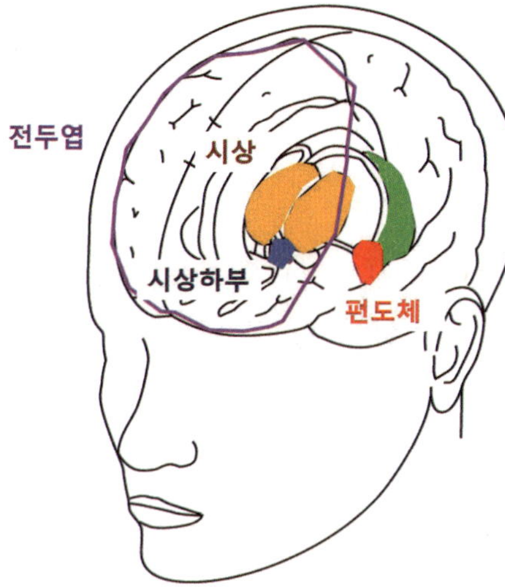

욕설하는 뇌

양육지침

우선 부부간에 어떤 말투를 쓰는지 살펴보세요. 부모가 툭하면 남을 신랄하게 비난하거나 무시하는 말을 거침없이 해대고, 감정이 상할 때마다 욕을 내뱉는다면 그 밑에서 자란 아이는 욕을 배울 수밖에 없습니다. 뿐만 아니라 욕하는 습관을 쉽게 고치기도 힘듭니다. 더 심각한 것은, 부부간의 말투를 아이에게 그대로 사용할 수 있다는 것입니다.

이런 경우 아이의 자존감마저 해칠 수 있으므로 특히 주의해야 합니다. 아이가 고운 말을 쓰길 원한다면 부부의 말투부터 고치는 것이 최우선입니다.

1. 어떤 친구를 사귀고 있는지 체크합니다. 욕을 하는 친구들과 지내는 시간이 많을수록 따라 할 수 있는 가능성이 커집니다. 아이가 새로운 언어와 행동을 배울 때마다 그 행동이 다른 형태로 돌출될 수 있음을 유념합니다.

2. 재미삼아 잠시 따라 하는 경우에는 무시합니다. 아이가 욕이나 거친 표현을 쓸 때는 "그건 너무 미운 말이야, 예쁘게 말할 수 있지?" 라고 다독이듯 말해주고, 그 다음부터는 같은 욕을 하더라도 적당히 무시하는 것이 좋습니다. 아이가 한 말이 진심인지 아닌지 생각해 볼 필요가 있습니다.

3. 고의적으로 마음을 상하게 한다면 '나-전달법'을 이용합니다. 아이가 처음 이런 행동을 보일 때는 '나-전달법'을 이용해 가르칩니다. '나-전달법'은 말하는 사람이 상대방의 행동을 비판하지 않고 자신의 느낌만을 객관적으로 상대방에게 전달하는 대화법입니다. 예를 들어 "네가 미운 말을 하니까 엄마가 속상하구나. 다른 사람들이 너를 나쁜 아이로 생각할까봐 걱정된단다. 이제는 예쁜 말로 이야기했으면 좋겠어"

라고 엄마의 느낌과 기대하는 것, 훈육할 내용을 말해주는 것입니다.

4. 욕을 할 때 민감하게 반응하지 않습니다. "어디서 그런 말을 배웠니?", "그런 말은 아주 나쁜 사람들이나 하는 거야!", "한번만 더 하면 혼날 줄 알아!"하는 식으로 욕하는 것에 민감하게 반응하면 역효과입니다. 욕에 대한 인상을 강렬하게 해줘 오히려 더 하게 만들 수 있습니다. 당황스런 모습을 보이는 것 역시 같은 결과를 가져옵니다. 어른들이 크게 반응하는 것이 재미있어, 욕하는 것을 흥미롭게 생각할 수 있기 때문입니다. 너무 감정적으로 받아들이지 마세요. 얼굴을 붉히며 흥분하지 않아도 됩니다.

5. 아이가 욕을 하든 나쁜 표현을 쓰든 일절 무시합니다. 처음에는 부모나 주변사람이 아이에게 기대하는 것이 무엇인지 분명히 말해주

고 이후부터는 무시하세요. 그래도 안정되지 않는다면 마음을 다스릴 수 있을 때까지 더 기다려야 합니다.

6. 경청합니다. 우선 욕을 하게 된 상황을 설명하게 하면서 왜 욕을 하고 싶어졌는지 아이의 이야기를 차분히 들어줍니다. 듣는 중간중간 타이밍을 맞춰 "화가 나서 그랬니? 아니면 억울해서 그랬니?"라고 말해준 후 만일 화가 나서 그랬다고 하면 "그럼 왜 화가 났을까?"라고 화난 이유를 말하게 유도합니다. 화난 이유를 말할 때는 잘잘못을 따지지 말고 아이의 상황에 최대한 공감합니다.

7. 상대방 입장이 되어보게 합니다. "친구가 너한테 욕을 했다면 기분이 어떨까?"하고 상대방이 되어 느끼게 해봅니다. 이때 "친구가 욕을 하면 너도 기분이 나쁘겠지?"라고 확인하는 표현보다 "너는 기분이 어떻겠니?"가 바른 질문법입니다. 아이 스스로 느낀 것을 말하게 하는 것이 중요합니다. 기분을 이야기하게 한 후에는 욕을 한 사람에 대한 이미지도 이야기하게 해봅니다.

8. 욕 대신 할 수 있는 대안 행동을 찾아봅니다. "그래 그런 상황이라면 화가 많이 났겠구나"라고 공감하고 "그럴 때 욕하지 않고 다르게 표현하는 방법은 없었을까?"라고 물으면서 욕 대신 다른 방법을 생각할 수 있도록 도와줍니다. 단, 그 방법에 대해서는 부모가 미리 얘기해

주기보다는 아이 스스로 찾아내게 합니다. 방법을 찾지 못한다면 "욕을 하지 않고 편지나 문자 같은 것으로 너의 감정을 전할 수도 있단다"하고 조언해줍니다. 이런 식으로 반복하다보면 쉽게 욕이 튀어나오는 상황에서도 긍정적으로 대처할 수 있는 능력이 자라납니다.

9. 습관에 대한 그림책을 이용합니다. 그림책을 이용하면 아이가 말대꾸나 욕설을 하면 안 된다는 것을 스스로 알도록 해줄 수 있습니다. 그림책은 이러한 방법에 매개체로 사용되기에 딱 좋습니다. 주인공의 잘못된 습관 혹은 모습들을 함께 보고 이야기를 하면서, 친구들이 싫어하는 모습도 알게 되고, 이러면 안되는 것이라고 자연스럽게 말해줄 수 있게 됩니다.

37

집중을 잘 하지 못한다면

QUESTION ?

7세 남자아이를 키우는데 질문을 끝내기도 전에 대답이 불쑥 튀어나옵니다. 어느 때는 말을 마치기도 전에 행동으로 옮기기도 합니다. 예를 들어 슈퍼에 가서 우유랑 라면이랑 빵을 사오라고 심부름을 시키면 말을 끝까지 듣지 않고 금세 밖으로 뛰어나갑니다. "슈퍼에서 우유…"라는 말까지만 듣고는 "네!" 하고 달려 나가는 식입니다. 충동적인 아이의 집중력을 높여주고 싶은데, 어떻게 해야 할까요?

ANSWER

아이가 나이에 맞지 않게 일상생활에서 주의를 집중하지 못하고 행동이 충동적인 경우가 있습니다. 특히 7세 아이는 전두엽이 발달하는 시기이기 때문에 집중력도 늘어나고 충동성도 줄어들기 시작하는 것이 일반적인데 아직 전두엽 성숙이 안 된 경우라고 할 수 있습니다. 전두엽의 실행기능의 발달이 지연되면 아이는 행동하기 전에 생각해야 된다는 것을 잊고 생각이 떠오르는 순간 즉시 행동으로 옮기고, 질문이 끝나기도 전에 성급하게 대답합니다. 특히 차례를 기다리지 못하는데, 급식을 할 때나 물건을 사려고 줄을 서야 한다면 이를 참지 못하고 짜증을 내거나 끼어들기를 합니다. 다른 사람이 놀고 있을 때 무작정 끼어들어 놀이를 방해한다거나 어른들이 대화하는 데 끼어들어 질문을 하거나 자신의 경험담 등을 늘어놓기도 합니다.

충동성이 많은 아이들은 높은 곳에서 떨어지면 크게 다칠 수 있다는 것을 알면서도 뛰어내리거나, 피가 나거나 아플 거라고 예상하면서도 일부러 몸을 부딪쳐서 다쳐서 오는 일이 흔합니다. 이렇게 충동적인 아이들은 집중력도 떨어지는 경우가 많습니다. 공부를 하다가도 엄마 아빠의 대화에 불쑥 끼어들거나 텔레비전 내용에 곧잘 빠져듭니다. 숙제를 하는 중에 초인종이 울리면 누구보다도 먼저 달려 나갑니다. 숙제나 놀이를 할 때, 한 가지씩 마무리 짓지 못하고 이것저것 손을 댑니다. 수학숙제를 하다가 '아차! 선생님이 달을 관찰해보라고 하셨지' 하면서 옥상으로 달려 올라갑니다. 또 블록놀이를 하다가 완성품이 만들어지기도 전에 컴퓨터 게임을 하는 식입니다.

발달적 의미

집중을 잘 하지 못하고 충동적인 원인은 기질적인 것과 환경적인 것으로 나눠볼 수 있습니다. 기질적인 것은 갖고 태어나는 문제로 이는 생물학적이고 신경화학적인 요인으로 충동 조절 체계에 이상이 생겨 주의집중장애가 나타나는 것입니다. 주의력결핍 과잉행동장애(ADHD) 아이처럼 전두엽의 성숙이 늦어지는 경우, 집중을 잘하지 못할 뿐 아니라 충동적이 되고 과잉행동을 하게 됩니다.

환경적인 요인이나 심리적인 문제가 있을 경우에도 주의집중에 어려움을 보이고 충동적이 될 수 있습니다. 예를 들어 부모 자녀 관계나 또래 관계에서 낮은 자존감, 왜곡된 사고 등으로 심리적인 어려움이 있을 경우 아이들은 주의집중을 하지 못합니다. 집중력에는 수동적 집중력과 능동적 집중력이 있습니다. 텔레비전이나 게임, 디지털미디어 등에 몰입하고 있는 것은 '수동적 집중력'입니다. 수동적 집중력은 자극이 주어지는 대로 끌려 다니는 집중력이고, 능동적 집중력은 내가 주체가 되어서 나에게 필요한 주의를 유지하는 집중력입니다.

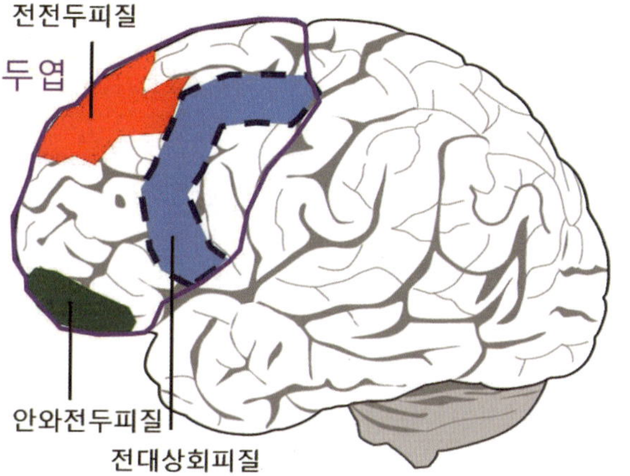

능동적 집중력의 뇌

수동적 집중력은 인간의 본능에 해당하는 호기심을 충족시킬 때 자연스럽게 나타나는 집중력입니다. 새롭고 신기한 자극이나 강한 자극을 접할 때면 누구나 집중을 합니다. 반면 능동적 집중력은 다소 지루하고 반복적이거나 어려운 과제를 할 때 발휘되는 집중력입니다. 능동적 집중력이 높은 아이는 익숙하고 평범한 것에서도 세세한 부분에 관심을 기울여 새롭고 신기한 것을 찾아냅니다. 공부가 다소 재미없고 지루해도 인내심과 끈기를 가지고 집중하게 해줍니다. 수동적 집중력은 두정엽과 측두엽에서 담당하지만, 능동적 집중력은 기억, 판단, 의사결정과 같은 사고능력을 담당하는 전두엽 특히 전전두엽에서 담당합니다. 몇 시간씩 컴퓨터 게임이나 스마트폰에 몰두할 때 보이는 집중력과 수업시간에 필요한 집중력은 다른 것입니다.

양육지침

집중력이 떨어지는 아이를 다루는 것이 어렵다보니 아이와 서로 감정이 상하기 쉽고 아이에 대해 미운 감정을 많이 느끼기 십상이지만, 아이의 행동을 나무라거나 미워할 게 아니라 이해하는 것이 먼저입니다. 충동성은 충동 조절 체계의 미성숙으로 인해 나타나는 것으로 아이 스스로 쉽게 조절할 수 있는 문제가 아닙니다. 아이는 의지에 상관없이 충동적으로 행동하거나 주의를 집중하지 못하고 지시에 따르기 어려울 수 있습니다. 아이의 증상을 이해하고 잔소리는 삼가는 것이 바람직합니다.

1. 아이에게 긍정적으로 관심을 기울입니다. 긍정적인 관심은 사람

을 변화시키는 최고의 비결입니다. 아이를 꼭 껴안아준다거나 머리를 사랑스럽게 쓰다듬는다거나, 뽀뽀해 준다거나, 윙크를 한다거나, 엄지 손가락을 치켜세워 최고라고 표시하는 것 등은 모두 아이에 대한 관심을 표현하는 방법입니다. 행동뿐만 아니라 말로도 관심을 표현할 수 있습니다. 예를 들면 "네가 심부름을 하니까 엄마가 편하구나", "네가 이렇게 할 때면 엄마는 너무 기쁘단다" 등 아이를 인정해주는 말을 해 주면 아이는 부모가 자신에게 관심을 두고 있음을 느끼게 됩니다.

2. 자존감을 높여줍니다. 집중을 잘하지 못하는 아이들은 부모에게 야단을 많이 맞고 실수를 많이 하기 때문에 자존감이 낮아지기 쉽습니다. 자존감이 낮으면 자신감이 떨어져서 능력을 제대로 발휘하지 못하게 되므로 자존감을 높여주는 데 신경 써야 합니다. 자존감을 높여주기 위해선 부모의 기준으로 아이에게 완벽을 요구하기보다 아이의 수준에 맞는 목표를 세우고 그것을 이뤄내면 충분히 칭찬해주고 인정해주는 것이 필요합니다.

3. 행동을 구체적으로 지속적으로 격려해줍니다. "엄마가 전화할 동안 잘 기다려줘서 기특해!"라고 아이의 행동을 구체적으로 격려합니다. "난 할 수 있어"라든가 "내가 해냈어" 등으로 스스로에게 격려할 수 있도록 도와주면 스스로를 인정하게 되면서 집중도 잘하게 됩니다.

4. 부모가 먼저 차분한 모습의 본보기를 보입니다. 아이들은 부모의 행동이나 생활방식을 그대로 따라 하기 쉽습니다. 아이를 차분하게 만들려면 부모의 산만하고 충동적인 성향부터 개선할 필요가 있습니다. 버럭 화를 내는 습관을 없애고 말이나 행동을 할 때 차분하게 하는 모습을 보여주며, 집안 정리정돈에 신경을 써서 차분한 환경을 만들어 줍니다.

5. 아이와의 대화방법을 점검해봅니다. 집중을 잘 하지 못하는 아이와 대화를 나누려면 우선적으로 아이가 말하는 것을 인내심을 갖고 끝까지 들어주고 아이의 감정에 공감을 해주는 노력이 필요합니다. 또한 아이의 행동을 제한할 필요가 있을 때는 명령이나 꾸중을 하는 대신 '나-전달법'의 대화를 해야 합니다. "네가 그런 행동을 해서 엄마가 화가 났어, 다음에는 이러이러하게 해줬으면 좋겠어"라고 말해주는 것이 효과적입니다.

6. 아이 스스로 대안을 찾게 합니다. 아이가 행동 문제를 일으켰을 때에는 꾸중을 하기 보다는 아이 스스로 생각하고 결과를 추측해보도록 유도하여 스스로 옳은 결정을 하도록 도와주는 것이 도움이 됩니다. 예를 들어 장난감이나 연필, 책, 준비물 등 늘 사용하는 물건이나 꼭 챙겨야 할 물건들을 자주 잃어버리면 유치원에 등원하기 전에 준비물을 점검하는 시간을 가지게 합니다.

7. 아이가 만족할만한 일을 합니다. 아이는 자기가 만족할만한 것이 무엇이고 무엇을 받아들이고 사용하는 것이 필요한지 빠르게 판단한 다음 생각할 것을 정합니다. 즐거운 일, 유용한 일, 앞으로 이익이 되는 일에는 집중을 잘합니다. 과제를 할 때도 자기가 좋아하는 과제부터 시작하면 기분이 좋아져 다른 과제도 열심히 하는 경우가 많습니다.

8. ADHD를 조기 발견합니다. 7세 아이는 제법 한참동안 앉아 한 가지 일에 몰두하게 되는데, 이 때 웬만한 일이 주위에서 발생해도 금방 자리에서 일어나지 않습니다. 그런데 아이들 중에는 한 가지 일에 몰두하지 못하고 돌아다니는 아이가 있습니다. 최근에 집중력이 부족하고 산만한 모습을 보이는 ADHD 아이들이 많아졌습니다. 이것은 분명 시각적 자극에 지나치게 노출되고 있는 환경과 관련이 있습니다. 따라서 ADHD가 의심되는 아이를 조기에 발견하여 시각적 자극에 너무 노출되지 않도록 관리할 필요가 있습니다.

9. 아이 때문에 겪는 스트레스에 잘 대처합니다. 집중을 잘하지 못하는 아이를 둔 부모들은 아이 때문에 겪는 스트레스 때문에 우울증이나 불안 등 심리적인 문제를 갖기 쉽습니다. 그러나 부모가 스트레스를 받을수록 아이에게는 심리적인 부담으로 작용한다는 것을 염두에 둬야 합니다. 매사 아이 문제에만 집착하지 말고 부모 자신의 생활을

갖도록 노력하세요. 부모의 생활이 즐거워야 아이에게도 긍정적인 태도를 취하게 되고 이것이 아이의 문제를 해결하는 데 도움이 됩니다.

38

형제끼리 자주 싸운다면

QUESTION ?

잠깐 자리를 비우면 동생을 꼬집는 등 못살게 굴어요. 가족들이 보는 앞에서도 이불 속에 몰래 손을 넣어 꼬집기도 합니다. 어느 때인가는 자고 있는 동생을 베란다에 끌어다놓은 적도 있습니다. 그때마다 벌을 세우긴 하는데, 두 손 들고 힘들어하는 모습을 보면 안쓰러워요. 언제쯤 철이 들지 걱정입니다.

ANSWER

형과 아우간의 싸움은 부모에게 인정받고 싶거나, 스스로 자신의 정체성을 찾아가려는 발달과정에서 자연스레 일어나는 하나의 모습입니다. 따라서 이때 부모의 태도와 역할은 아주 중요합니다. 부모가 하기에 따라 형제관계, 더 나아가서는 아이의 사회성 발달이 긍정적으로 또는 부정적으로 되기 때문입니다. 형과 아우간의 싸움에 대처하는 부모들이 가장 흔히 저지르는 실수가 있습니다. 형과 아우에게 똑같은 대우를 해줘야 한다고 생각하고 행동한다는 점입니다. 이런 경우 잘못된 경쟁심을 부추길 수 있고, 형제간의 싸움이 영원히 끝나지 않을 수도 있습니다.

공평하게 대하는 것과 똑같이 대하는 것은 다릅니다. 아이마다 성별, 발달 연령, 기질 등이 제각각이라는 사실을 감안해야 합니다. 이것을 무시한 채 모든 기회나 방법을 똑같이 적용하는 것은 공평한 것이 아닙니다. 힘센 사내아이와 연약한 여자아이, 뛸 수 있는 아이와 이제 겨우 걸음마를 배우는 아이, 기질이 까다로운 아이와 순한 아이 등 저마다의 특성에 따라 대우는 달라져야 합니다. 다섯 살 아이에게는 여덟 살 아이보다 스스로 선택하는 범위는 더 좁게, 지켜야하는 기준은 더 낮게 잡아주어야 합니다. 이것이 공평한 것입니다.

발달적 의미

형제들은 부모로부터 물질적, 정서적, 지적 자원을 확보하기 위해 노력하는 과정에서 서로 경쟁합니다. 출생순위, 성별, 육체적 특징, 기질적 특성의 차이를 바탕으로 가족 구조 안에서 상이한 역할을 만들어내지요. 이 상이한 역할은 부모의 비위를 맞추는 다른 방식이기도 합니다. 예를 들어, 형은 아우 앞에서 대리 부모 행세를 함으로써 부모의 총애를 추구할 가능성이 많습니다. 아우는 동일한 방법으로 부모의 환심을 살 수가 없습니다. 일반적으로 둘째의 지위는 부모와의 동일시가 약하고, 성실한 행동과는 거리가 멀며, 사교적인 쪽에 기울어집니다.

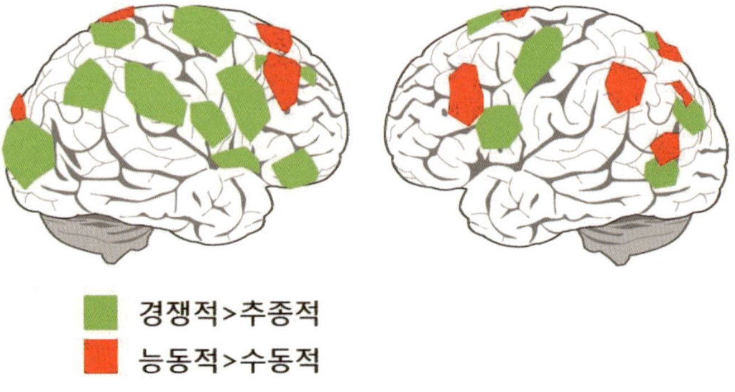

경쟁의 뇌

나이를 더 먹고, 독특한 관심사와 재능이 부상하기 시작하면서 형제들은 각자의 지위를 더욱 더 다각화합니다. 아이들은 누구나 부모의 사랑을 독점하고 싶어 합니다. 형제나 자매가 있다는 것은 자신을 향한 부모의 시간과 사랑, 관심이 줄어든다는 것을 뜻합니다. 따라서 최소한 다른 형제자매보다는 사랑을 많이 받고 싶어 하는 것입니다.

형제간에는 권력이나 소유에 대한 경쟁심 또한 강합니다. 형은 자기가 나이가 많고 키고 크고 형이라는 이유로 특권을 누리고 싶어 하고, 또 가끔은 이를 남용하고 싶어 합니다. 반면 아우는 이런 상황이 공평치 않다고 생각해서 자기도 형만큼 강하고 영리하다는 것을 계속 보여 주려고 합니다. 이들은 각자 나름대로 비장의 무기도 있습니다. 주로 아우는 성가시게 구는 것이고 형은 때리는 것인데, 이렇게 주고받다보면 결국 싸움으로 번집니다.

양육지침

우선 서로의 분노를 다스리도록 돕는 것이 필요합니다. 형제들끼리의 갈등은 스스로 해결하게 하는 것이 가장 좋습니다. 일단 아이들이 싸울 때 별 관심을 보이지 말아야 합니다. 싸움은 아이들 스스로 억울하다고 생각할 때 일어납니다. 상대의 잘못을 부모에게 고자질하게 되고 그러다보면 자신의 잘못을 합리화하게 됩니다. 이럴 때 부모는 아이들 나름대로의 억울함을 똑같이 들어주고 똑같이 공감해주되, 누구의 편도 들어주지 않아야 합니다.

1. 아이들을 떼어 놓습니다. 심한 욕을 퍼붓는다거나 폭력을 휘두르는 싸움은 막아야 합니다. 이때도 잘잘못을 가리지 말고 아이들을 '타임아웃(time-out)'시키는 것으로 그쳐야 합니다. 여기서 타임아웃이란 아이를 잠시 동안 현장에서 떨어뜨려놓음으로써 진정시킨 후 자신의 행동을 되돌아보게 하는 것입니다. "이제 그만해. 각자 자기 방으로 들어가"라고 말합니다.

2. 공격한 쪽이 아니라 당한 쪽에 관심을 줍니다. 형제가 싸우는 상황에서 아이를 혼낼 때 주의할 점이 있습니다. 잘못된 행동을 한 아이에게 주의를 기울여서는 안 된다는 것입니다. 다른 아이의 행동으로 인해 피해를 입은 아이에게 집중하고 아이의 상처를 어루만져주는 데 신경을 써야 합니다. 잘못된 행동을 한 아이를 혼내는 데 집중하게 되면 그 아이는 잘못된 행동을 계속 반복할 수 있습니다.

3. 재판관이 되지 않습니다. 엄마나 아빠가 형제간 싸움에 대하여 원인과 잘잘못을 따지는 재판관이 되어서는 안 됩니다. "누가 먼저 그

랬어!"라고 잘잘못을 따지다보면 형제끼리 서로 책임을 미루는 결과만 낳습니다.

4. 다그치지 말고 기다립니다. 아이들 스스로 잘못을 인정하고 화해 분위기가 만들어질 때까지 기다리세요. 부모의 강요에 의한 화해는 또 다른 싸움의 불씨가 될 뿐입니다.

5. 해결 방법을 아이들 스스로 내놓게 합니다. 우선 두 아이의 감정을 읽어주고, "너희들 모두 화가 났구나. 싸우지 않으려면 어떻게 하면 좋을까? 의견을 2가지씩 내놓으렴"하고 대안을 찾도록 유도합니다. 그중에서 한 가지를 선택했을 때 어떤 결과가 생길지 생각해보게 합니다. 예를 들어 "내 방에 동생이 못 들어오게 해야 해요!" 또는 "형이 내 것을 만지지 못하게 해야 해요!"라고 제안한다면 아우를 방으로 못 들어오게 했을 경우 어떤 일이 생길지를 미리 생각하게 합니다.

6. 형, 아우로서의 역할을 강요하지 않습니다. 형제간의 싸움은 부모의 평소 행동이 상당히 영향을 끼칩니다. "형 좀 닮아라, 얼마나 의젓하니!"하고 형제들을 비교한다거나 "형이라서 동생을 얼마나 예뻐하는지 몰라!", "형 말을 참 잘 듣는단 말이야"라는 식으로 칭찬을 가장해 좋은 행동을 강요하지 않습니다.

7. 위험관리에 대한 규칙이나 규범을 세웁니다. 물거나 때리는 등 폭력적인 상황에 대해서는 단호한 태도가 중요합니다. 아이들이 지금 어떤 행동을 하고 있는지 부모가 단호하게 말하면 아이들은 곧 잘못된 행동을 멈출 것입니다. 아이들을 다치게 하지 않겠다는 부모의 확고한 의지가 아이들의 분노를 사그라뜨리기 때문입니다.

8. 우애로운 행동을 하면 놓치지 않고 칭찬해줍니다. 함께 싸웠으나 서로 화해하는 모습, 나누어 갖는 모습, 협동하는 모습 등 바람직한 형제간의 태도와 행동을 하였을 때 부모는 즉각적인 반응을 해줄 필요가 있습니다. 이런 긍정적인 피드백은 아이들의 긍정적 행동의 양을 늘려줄 것입니다.

9. 비교하지 않습니다. 직접 비교하는 말을 하는 것은 아이들의 자존감을 낮추고 서로를 경쟁상대로 만들어 우애관계를 망칩니다. 형제를 앞에 두고 동생을 칭찬하거나 인정하는 듯한 태도를 보이면 형제 사이에 경쟁심이 생겨 사이가 나빠질 수 있으므로 주의하여야 합니다.

39

툭하면 친구와 싸운다면

QUESTION ?

아이가 친구들과 잘 어울리다가도 자신이 마음에 들지 않거나 장난을 치고 싶을 때 친구를 때리거나 괴롭힙니다. 충동을 잘 억제하지 못하며 공격 성향을 보이기도 하는데 어떻게 하면 될까요?

ANSWER

'아이는 싸우면서 큰다'는 말이 있습니다. 그만큼 친구와의 다툼은 빼놓을 수 없는 과정이지요. 동시에 사회생활을 배우는 중요한 계기가 되기도 합니다. 장난감을 나누고, 빌리고 빌려주는 일, 순서를 기다리는 일 등은 모두 사회생활의 일부입니다. 이 과정에서 싸움이 일어나고 이 싸움을 통해 아이들은 협상하기, 거절하기, 받아들이기, 용납하기, 배려하기, 양보하기 등 다양한 사회적 기술을 배워나갑니다.

그러나 싸움이 잦고 그 정도가 심하다면 성장과정 중의 통과의례쯤으로 여기며 무심히 넘길 수만은 없습니다. 조그마한 일에도 참지 못하고 불끈 화를 내거나, 울거나, 친구에게 폭력을 쓰는 것 등입니다. 이럴 때는 우선 아이를 둘러싸고 있는 환경부터 점검해봐야 합니다. 가족 등 집안에 급격한 변화가 있거나 유치원의 환경이 달라지면 대부분의 아이들은 정서적으로 불안감을 느껴 평소와 다른 행동을 하기도 합니다. 친한 친구가 멀리 이사를 갔을 때도 마찬가지입니다.

발달적 의미

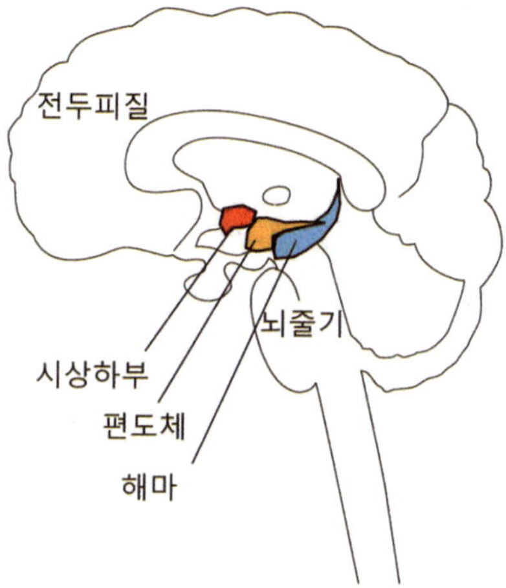

편도체 시스템

편도체는 출력할 때 다른 뇌 영역으로 가서 2개의 주요 시스템을 구성합니다. 첫 번째 시스템은 시상하부와 뇌줄기를 경유해 활동하면서 심장 박동, 혈압, 호흡의 변화를 만들어내는 자율신경계를 활성화시킵니다. 이 변화는 싸움이나 경쟁을 위한 신체 준비의 일환입니다. 두 번째 시스템은 피질의 다양한 영역을 경유하면서 해석, 규제, 의식적 지각, 기억과 상상에 대한 감정적 반응과 같은 감정의 인지적 측면을 통제합니다. 이 두 시스템은 상호적이어서 번갈아가며 편도체에 영향을 미칩니다. 편도체는 정확도보다는 속도를 우선으로 여깁니다. 그래서 수많은 거짓 정보를 보냅니다. 예를 들어 숲 속으로 걷고 있는데 땅바닥에 휜 나뭇가지가 보이면, 착각임을 깨닫기도 전에 뱀인 줄 알고 무서워서 재빨리 뒤로 펄쩍 뛰어 물러날 수도 있습니다. 이러한 반응은 진화적 산물입니다.

편도체는 실제로 광범위한 권한이 있습니다. 자극에 중요성을 부여해 뇌가 그 같은 상황, 사람 또는 사물에 대한 예전의 경험을 바탕으로 적절하게 반응하도록 준비시킵니다. 이러한 판단들은 부정적일 수도 있지만 긍정적일 수도 있습니다. 시각시스템이 어두운 반점을 거미인지 아니면 먼지 조각인지 확신하지 못한다면, 편도체는 피질이 그러한 느낌을 바로잡을 때까지 그것을 거미라고 가정합니다. 또한 시상에서 들어오는 자극을 시상하부와 뇌줄기를 경유해 활동하면서 싸움이나 경쟁을 위한 신체 준비를 하고, 전두엽을 경유하면서 감정의 인지적 측면을 통제합니다. 편도체는 부정적 기억을 담당하는 반면 해마는 긍정적 기억을 담당합니다.

양육지침

아이들은 스트레스를 받으면 행동 문제를 일으킬 수 있습니다. 가족 간의 불화나 무관심, 새로운 학기는 아이들에게 중압감으로 다가옵니다. 유치원 입학이나 졸업, 이사, 부모의 별거와 이혼, 가족의 질병도 마찬가지입니다. 이런 급격한 환경 변화는 행동 문제를 부르는 원인이 됩니다. 만일 어떤 상황에서 친구를 괴롭히는지 발견해낸다면 보다 효과적으로 행동 문제를 방지하거나 줄여나갈 수 있습니다. 환경 스트레스가 과도한 경우에는 심리 치료를 일정 기간 받는 것도 적절한 접근법입니다.

1. 난폭해질 때는 단호하게 지적합니다. 친구에게 욕하거나, 때리거나 또는 무언가를 집어던질 때는 반드시 사과하게 하고 물건을 손상시켰다면 변상도 시켜야 합니다. 변상할 경우에는 아이 스스로 노력해 얻은 것으로 하게 합니다. 부모가 대신해주어서는 절대 안 됩니다.

2. 아이의 말을 경청합니다. 아이가 싸우게 되는 가장 큰 이유는 자신의 이야기를 들어주길 바라지만 아무도 그렇게 해주지 않기 때문입니다. 이런 경우든 아니든, 아이가 차분한 태도로 다른 가족들이 이야기하는 것을 듣고 나서 자신의 의견을 표현하고 또한 그 의견에 대해

싸움을 걸지 않고도 반대할 수 있는 방법을 찾아봅니다. 아이와 오늘 한 일을 이야기하는 시간을 갖는 것도 좋습니다.

3. 기다리는 훈련을 합니다. 기다리는 훈련은, 감정 표현을 할 때 꼭 필요한 자제력을 길러줍니다. 기분을 거슬리게 했다고 바로 반응하는 것은 싸움의 불씨를 지피는 태도입니다. 반면, 한 템포 느리게 반응하면 그만큼 싸움의 소지를 줄여나갈 수 있습니다. 이런 훈련은 보드게임 같은 다양한 게임을 통해 할 수 있습니다. 게임의 규칙이나 순서를 지키다보면 자연스럽게 인내심이 생기고 문제에 차분하게 대처하는 방법을 배울 수 있습니다.

4. 잘한 행동을 충분히 칭찬합니다. 엄마 아빠나 다른 사람의 관심을 끌려고 친구를 괴롭히는 아이도 있을 수 있습니다. 친구들과 사이좋게 지내고, 협동적인 태도를 보이면 아낌없이 칭찬해줍니다. 칭찬으로 주의를 끌기 시작하면 누군가를 괴롭혀 주의를 끌 필요가 자연스레 사라집니다.

5. 에너지를 쏟게 합니다. 잠시도 가만히 있질 못하고 다른 아이들을 괴롭히는 것을 즐기는 아이라면, 되도록 몸을 많이 움직이게 합니다. 축구, 수영, 자전거 타기, 달리기처럼 힘을 쏟으면서 인내심을 기를 수 있는 운동이 효과적입니다.

6. 싸움을 부추기지 않습니다. 아이의 공격적인 행동을 부추기는 부모가 있습니다. 친구와 싸우고 왔을 때 “그래 잘 했어. 사나이라면 그래야지!”, “맞는 것보다 백 번 낫다!”라고 확신에 찬 어조로 말한다면 아이의 싸우는 행동은 쉽게 고칠 수 없습니다.

7. 내 아이가 피해자라고 생각하지 않습니다. 친구가 자신을 먼저 건드린다고 믿는 아이들이 있습니다. 그래서 싸움의 원인을 늘 상대방에게 돌립니다. 이런 아이들은 대체로 자존감이 낮아 왜곡된 생각을 가지고 있는 경우가 많습니다. 다시 말해 친구가 그냥 자신을 쳐다보아도 놀린다고 생각하거나 미워한다고 생각합니다. 이럴 경우 전문가와의 상담을 통해 아이에게 심리치료나 인지행동치료 등이 필요합니다.

8. 독재형 부모가 아닌지 되돌아봅니다. 툭하면 친구를 괴롭히는 아이를 둔 부모라면 반드시 자신의 양육법을 점검해야 할 것이 있습니다. 옳고 그른 판단 기준이 늘 부모에게 있는 것은 아닌지 살펴보세요. 부모가 옳다고 하는 것은 무조건 따라야 하는 분위기라면 가족 사이에 흐르는 애정과 자유가 결핍되기 쉽습니다. 친구를 괴롭히는 아이의 행동을 나무라기 전에 부모의 양육 방법을 먼저 되짚어봐야 합니다. ‘독재형’이나 ‘관리감독형’이 아닌지 스스로 점검해보는 것이 필요합니다.

9. 부모 자신과, 친구의 행동을 체크합니다. 싸움은 상대를 존중하지 않는 마음에서 비롯됩니다. 평소 아이에게 다른 사람을 배려하고 아끼는 마음을 가르쳐야 합니다. 부부간에 상대방을 무시하거나 경멸하는 행동이나 말투는 없었는지 점검해봅니다. 툭하면 때리거나 거친 말투를 쓰는 친구가 있는 경우, 친구 행동을 그대로 따라 할 수 있으므로 친구의 행동을 점검하는 것도 잊어서는 안 됩니다. 폭력적인 게임이나 동영상에 노출되어 있지 않은지도 점검합니다.

40

괴롭힘을 당한다면

QUESTION ?

아이가 친구에게서 벌을 받았다고 말을 해서 충격을 받았습니다. 태권도장에서 웃었다는 이유로 탈의실과 화장실에서 손을 들고 벌을 서라고 했다는 겁니다. 그것도 3번이나 벌을 섰다고 하니 기가 막혔습니다. 왜 그렇게 벌을 섰냐고 했더니 친구가 시켜서 어쩔 수 없었다고 하더군요. 그리고 더 놀라운 건 그 전에 대략 일주일 전쯤에도 벌을 세웠다는 겁니다. 이유는 "네 자신을 사랑하지 않기 때문에 벌을 서"라고 했다는군요. 아이를 어떻게 지도해야 이런 부당함에 맞설 수 있게 할까요?

ANSWER

7세 아이들은 짝을 지어 다니며 누군가를 제외시키기 시작합니다. 7세 아이들은 인기 있는 아이와 인기 없는 아이를 가려낼 수 있습니다. 소위 말하는 파벌행동이 이렇게 어린 시기에 형성됩니다. 문제는 아이가 이들 무리에 포함되고 싶지만 부당한 대우를 받고 여기에 맞서기도 만만치 않다는 데 있습니다. 또래 무리에서 소외되는 아이는 항상 변두리에 있거나, 무리 '안에' 있고 포함되는 일이 없거나, 소외되거나 제외되고 있다는 느낌을 가지는 등의 신호가 나타나므로 부모가 그 신호를 빠르게 잘 파악해야 합니다. 또 부모는 아이가 무리에서 거절당할 때 대처할 수 있는 방법들을 알게 해주어야 하며, 자기와 비슷한 가치관이나 흥미를 가진 아이들과 어울리고 사회라는 정글을 헤쳐 나갈 수 있는 방법들을 배우도록 해줘야 합니다.

아이가 올바르게 커가기를 바라는 마음에 보이는 대로 이것저것 지적을 하는 부모가 있습니다. 이런 부모 곁에서 자라는 자신감을 잃고 위축되기 십상이어서, 자기주장이나 방어를 제대로 못하는 아이로 성장할 수 있습니다. 괴롭힘을 당한 아이에게 "너도 똑같이 때려!", "그래, 맞고만 오니? 엄마가 속상해서 못 살겠다!" 등의 표현을 일삼으며 감정적으로 행동하는 부모도 있습니다. 이때 아이들은 심리적 지지를 받지 못하기 때문에 자신을 괴롭히는 친구에게 저항할 엄두도 내지 못하게 됩니다. "그 아이 집이 어디니? 내가 가서 따져야겠어!"라고 아이를 과잉보호하는 태도도 바람직하지 않습니다.

발달적 의미

아이가 소외당하거나 반복적으로 거부당하거나 자신에 대해 잔인한 요구를 강요하면 그로 인한 고통은 참을 수 없는 수준이 됩니다. 다행히도 학령전기의 아이들은 부모의 개입이 필요하고 도움을 줄 수도 있습니다. 아이가 무리에서 소외되거나 배척당면 아이의 생활하는 태도나 행동에 변화가 옵니다. 특정한 친구들의 이름을 꺼낼 때 화를 내거나 방어적인 태도를 취하고, 친구들과 자주 들르던 장소들을 피하고 싶어 하며 어린이집에 가기를 거부하기도 합니다. 활발하던 아이가 갑자기 소심해지거나 반항적이거나 우울해집니다. 아이가 이런 태도나 행동을 보이면 부모의 개입이 필요한 것입니다.

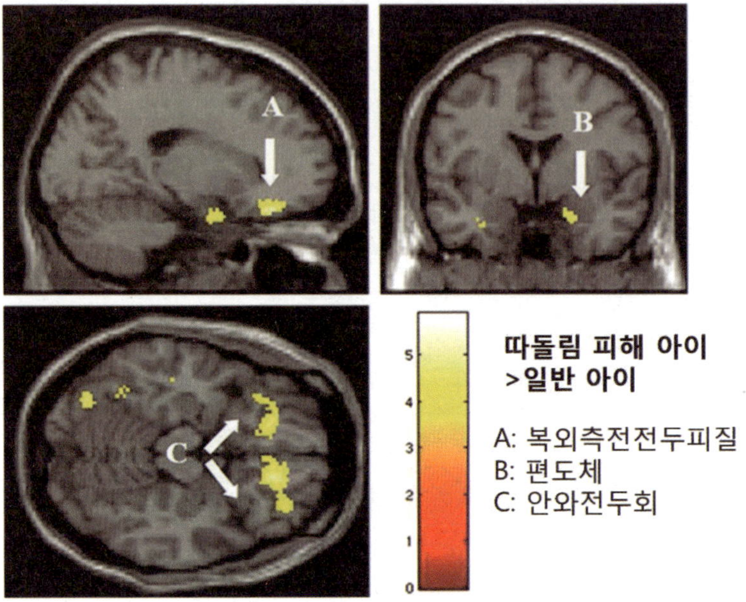

따돌림 피해 아이의 뇌

남을 괴롭히는 기질의 아이는 자신의 무의식적인 공격성이나 분노, 좌절, 공포 등을 배출할 누군가를 찾습니다. 이에 비해 괴롭힘을 당하는 아이는 낮은 자존감으로 인해 상대방에게 저항하거나 자기 권리를 주장할 만큼의 에너지가 없습니다. 언뜻 보면 괴롭히는 아이와 괴롭힘을 당하는 아이의 관계가 괴롭히는 아이의 일방적인 문제 같아 보이지만, 사실 이런 경우에는 두 아이 모두에게 문제가 있습니다.

두 아이에게 가장 필요한 것은 자기 스스로를 귀하게 여기는 자존감입니다. 자존감을 갖도록 도와주는 것이 상책입니다. 스스로에 대한 가치를 높이 평가하면 자신감과 자긍심이 생깁니다. 이렇게 되면 자신을 괴롭히는 아이에게 쉽게 대처할 수 있습니다. 뿐만 아니라 친구를 괴롭히는 아이 역시 자긍심이 생기면 자신의 행동을 부끄럽게 여기게 됩니다. 평소에 자존감을 느낄 수 있게 진심으로 아이를 인정해주는 태도가 근본적으로 문제를 해결할 수 있는 방법입니다.

양육지침

되도록 신속하게 대처합니다. 만약 아이가 끊임없이 혹은 일시적으로 자신이 정말로 속하고 싶은 무리에서 소외되고 있다면 왜 그런 일이 일어나는지 파악해야 합니다. 아이들은 왜 자신이 거부당하고 있는지 말하려 하지 않으며 자기 스스로도 답을 찾지 못했을 것입니다. 일단 그런 조짐이 발견되면 아이에게 새로운 친구를 찾도록 하고 다른 아이들과 지낼 수 있는 기회를 만들어줍니다.

1. 아이의 감정을 인정합니다. 소외당하는 것은 끔찍한 일입니다. 아이의 걱정을 줄이려 하지 마세요. 아이가 싫으면서도 존댓말을 하는 것은 무리에 속하고 싶은 감정이 있는 것입니다. 그 감정을 무시하고

"왜 그런 아이와 같이 지내니?"라고 말하면 아이의 자부심에 상처를 남길 뿐입니다. 부모에게 모든 세부사항을 알리도록 너무 강요하지도 않습니다. 아이 수준에서 타협할 수 있는 것이라면 굳이 거기에까지 관여할 필요는 없습니다.

2. 자존감을 회복시켜줍니다. 무엇보다 아이가 자존감과 자신감을 회복해 스스로의 힘으로 친구들의 부당한 행동에 대항할 수 있게 되어야 합니다. 자신이 중요한 존재라는 것을 느끼게 해주려면 우선 아이의 이야기에 귀기울여주고 그 감정을 존중해줍니다. 열심히 듣고 공감해주는 부모를 보며 아이는 자신의 생각이나 의견에 확신을 갖게 됩니다. 더 나아가 이해 받고 있다고 느끼고 든든한 지지자를 갖게 되었다는 생각으로 부쩍 자신감이 붙습니다. 내 아이만 갖고 있는 장점이나 특징을 찾아 이를 적극적으로 격려해주고 인정해주는 것도 자존감을 키워주는 좋은 방법입니다.

3. 다른 아이들을 무시하지 않습니다. 다른 아이를 비난하고 무시하고 나쁜 아이로 몰아가는 것이 꼭 아이에게 도움이 되는 것은 아닙니다. 그 아이가 나쁜 행동을 하더라도 아이의 입장에서는 같이 지내고 싶은 친구입니다. 행동을 비난할 필요는 있지만 나쁜 아이로 낙인을 찍으면 아이는 그 아이와 같이 지내지 못하고, 같이 지내고 싶으면 그 사실을 부모에게는 숨길 것이기 때문입니다. "왜 그런 아이들과 친구

가 되고 싶은 거니?"라고 묻지 말고, "그 아이들에게는 그들만의 행동 방식이 있단다. 우리는 네가 들어갈 수 있는 방법을 찾아야겠구나"라고 말해줍니다.

4. 잔인한 행동을 용납하지 않습니다. 만약 아이가 선배라고 말하도록 강요하고 벌을 세우는 등 본격적인 따돌림 행동에 대해서는 개입해야 합니다. 다른 부모에게 전화만 하지 말고 직접 만나 상의를 하도록 하세요. 무조건 비난하는 입장이 아니라 이 문제를 어떻게 해결해야 할지 상의하는 입장을 보여야 합니다. 아이가 못된 행동을 하니 부모의 책임이고 부모도 나쁜 것이라고 비난을 하면 상황은 더욱 악화될 뿐입니다. 가해자의 부모도 자신의 아이를 걱정할 것이므로 서로 그 문제를 걱정하고 해결방안을 찾아가는 대화가 되어야 합니다.

5. 구체적인 행동방식을 가르쳐줍니다. 무리 안에서 하고 싶지 않은 일을 어떻게 시키고 있는지 알아야 합니다. 또래에게서, 특히 무리의 리더에게서 자신을 옹호하는 방법을 배워야 합니다. "만약 아이가 **을 시키면 ***하는 게 좋아"라는 시나리오를 주며 효과적인 대안을 찾도록 도와주세요. 그리고 무리의 아이들과 맞서기 위한 대응책을 생각해 보도록 도와줍니다. "난 하기 싫어", "그건 내가 좋아하는 것이 아니야"라고 말하도록 가르쳐주고 역할놀이를 통해서 연습하고 익히도록 합니다. 자신을 괴롭히는 친구의 눈을 똑바로 쳐다보면서 단호

하게 그만두라고 말한 다음 그 자리를 피하라고 가르칩니다.

6. '나-전달법'을 사용하게 가르쳐줍니다. '나-전달법'은 싸우지 않고 나의 주장을 표현하는 방법입니다. 예를 들어 친구가 허락도 없이 게임기를 가져갔다고 가정해봅니다. 이때 감정적으로 반응하지 않고 상대방의 행동을 지적하고 그에 대한 느낌을 차근차근 말해준 후에 자신의 주장을 명확히 전할 수 있습니다. "내가 하려고 했는데 게임기가 없어져서 무척 당황했어"라고 친구의 행동에 대한 느낌을 말한 다음 "다음부터는 먼저 내 의견을 묻고 가져갔으면 좋겠어"라고 자신의 생각이나 주장을 전달하게 합니다.

7. 넓은 시각을 가집니다. 사실은 모두가 가끔은 소외되거나 거부당하고 있습니다. 그러므로 아이의 고통이 혼자만의 일이 아니란 걸 알게 해줍니다. 이와 관련된 그림책을 읽으면서 나뿐만 아니라 다른 사람들도 부당한 대우를 받는 경우가 있다는 것을 알게 해줍니다. 하지만 그런 부당한 대우에도 불구하고 그 무리에 속하는 것이 아이가 바라는 바라는 것이라면 그 무리에 대한 성격을 규정할 필요가 있습니다. 아이에게 "왜 그 아이들과 같이 지내고 싶니?", "그 아이들이 다른 사람들을 어떻게 대하니?"라고 물어봅니다. 아이가 그 무리에 들어가고 싶어 한다면 그 무리의 아이들 중에서 친구를 찾아봅니다. 처음부터 전체를 목표로 두지 말고 이미 그 무리에 속한 누군가와 일대일

의 관계를 시작하도록 해줍니다.

8. 다른 어른들과 상의합니다. 매일 아이를 보는 교사, 학원 선생님, 상담사들과 이야기를 하며 아이의 어린이집 내 파벌 상황을 평가해봅니다. 문제의 심각성이 어느 정도인지를 알아볼 수 있을 것입니다. 만약 파벌의 상황이 심각하다면 어린이집이나 학원의 문화를 바꿀 방법들을 공동으로 생각해보아야 합니다.

9. 아이의 행동을 점검합니다. 따돌림은 가해자가 잘못한 것이지만 따돌림을 당하게 되는 이유를 찾을 필요가 있습니다. 다른 아이를 질리게 만드는 행동을 하고 있지는 않는지 점검해봅니다. 너무 강요적이거나, 너무 온순하거나, 너무 시끄럽거나, 너무 화려하거나, 너무 지루한 성격이거나, 위생상태가 나쁘거나 촌스러운 옷을 입고 다니는 경우 인기 없는 아이가 되기 싶고 그것이 따돌림을 당하는 빌미가 됩니다. 그런 빌미를 주지 않도록 부모가 도와줄 필요가 있습니다.

41

나이가 많거나 적은 아이하고만 놀려고 한다면

QUESTION ?

다섯 살 여자아이가 친구들과 잘 놀지 못해 걱정이 이만저만이 아닙니다. 친구들인 놀러오거나 친척집을 가도 겉도는 것이 눈에 띌 정도입니다. 놀이를 할 때도 또래와 노는 것인 아니라 나이가 많거나 적은 아이하고만 어울려 놀아 걱정입니다. 어떻게 하면 좋을까요?

ANSWER

나이가 많거나 적은 아이하고만 어울려 논다고 걱정하는 부모들이 있습니다. 아이들에게 또래 친구들과 어울리는 것은 상당히 중요합니다. 또래 친구들과 어울리면 마음대로 할 수 없기 때문에 자신을 억제하고 다른 사람들과 협력하는 방법을 배울 수 있습니다. 뿐만 아니라 자신의 능력을 맘껏 발휘하는 기회도 가질 수 있습니다. 그런데 나이가 많거나 적은 아이하고만 놀다보면 이런 효과를 얻기는 힘듭니다. 부모들 중에는 나이 많은 아이와 노는 아이를 조숙하다고 생각하는 경우가 많습니다. 하지만 자세히 들여다보면 대등한 친구 관계로 인정받지 못하고 동생 취급을 받기 일쑤입니다. 이런 관계에도 불구하고 귀여움을 받는다는 생각이 앞서 이를 인식하지 못하는 것입니다.

한편 자신보다 어린 아이하고만 노는 아이들도, 또래 친구들과 대등하게 어울리지 못하는 경우가 많습니다. 자신의 주장을 펼치지 못하거나, 의견을 제대로 나눌 수 있을 만큼 사회성이 발달하지 못한 탓입니다. 자신보다 어린 아이에게는 자기주장을 쉽게 내세울 수 있다는 사실 때문에 또래 친구들과 어울리지 않고 어린 아이하고만 놀려고 하는 것입니다.

발달적 의미

아이가 또래 친구들과 어울리려면 자아통합이 이루어져야 합니다. 아이에게 자아가 생기면, 아이는 추리, 계획, 반성, 행동하기 전에 생각하는 능력, 연결하고 연계하는 능력, 협상력, 문제해결력이 생깁니다. 자아통합에 있어서 자기조절력이 중요합니다. 감정을 조절하는 대뇌변연계 상부가 발달하는 데 시간이 많이 걸립니다. 감정을 통제하고 평가하는 일은 5~6세는 되어야 비로소 시작되지요. 감정조절에는 전두엽도 중요한데, 감정은 대뇌변연계에서 만들어지지만 전두엽에서 지각할 수 있습니다. 대뇌변연계와 전두엽이 발달하여야 비로소 자신의 감정을 주변의 사건과 일치시킬 수 있고, 자신의 감정을 또래 친구에게 알리기 위해 스스로에게 관심을 집중합니다. 그러면서 공감 능력도 생겨 5~6세가 되면 자신이 좋아하는 물건을 또래 친구에게 건네는 등 자아통합이 이루어지는 것입니다.

자아통합을 이루기 위해서는 감정뿐 아니라 하위 뇌의 탐색시스템도 필요합니다. 아이는 탐색시스템을 통하여 호기심을 갖고 또래 친구들을 찾아봅니다. 삶에 대한 의욕, 새로운 것을 추구하는 에너지, 그리고 목표를 이루려는 열정이 생깁니다. 탐색시스템은 마치 근육과 같아서, 사용하면 사용할수록 호기심이 왕성해지고 창의적이 되며 더욱 분발하게 됩니다.

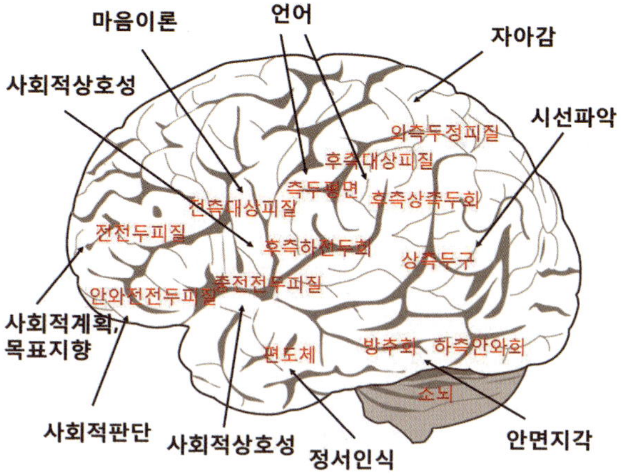

사회성의 뇌

신체적 감각도 자아통합에는 중요합니다. 신체 놀이는 항스트레스 효과가 있으며, 뇌에서 오피오이드를 다량 분비하게 함으로써 강력하고 긍정적인 감정을 유도합니다. 특히 상호작용 놀이는 전두엽의 감정 조절 기능을 향상시킵니다. 상호작용 놀이 프로그램에 참여한 아이들은 감정 조절 면에서 현저한 발달을 보이는데, 상호적인 신체 놀이를 하면 상위 뇌 발달을 촉진하는 BDNF라는 신경촉진인자가 분비됩니다.

자아는 결국 이렇게 감정, 탐색시스템, 감각, 생각 등이 통합되어야 기능을 할 수 있습니다. 자아는 자신의 감정을 듣고, 인정하고, 표현하는 경험, 자신의 호기심이나 열정을 발휘하는 체험, 신체 놀이를 통한 스트레스 회복력, 그리고 스스로 문제를 인식하고 해결하려는 문제해결력이 쌓이면서 만들어집니다.

양육지침

아이가 할 수 없다고 미리 단정 짓지 마세요. 아이가 못미더워 무슨 일이든 부모가 대신해준다면 아이는 의존적인 성향을 가질 수밖에 없습니다. 쉽게 의지하는 기질은 친구 관계에도 영향을 미칩니다. 이를테면 부모처럼 자신이 기댈 수 있는 나이 많은 상대와 놀기를 좋아하는 것입니다. 부모는 아이가 그 일을 할 수 있는지 확인하고, 가능한 것은 아이 스스로 해결할 수 있게 맡겨야 합니다.

1. 또래 친구와 접할 기회를 만듭니다. 또래 친구들에게 환영받지 못하는 이유가 무엇인지 알아보고, 또래 친구들과 잘 어울릴 수 있는 기회를 자주 마련해주세요. 가까운 친구 집에 심부름을 보내거나 운동 프로그램을 함께 하도록 유도합니다. 자연스레 또래들과 어울릴 기회를 만들어주는 것입니다. 친구를 집으로 초대하는 것도 좋은 방법입니다. 이때 노는 방법을 잘 모르는 아이라면 부모가 직접 놀이에 참여해서 노는 법을 배우고 익힐 수 있게 도와줍니다. 아이가 또래 친구와 놀 때의 즐거운 점을 발견하고 나면 금세 행동의 변화가 나타납니다.

2. 아이의 나이와 능력에 맞게 대합니다. 마냥 귀하고 예뻐 "우리 아기"하며 어린 아이 취급을 하지 마세요. 부모가 아이를 아무것도 할

줄 모르는 아기로 대한다면 밖에서도 그럴 수 있습니다. 아이가 나이와 능력에 맞는 적당한 역할과 지위, 책임 등을 가져야 친구 관계를 원만하게 이끌 수 있습니다.

3. 비웃지 않습니다. "넌 왜 만날 형(또는 동생)들 하고만 노니? 넌 친구도 없어?"라고 비웃거나, 아이가 함께 어울리는 친구들에 대해 함부로 얘기하는 것은 좋지 않습니다. 부모가 아이의 감정이나 생각을 늘 무시한다면 아이는 자기가 느끼고 생각하고 행하는 모든 것이 부모의 기대에 어긋난다고 믿게 됩니다. 이보다는 "동생들에게 이야기를 들려주는 모습이 참 보기 좋구나, 친구들에게도 이야기해주지 않을래?"라는 식으로 또래들과 놀 것을 우회적으로 권하는 것이 효과적입니다.

4. 강요하지 않습니다. 자신보다 나이가 많거나 적은 아이와 노는 것이 또래들과 어울리지 못해 그러는 게 아니라 먼저 친하게 되어 그럴 수도 있습니다. 이때 또래 친구들과 무리하게 놀게 할 경우 익숙하지 않은 탓에 대등한 관계가 이루어지지 못합니다. 이렇게 되면 아이가 위축감을 느껴 또래들과 어울리는 일이 점점 더 어려워질 수 있습니다. 절대 강요해서는 안 되는 이유입니다.

5. 생각, 감정 등을 분명히 표현하게 합니다. 평소 자신의 생각과 느

낌, 의견 등을 말로 충분히 표현할 수 있다면 부당한 대우를 받았을 때 적절한 대처가 가능합니다. 상황에 맞는 말은 자신을 방어할 수 있는 일종의 수단입니다. 부모가 든든한 지원자가 되어 "너는 할 수 있어!", "네 뒤에는 엄마 아빠가 있어" 등의 격려를 한다면 아이의 자존감과 긍지가 높아집니다.

6. 모델링이나 역할놀이를 통하여 자기조절력을 높입니다. 자아통합을 이루는 가장 좋은 방법은 부모가 모델링이 되는 것입니다. 부모가 다른 사람을 배려하고 친절한 행동을 보여주거나 아이들을 공정하게 대하면, 아이는 생활 속에서 자연스럽게 자아를 통합해 갑니다. 역할놀이를 통해, 또 이런저런 상황에서 사람들이 어떻게 느끼는지, 또는 그런 상황에서 형제나 친구는 어떤 기분인지를 계속 알려주어야 합니다. 이런 연습은 특히 공감능력이 떨어지는 남자아이들에게 중요합니다.

7. 부모와의 관계를 점검합니다. 아이를 너무 허용적으로 키우거나, 감정을 거부하는 부모의 태도는 바람직하지 않습니다. 이렇게 하면 자기통제나 행동조절에 어려움을 느끼는 공격적인 아이가 되기 쉽습니다. 부모는 아이가 자유롭게 생각하고 그 생각대로 행동할 수 있도록 내버려두되, 정도를 벗어나는 것에 대해선 제한하는 분별력을 가지고 있어야 합니다.

8. 문제 해결 방법을 스스로 찾게 합니다. 아이의 잘못된 행동에 대해 부모가 바로 지적하기보다는 질문을 통해 아이 스스로 생각해볼 수 있는 기회를 만들어주세요. 아이 스스로 문제를 해결할 수 있도록 유도하는 것이 중요합니다. 부모는 아이와의 대화를 이끌어내는 도우미 역할을 해줍니다. 만일 아이가 적절치 않은 결론을 내렸다면 대화를 통하여 실제로 행동했을 때 어떤 결과가 나올 것인지 예측할 수 있게 도와줍니다.

9. 발달의 문제는 없는지 체크합니다. 또래 친구에 비해 발달이 늦거나 뭐든지 마음대로 하고 싶어 하는 아이들은 대체적으로 자신보다 어린 아이들과 놀기를 좋아합니다. 자기조절력이 미숙하고 스트레스가 많기 때문에 그것을 회피하려고 하는 것입니다. 이런 아이에게는 신체 놀이를 할 시간을 많이 갖게 하는 것이 좋습니다. 아이와 신체 놀이 시간을 많이 갖는다면 아이가 감정과 스트레스를 좀 더 잘 관리하고 자아를 통합하는데 도움이 됩니다. 또한 발달에 문제가 있다고 생각되면 전문가와 상의해보는 것이 좋습니다.

42

느리고 여리다면

QUESTION ?

우리 아이는 한 가지에 집중하지 못합니다. 공부 시간도 많이 걸리고, 신발을 신거나 옷을 입는 것도 느리고, 학교에 갈 때도 항상 느리게 움직입니다. 알림장을 자주 빠뜨려 준비물을 못 챙길 뿐 아니라, 학교에서는 밥을 항상 늦게 먹어 혼나는 일이 많습니다. 식판에 음식을 많이 담지 말라고 몇 번이나 주의를 주어도 항상 늦게 먹습니다. 글씨도 늦게 써 알림장도 제대로 써오지 못하니 갈수록 걱정입니다.

ANSWER

유아기를 통해 발달 면에서는 극적인 성과를 거두었지만 아직 혼자서 할 수 있는 별로 없습니다. 아이는 아직 작고, 제 몸에 대한 통제력은 여전히 불확실하며, 세상을 충분히 알아 익숙해지고 영향력을 발휘하기에는 제한적입니다. 합리적인 사고력과 이해력은 아직 형성되고 있는 단계일 뿐입니다. 아이들이 소극적으로 불안해하면서 세상과 접하는 것도 무리가 아닙니다.

밤에 아이를 잠자리에 두고 나오면 아이는 걱정에 사로잡힐지도 모릅니다. 하지만 차차 부모의 도움을 받으며 곰 인형을 끌어안거나 아기 때부터 쓰던 이불을 머리에 뒤집어쓰는 것으로 불편한 감정을 어느 정도 완화하는 법을 배우게 됩니다. 이런저런 생각을 하면서 스스로를 달래는 법을 배웁니다. 밤늦은 시간에 잠을 청하면서 혼잣말을 종알거리기도 합니다. 하지만 오빠가 곰 인형을 빼앗아 가거나 자기 허락도 받지 않고 특별한 이불을 빨기라도 하면 아이는 금세 무력감과 불안감, 분노를 느끼게 됩니다. 엄마를 졸졸 따라다니다가 엄마가 잠시 화장실에 들어가 문을 잠그기라도 하면 아이의 무력감은 분노나 공포로 돌변할 수 있습니다.

다른 아이들을 처음 만나게 되면 수줍어하는 아이들도 있습니다. 새로 만난 아이들이 시끄러울 수도 있고 그 상황이 낯설 수도 있습니다. 놀이방이나 보육 시설에서 잘 모르는 아이들을 대면하면 아이는 엄마와 떨어지지 않으려 하거나 엄지를 빨거나 머리카락을 배배 꼬기도 합니다.

발달적 의미

이 시기에는 과감하고 대담해 보이는 만큼 수줍음이 많고 소심해지기도 합니다. 세상은 흥미롭고 신기한 모험을 무수히 선사하지만, 이런 모험은 동시에 낯설고 위협적이고 몹시 위험하게 느껴지기도 하지요. 두려움과 불안감은 다른 발달 단계와 마찬가지로 이 시기 아이들의 정상적인 감정입니다. 하지만 편안한 감정은 아닙니다. 무서워하는 대상을 피하거나 철저하게 따져보는 것은 어른들의 접근방식입니다. 이 시기의 아이들에게는 무엇이 두렵게 하며 그것에 어떻게 대처해야 하는지 이해할 능력이 없습니다.

느린 아이는 먹고 자는 것이 규칙적입니다. 긍정적인 감정표현이 있지만 이런 감정을 표현하는데 시간이 걸립니다. 순한 면도 있지만 새로운 환경에서 움츠려 들며 적응을 하는 데 시간이 걸립니다. 언뜻 보기에는 까다로운 아이와 비슷한 것 같지만, 변화에 대한 반응의 강도는 약합니다. 활동성이 낮고 반응시간이 느립니다. 느리고 여린 아이가 실수를 많이 할 것 같지만, 신중하기 때문에 실수는 잘 하지 않습니다. 전반적으로 약간 부정적인 편입니다.

느린 아이일수록 복측피개영역과 측좌핵 등 도파민 관련 뇌 영역의 보상에 대한 활성도가 낮습니다. 이들 뇌 영역은 아이가 보상을 기대할 수 있을 때 동기를 자극하는 역할을 합니다. 느린 아이는 이 부분의 활성도가 낮아 보상을 찾아 나서는 일이 적습니다.

보상의 뇌에 관여하는 신경전달물질은 도파민으로, 도파민이 증가하면 보상을 받으려는 동기도 강해집니다. 도파민이 증가하면 탐구력이 높아지고 지칠 줄 모르며, 열정적으로 몰두하는 경향이 있습니다. 느린 아이가 보상에 잘 반응하지 않는 이유 중에는 유전적으로 짧은 도파민 유전자를 가지고 있기 때문인 경우도 있습니다. 느린 아이의 뇌는 지속성이 떨어집니다. 지속성이 높아야 어려운 일을 만나도 기어코 그 일을 해내고야 말겠다는 의지가 생기는데 느린 아이는 쉽게 짜증을 내고 과제를 중도에 자주 포기하게 됩니다.

양육지침

느린 아이를 키울 때 밥 먹기나 옷 입기 등 일상적인 행동이 너무 느리기 때문에 화를 내기가 쉽습니다. 다른 아이와 비교해서 자기 아이가 너무 발달이 지연되는 것은 아닌가 걱정도 되지요. 느린 아이는 유아기에는 별다른 문제없이 자라지만 초등학교에 들어가면 여러 가지 면에서 문제행동을 일으킵니다. 특히 낯선 상황에 들어가거나 새로운 사람을 만날 기회가 많아지면서 어려움을 겪습니다. 성급한 부모는 아이에게 빨리 적응하기를 강요하지만 그럴수록 아이들은 주눅이 들어 적응속도가 더 느려지는 악순환이 계속됩니다.

부모는 느린 아이가 보상을 추구하지 않고 지속성이 부족하다는 것을 염두에 두고 아이를 양육하여야 합니다. 열정적으로 몰입하기 않고, 끈기가 없고, 일을 마무리하지 못해도 너무 조급해하지 않도록 합니다. 과제를 하고 있을 때는 불필요하게 간섭하지 마세요. 느린 아이는 한 번 취한 태도나 행동을 바꾸는 데 시간이 많이 걸리므로, 도중에 참견을 하면 초점을 잊어버리고 더욱 늦장을 부리게 됩니다. 무엇이든 한꺼번에 많이 요구하지 말고, 과제를 하고 있는 도중에는 잔소리하거나 참견하지 않도록 합니다.

1. 부모가 기다리는 법을 배웁니다. 기다리는 것은 수동적이거나 무관심한 것과는 다릅니다. 아이의 일에 관여하지 말고 바라만보라는 뜻도 아닙니다. 기다림이란 아이가 자연스럽게 성장하는 과정을 성찰하라는 의미입니다. 또 아이가 정체되어 있을까봐 불안해하기보다는 아이의 미래를 염두에 두고 큰 시각으로 바라보라는 뜻입니다. 느린 아이는 변화를 겪을 때 서서히, 반복적으로 그 상황을 극복하도록 도와주어야 합니다. 느린 아이를 양육할 때는 인내심을 발휘하여야 합니다. 시간제한을 두지 말고, 부모가 기다릴 줄 알아야 합니다.

2. 아이에게 주도권을 줍니다. 느린 아이는 일단 부모를 귀찮게 하거나 성가시게 하지는 않기 때문에 키우는 데 큰 어려움은 없습니다. 그러나 과제를 성취하도록 지시하거나, 지적인 자극을 주려 할 때 어

려움이 생깁니다. 이때 아이에게 조금 적극적으로 개입하고, 아이에게 선택권을 주세요. 여건상 부모가 공부를 도와주어야 할 상황이라면 제한적으로 도와줍니다. 그러나 어디까지나 보조자로서 도움을 주어야 합니다.

3. 신체 활동을 시킵니다. 느린 아이는 대근육 운동이 다른 아이보다 더딘 경우가 많습니다. 이는 움직이기를 싫어하고 조금만 어려워지면 포기하려고 하는 아이의 기질 때문입니다. 아이의 운동신경을 발달시키고, 자신감과 체력 및 지구력을 키우기 위해서 몸을 지속적으로 사용하여야 합니다. 태권도나 검도, 수영이나 발레 등이 좋으며, 더 어려서는 신체 놀이 활동에 참여시킵니다. 이런 활동은 아이가 스스로 좋아서 하여야 합니다. 억지로 하게 되면, 아이의 자발성이 떨어지고 더 징징거리며 짜증을 부릴 것입니다. 느리고 여린 아이에게 선택권을 주고 좋아하는 활동을 같이 찾아봅니다. 특히 아이가 기분이 좋은 시간대를 이용해서 신체 활동을 시키는 것이 좋습니다.

4. 아이의 반응을 잘 살펴봅니다. 아이의 수줍음이나 두려움을 인정해주세요. 그래야 그런 느낌을 받아도 괜찮다는 것을 아이가 이해하는데 도움이 됩니다. 아이는 새로운 환경에 처하면 떨어지지 않으려 하겠지만, 부모가 사랑으로 안심시키면 꼭 쥔 손을 곧 놓게 될 것입니다. 아무리 유혹이 크더라도 아이를 밀어내거나 애원하지 않도록 합

니다. 아이가 정말 무서워하는 상황에서는 "무섭지 않아"라고 아이를 설득하기가 어려울 것입니다. "저 개가 뭐가 무서워? 안 무섭잖아"라든가 "바보 같은 소리 하지 마. 그냥 꿈일 뿐이야"라고 말하는 것은 별 도움이 되지 않습니다. 때로는 아이의 두려움을 덜어주려고 부모가 하는 말이 아이의 공포심과 불안감을 더욱 부추깁니다. 부드럽게 달래며 "그네가 무섭구나. 우리 딸이 다치지 않게 엄마가 봐줄게, 그네가 싫으면 다른 걸 찾아보자"라고 말해줍니다.

5. 아이의 감정을 존중합니다. 마음이 여린 아이는 상실감이나 실망감을 느끼면 심하게 고통스러워합니다. 부모는 별 것 아닌 것으로 생각하지만 아이는 고통을 참지 못하고 울음을 터뜨립니다. 아이는 자기의 마음을 받아주기를 바라는데 부모가 아이의 감정을 무시하면 아이의 고통은 심해집니다. 남을 지나치게 의식하지 말고 자기주장을 잘하도록 가르쳐야 합니다.

6. 자신감을 갖도록 칭찬합니다. 느리고 여린 아이는 어려운 일을 만나면 자주 부모에게 의존하게 되는데 초반에 아이가 힘들어할 때만 조금씩 도와주세요. 아이가 조금씩 자신감을 갖게 되면 일을 조금씩 나누더라도 혼자 할 수 있도록 기다려주어야 합니다. 또한 아이가 뭔가를 하려고 했을 때는 결과보다는 그 노력과 과정에 대해 충분히 칭찬해줍니다. 아이는 칭찬에 민감합니다.

7. 용감한 모습의 본보기가 됩니다. 예를 들어 천둥이 칠 때 부모가 두려워하지 않고 의연한 모습을 보여주고 대처한다면 아이는 부모의 모습을 따라 할 것입니다. 그림책 읽기나 역할놀이를 통해서 의연하게 대처하는 모습을 배우도록 가르치세요. 어려운 상황에서도 울지 않고 의연하게 대처하는 모습을 역할놀이를 하면서 익히게 하세요.

43

지나치게 수줍어한다면

QUESTION ?

이제 7세가 된 여자아이입니다. 여러 가지로 무난한 편이라 생각하는데 친구들과의 관계에 있어 특정 친구들에게만 정을 쏟고는 합니다. 근래에 들어 자꾸 친구들에게 선물을 한다며 자기 장난감을 주곤 합니다. 정이 많아 기분이 좋으면 잘 나눠주는 편이라 그런가보다 싶었습니다. 그런데, 경우가 심해지고 빈도가 잦은 것 같아 물어보니 어떤 친구한테는 자기랑 놀아달라며 장난감을 줬다고 하더군요. 장난감을 주며 같이 놀자고 했다는 게 너무 기가 막혔습니다. 나무라지는 않았지만 걱정이 되네요.

ANSWER

7세 아이가 특정 친구에 집착하는 것은 자연스러운 현상입니다. 아이가 한 친구를 무척 좋아하고 그 친구에 대한 질투의 감정과 독점 욕구를 보이는 것은 흔합니다. 7세 아이는 자신이 좋아하는 친구와 그렇지 않은 친구를 구별하기 시작합니다. 좋아하는 친구들 중에서도 특히 좋아하는 친구가 있고 단짝 친구를 만들고 싶은 아이가 생기게 마련입니다. 따라서 늘 그 친구와 어울리려고 하는 경향이 강해지는 것입니다. 친구가 아이 자신이 좋아하는 특성을 갖고 있는 경우 더 집착하게 됩니다. 그러다 보면 그 친구에 자기가 가지고 있는 장난감을 주기도 하고 선물을 하기도 합니다. 특히 수용성이 높은 아이들은 친구의 마음을 얻기 위하여 자기 것을 주는 일이 많습니다. 해결책은 우선 아이의 자존감을 올려주는 일입니다. 가족 간에 서로의 의견이나 생각에 관심을 갖고 존중해주며 친척이나 또래들과 만나는 기회를 자주 갖게 하세요. 이런 만남을 통해 서로에게 친근감을 표현하거나 편안하게 거절하는 방법, 서로 돕고 배려하고 양보하는 등의 사회적 기술을 배우게 됩니다. 생활 속에서 사람끼리 자연스럽게 상호작용하는 것을 아이가 보고 듣고 배울 수 있습니다.

발달적 의미

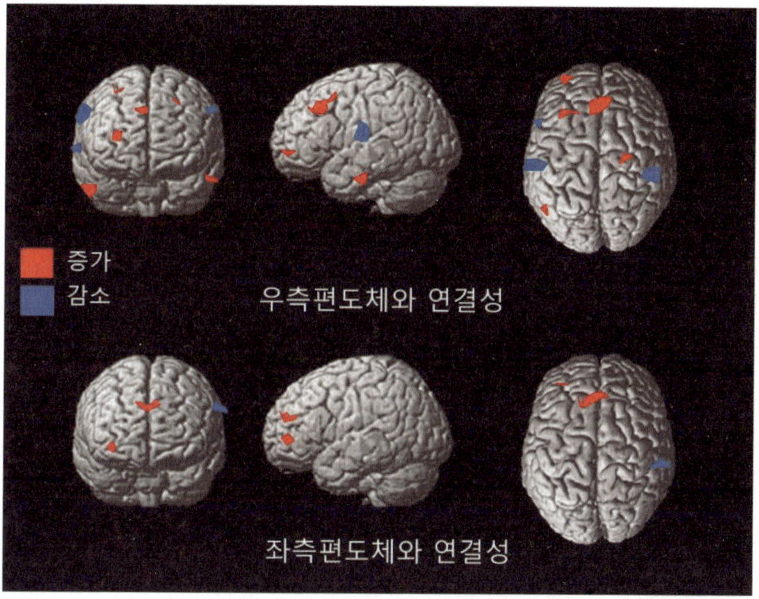

수줍은 아이의 뇌

극도로 소심한 아이들에 대한 일련의 연구는 부모의 교육이 얼마나 성공할 수 있는지를 증명해주었습니다. 생후 1년 간 그 아이들의 우측 전두엽은 두려움으로 가득 차 있지만, 부모의 적절한 양육과 뒷받침으로 아이들의 40퍼센트가 유치원 시기일 때 극도의 소심함을 떨쳐버릴 수 있었습니다. 부모들은 극도로 소심한 아이들에게 차근차근 도전하여 두려움에 맞서도록 고무하면서 자신감을 키울 수 있게 구체적으로 도왔습니다. 아이들은 스트레스를 피하는 법이 아니라 스트레스에 대처하는 법을 배웠습니다. 그럴 때만이 좌측 전두엽의 시냅스 연결이 강화될 수 있습니다. 소심하고 수줍고 주저하는 아이들에게 언제나 거치적거리는 '돌'을 치워주기만 하는 부모는 아이들의 중요한 학습 경험을 빼앗는 것이나 마찬가지입니다.

수줍어하고 친구관계가 불안한 아이들은 좋은 관계를 기다리는 것이 힘듭니다. 좋은 관계가 이루어지지 않을지도 모른다는 불안이 크기 때문입니다. 그래서 쉽게 자기 것을 주는 것입니다. 궁극적으로 좋은 관계를 얻기 위해 당장의 관계에 집착하지 않을 수 있는 능력을 키워주는 것이 중요합니다. 아이가 자신에 대한 확신과 믿음을 생기면 조급함이나 불안을 조절하는 법을 배우게 됩니다.

양육지침

수다쟁이 부모가 되세요. 엄마, 아빠가 언어 표현력이 능숙할수록 아이가 말하는 데 자신감을 갖습니다. 그만큼 언어적인 환경이 풍요롭기 때문입니다. 반대로 소극적이거나 말수가 적은 부모 밑에서 자란 아이는 사람들 앞에서 쉽게 말을 꺼내지 못하거나 남에게 쉽게 다가가지 못하는 경향이 있습니다. 아이의 표현력을 키워주고 싶다면, 부모가 먼저 말을 건네는 수다쟁이가 되어보는 것도 도움이 됩니다. 대부분의 아이들은 자신이 경험한 것을 말로 전달하는 과정에서 말하는 방법을 자연스럽게 터득해나갑니다.

1. 개방형으로 물어봅니다. 엄마와 아이가 함께 경험한 것을 비롯해 일상생활에서 일어났던 일에 대해 이야기를 나누는 시간을 자주 가져봅니다. 질문할 때는 아이가 맘껏 표현할 수 있도록 폐쇄형이 아닌 개방형으로 물어봅니다. "어제 놀이공원에서 목마 탔을 때 엄마는 좀 무서웠거든. 너도 무서웠니?"라고 질문을 할 경우 아이는 "예", "아니오"라고 밖에 대답하지 못합니다. 이런 폐쇄형 대화법은 아이의 말을 막는 결과를 가져옵니다. 같은 말이라도 "어제 놀이공원에서 목마 탔을 때 엄마는 좀 무서웠는데 너는 어땠니?"라고 아이가 그때 상황을 잘 묘사할 수 있게 질문하는 것이 요령입니다.

2. 아이의 말이나 행동을 소홀히 여기지 않습니다. 어렸을 때부터 인정받고 자란 아이는 매사에 자신감이 넘칩니다. 대체적으로 이런 아이들은 자존감이 높습니다. 아이가 자신의 가치를 소중하게 생각하면 자신감이 생기고, 자신감이 커지면 남들 앞에서 말을 더 잘할 수 있습니다. 자존감을 높여주는 일은 그래서 더 중요합니다. 출발점은, 아이

자신을 그대로 인정해주고 받아들이는 것입니다. 대화할 때는 사소한 이야기일지라도 아이 말에 귀를 기울이며 공감해주어야 합니다. 이럴 때 아이는 '내가 하는 말과 행동이 참 중요하구나'라고 생각하는 동시에 '나는 중요한 존재'라고 느낍니다.

3. 맞장구를 쳐 줍니다. 말을 잘하지 못하는 아이에게는 맞장구도 좋은 처방입니다. 아이가 말을 할 때 "응, 그래. 그렇구나" 등의 반응을 보여주면 아이는 신이 나서 마냥 이야기를 풀어나갑니다. 상대로부터 인정받고 있다는 것을 느끼게 해주는 대화법 중의 하나가 바로 맞장구입니다.

4. 실수한 행동도 존중해줍니다. 아이의 말을 대수롭지 않게 여기며 "엄마 바빠. 나중에 얘기해"라고 한다든가 "시끄러워!"라고 윽박지른다면 아이는 스스로를 별 것 아니라고 느껴 사람들 앞에서 말하는 것을 더 두려워할지 모릅니다. 엄마에게서처럼 핀잔이나 받지 않을까 해서 말이지요. 실수한 행동도 존중해 주어야 매사에 당당해집니다.

5. 준비할 시간을 줍니다. 아이들에 따라서는 적응하는 데 시간이 많이 걸릴 수 있습니다. 아이에게 준비할 수 있는 시간을 주세요. 사람들이 많이 모이지 않았을 때 먼저 가도록 합니다. 너무 재촉하지 말고 인내심을 가져야 합니다. 아이를 부드럽게 격려하고 차분하게 사회적

활동을 도와두는 부모들이 너무 지나치게 간섭하는 부모들보다 성공적으로 도와줄 수 있습니다.

6. 익숙한 사람과 지내는 시간을 많이 만들어줍니다. 사회성을 키워주려면 익숙한 사람과 함께 지내는 기회를 자주 갖게 해주는 것이 좋습니다. 가까운 친척이나 친한 친구처럼 익숙한 사람들부터 시작해 차차 관계를 넓혀갑니다. 그러려면 부모가 부지런해져야 합니다. 매일 만나게 해줄 수는 없더라도 접촉할 기회를 자주 만들어주어야 하기 때문입니다. 친척집을 방문하거나 집에 놀러오게 하고, 함께 게임을 즐기거나 여행을 가는 식으로 공유하는 시간을 늘립니다.

7. 말할 거리와 놀이방법을 알려줍니다. 말할 거리가 풍부한 아이는 또래 관계가 원만할 수밖에 없습니다. 하지만 쭈뼛거리며 말을 잘 하지 못하는 아이들은 친구를 만났을 때 처음에 무슨 말부터 해야 할지 모르는 경우가 많습니다. 이런 아이에게는 말 거는 방법을 차근차근 일러줍니다. "잘 있었어?", "학원 갔다 왔니?", "너 이 게임해봤어?" 등과 같이 여러 상황에 대비해 가르치는 것이 요령입니다. 만화나 아이들이 좋아하는 영화 내용을 소재로 이야기를 꺼내게 가르쳐도 좋습니다. 놀이를 다양하게 알려주는 것도 도움이 됩니다. 보드게임, 컴퓨터 게임 등 집 안에서 다양한 놀이를 함께 하다보면 이를 매개로 친구와 쉽게 친해질 수 있습니다.

8. 사기를 꺾지 않습니다. 자신감을 키워줘도 부족할 판에 아이의 사기를 꺾어서는 절대 안 됩니다. 남들 앞에서 긴장된다는 것은 누구보다도 자신이 가장 잘 압니다. 따라서 부모가 이 부분을 못마땅해 해서는 안 됩니다. 누군가 자신의 약점을 건드리면 더 움츠려들게 마련입니다. 다시 말해 아이의 쭈뼛대는 행동을 나무라는 것은 전혀 도움이 안 됩니다. 더욱이 남자니까, 맏이니까 하면서 강박적인 부모의 강요된 생각을 심어줄 경우, 자극이 되기는커녕 자존감에까지 상처를 입힐 수 있습니다.

9. 어휘력을 점검합니다. 태어나 돌이 지나면 대개 말을 하기 시작하고 두 돌이 지나면서부터는 어휘력이 급격히 늘어납니다. 그런데 간혹 언어 발달이 늦어 말을 잘 하지 못하는 아이가 있습니다. 말이 늦는 경우 부모가 몇 가지를 관찰하여 의심이 생기면 초기에 전문가와 의논해야 합니다. 빠르게 대응하면 대부분 별문제가 없습니다. 살펴봐야 할 포인트는 말의 시작 시기가 또래보다 늦지는 않은지, 어휘가 늘어나는 속도나 양이 또래보다 늦고 적지는 않은지, 말을 하기 시작했어도 문장으로 말하기까지 시간이 오래 걸리지 않았는지 등입니다.

44

선생님의 말을 잘 듣지 않는다면

QUESTION ?

우리 아이는 어렸을 때부터 워낙 활동적인 아이였어요. 그런데 유치원 선생님이 수업 중에 돌아다니고 선생님 말씀을 귀담아 듣지 않는다고 하시더라고요. 선생님이 주의를 주더라도 딴 생각을 하고 있는 때가 많아 말을 잘 안 듣는다고 합니다. 또 친구들과 다툼이 있을 때 주먹이 나가는 등 충동적으로 행동해서 선생님이 깜짝 놀라기도 하셨답니다. 우리 아이는 무엇이 문제일까요?

ANSWER

수업시간에 선생님 말을 잘 안 듣고 딴 짓을 하거나, 지시를 무시하고 대열에서 이탈하는 아이들이 있습니다. "그림을 그려요" 하면 즉각 "싫어요!"라고 대꾸하는 아이들도 있지요. 선생님 말을 잘 들으려 하지 않거나, 들으면서도 딴 생각을 해서 선생님 말을 기억하지 못하는 아이가 있습니다. 이런 아이는 수업에 대한 준비물이나 숙제를 제대로 챙길 수 없고, 수업에 대한 집중력도 떨어집니다. 이렇듯 선생님 말을 잘 안 듣는다면 주의력에 문제가 있는지 확인하여야 합니다. 청각주의력이 떨어지는 아이라면 선생님의 말을 잘 듣지 않거나 딴 짓을 하는 일이 많을 것입니다.

아이에 따라서는 청각주의력에 문제가 없어도 부모의 양육태도로 인하여 선생님 말을 잘 안 듣는 아이가 있습니다. 이런 경우에는 평소 아이가 어떤 태도로 어른을 대하는지 점검해보아야 합니다. 어른에게 반항적인 아이라면 선생님이라고 해서 예외를 두지 않기 때문입니다. 이런 아이를 변화시키려면 부모가 양육 태도부터 바꿔야 합니다. 아직 어리다는 이유로 모든 행동을 제한 없이 받아주기만 했다면 지금부터라도 아이에게 지켜야 하는 약속과 규칙들을 가르쳐주어야 합니다. 반면에 무조건 부모의 말에 따르도록 키웠다면, 아이의 의견을 진지하게 들어주고 공감해주며 신뢰감을 보이는 노력이 필요합니다.

발달적 의미

주의력을 높이기 위해서는 뇌가 불필요한 정보를 여과하여야 하는데 이때 기저핵과 전전두엽피질이 특히 활발하게 작동합니다. 기저핵은 미세한 움직임을 조절하는 영역이고, 전전두엽피질은 합리적, 이성적 사고와 문제해결력에 관여하는 영역입니다. 기저핵과 전전두엽피질의 연결회로는 학습을 위한 연결을 강화하는 행동을 할 때, 또는 어떤 행동을 방해하거나 그 행동의 강도를 약화시키기 위해 행동을 억제할 때도 활성화됩니다. 아이가 숙제를 할 때는 주어진 과제의 부담스러운 정도와 아이의 이전 성공적이었던 학습경험을 토대로 서로 다른 기억체계가 뇌의 주의를 끌기 위해 서로 경쟁합니다.

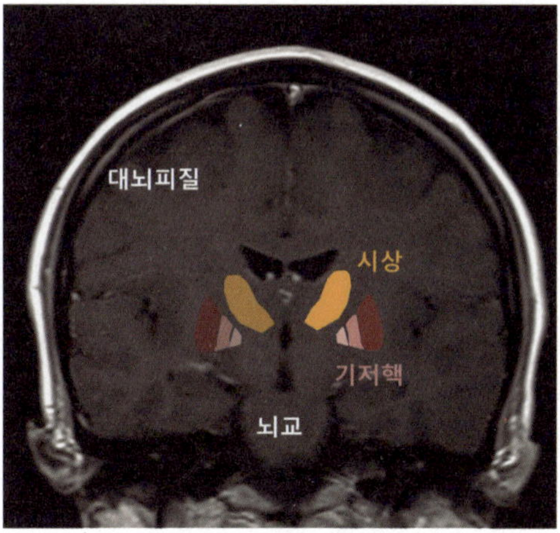

정보를 여과하는 뇌

이때 기저핵과 연결된 전전두엽이 서로 경쟁하는 기억체계 중 어느 것을 더 활성화시킬지를 조절하게 되는 것입니다. 정보는 시상에 들어온 뒤, 정보해석을 위해 다시 뇌의 연합영역으로 보내지고 전전두엽에서 신정보와 구정보를 통합하는 과정을 거치게 되는데, 중간에 기저핵이 뇌를 보호하기 위해 경찰관 역할을 하는 것입니다. 따라서 뇌는 불필요한 정보를 처음에는 오감을 받아들이는 시상에서 거르고, 다음에는 기저핵과 전전두엽피질에서 거른다는 것을 알 수 있습니다.

양육지침

아이를 방치하거나 지배적으로 키우지 않습니다. 방임형 부모에게서 자란 아이는 명령이나 일과를 중요하게 생각하지 않고, 독재형 부모 밑에서 자란 아이는 상대방에게 적대 감정을 갖는 성향을 보입니다. 두 유형의 아이 모두 남의 말을 귀담아들으려 하지 않습니다. 아이를 대할 때 질서와 규칙은 지키게 하되, 아이의 생각이나 행동을 충분히 허용해주는 부모가 되도록 노력합니다.

1. 집에서 생활규칙을 지키게 유도합니다. 선생님 말을 귀담아듣고

지시에 잘 따르게 하려면 규칙을 지키는 훈련부터 시작하는 것이 좋습니다. 외출 후 손 씻기, 숙제부터 하고 놀기, 컴퓨터 게임 1시간만 하기 등 집에서 지켜야 할 규칙들을 정한 다음 이를 지키도록 유도합니다. 규칙을 잘 지켰을 때, 처음에는 스티커를 주고 모이면 원하는 물건을 사준다거나 원하는 행동을 할 수 있게 해줍니다. 점차 익숙해지면 스티커 개수를 늘여 보상 간격을 줄여갑니다. 처음에는 물건으로 아이의 마음을 사지만, 차차 칭찬과 격려가 그 어떤 선물보다 값진 것임을 알게 해주어야 합니다.

2. 숙제하는 습관이 몸에 배도록 도와줍니다. 평소 부모가 숙제할 분량을 얘기해주고 그것을 지키는 연습이 필요합니다. 계획표를 짜는 것도 도움이 됩니다. 과제를 내줄 때는 너무 어려운 것부터 시작해서는 안 됩니다. 숙제시간도 한꺼번에 길게 정하지 말고 짧게 나눠서 할 수 있게 도와줍니다. 30분 하고 10분 쉬는 등 아이의 특성에 따라 시간을 조절해줍니다.

3. 과도한 선행학습을 줄입니다. 청각주의력이 떨어지는 가장 큰 원인은 과도한 선행학습인 경우가 많습니다. 미리 너무 많은 것을 배워서 학습에 흥미가 떨어지면 선생님 말을 귀담아들을 리 없기 때문입니다. 아이가 전에 쓰던 놀잇감이나 학습교구, 교재 등이 지나치게 자극적인 것이 아니었는지도 짚어봐야 합니다. 색상이 지나치게 화려하

고 기능이 입체적인 것들에 익숙해진 아이라면, 시각주의력이 떨어져 종이나 평면적으로 된 단순한 교재에 흥미를 못 느낄 것입니다.

4. 과제수준을 점검하고 좋은 행동에 대해서는 칭찬합니다. 과제수준이 너무 높아도 주의력이 떨어집니다. 과제수준을 조절해 스스로 성취감을 느낄 수 있도록 도와주세요. 아이가 아주 조금일망정 스스로 학습을 할 때는 아낌없는 칭찬으로 자신의 행동에 대해 뿌듯하게 생각할 수 있도록 유도합니다. 잘했을 경우 아이가 좋아하는 것으로 '보상'을 해주는 것도 권할 만한 방법입니다.

5. 기초 학습 능력을 점검합니다. 너무 뭘 몰라서 또는 준비가 안 돼서 학습에 흥미를 못 느끼는 경우라면 하루 1시간씩 기초 학습 능력을 채워줍니다. 학습 능력을 키워주기 위해서는 우선 선생님과 상담을 해서 부진한 부분을 파악하는 것이 중요합니다. 부진한 부분이 파악되면 시간을 할애하여 보충을 해줄 필요가 있습니다.

6. 산만하지 않은지 점검합니다. 아이가 어수선하고 산만한 성격이라면 이를 고쳐나가는 노력이 필요합니다. 우선 안정감을 느낄 수 있게 집안을 깨끗이 정리정돈하고, 공부와 놀이를 구별해 시간표를 짠 후 정해진 시간에 맞춰 행동할 수 있게 도와줍니다. 부모나 형제, 자매의 말을 귀 기울여 듣게 하는 훈련도 아이의 산만함을 줄이는 데 효과

적입니다. 경청하는 훈련을 할 때는 가능한 한 지시 내용을 짧고 명료하게 하고, 아이가 이해했는지 확인하는 과정을 거쳐야 합니다.

7. 부모가 서두르는 모습을 보이지 않습니다. 무슨 일을 하든 급하게 서두르는 부모 밑에서 자란 아이는 산만하거나 충동적인 성향을 갖기 쉽습니다. 이런 성향은 다른 사람의 말을 귀담아듣기 힘듭니다. 아이는 부모의 거울이란 점을 명심하고 서두르거나 충동적인 행동을 자제하도록 노력합니다.

8. '나-전달법'을 이용합니다. '나-전달법'은 아이에게 상처를 주지 않고 부모의 지시를 따르게 하는데 유용합니다. '나-전달법'을 이용하는 요령은 우선 차분한 태도로 아이의 행동을 비판하지 않고 객관적으로 이야기를 해주는 것입니다. 그런 다음 아이의 행동으로 인해 엄마가 어떤 기분이 드는지를 말해줍니다. 마지막으로 기대하는 행동을 짧고 명료하게 말해줍니다.

9. 홧김에 내뱉는 극단적인 말들을 피합니다. 부모가 아이에게 해서는 안 될 말들이 있습니다. "넌 어쩔 수 없는 아이구나!", "내가 그럴 줄 알았지!" 등의 표현은 흔히 홧김에 내뱉기 쉬운 말들입니다. 그런데 이런 극단적인 말들은 아이의 자존감을 떨어뜨립니다. 아이가 잘못을 했을 때는 일단 화부터 가라앉혀야 합니다. 아이가 어떤 잘못을 저

질렀을 때 비판하거나 지적만 해서는 안 됩니다. 잘못을 저지른 후 좀 나은 행동을 보이면, 곧바로 잘했다는 것을 인정해주고 칭찬을 아끼지 않습니다.

45

컴퓨터 게임에 푹 빠져 있다면

QUESTION ?

7세가 된 우리 아이는 하루 종일 컴퓨터에 매달려 있습니다. TV를 보거나 유튜브 동영상도 보지 않고 게임만 합니다. 집에서 해야 할 정리정돈이나 자기 일도 뭐든지 엄마에게 해달라고 합니다. 게임을 할 때는 밥도 급하게 먹고 컴퓨터로 달려가며, 놀 때도 컴퓨터 내용을 주제로 놀이를 합니다. 더구나 컴퓨터를 못하게 하면 화를 내며 떼를 쓰기까지 합니다. 컴퓨터 게임을 못하게 하려면 어떻게 해야 할까요?

ANSWER

아이가 컴퓨터를 못하게 했을 때 화를 내고 떼를 쓴다면 게임중독을 염두에 두어야 합니다. 최근 게임 때문에 아이를 혼내는 일이 늘었는지, 아이가 게임 용어를 부쩍 자주 사용하는지, 게임을 못하면 짜증이나 화를 내는지, 게임 때문에 다른 손해를 감수하는지, 게임 외에 다른 활동이나 놀이가 줄어들었는지, 정해진 게임 시간을 훌쩍 넘기는 일이 많아졌는지 점검해 보세요. 만약 이 중 대부분에 해당된다면 아이와 게임중독 진단 검사를 받고 더 늦기 전에 빠져나오도록 노력해야 합니다. 아이가 일찍 게임에 눈을 뜨게 되면, 게임이 아이에게 가장 좋아하는 놀이가 됩니다. 그리고 이런 상황을 끊어주지 않는다면 나이가 들어서도 지속되고, 아이의 뇌는 더욱 더 자극적이고 폭력적인 게임을 찾게 됩니다. 게임중독인 아이들에게서 충동조절장애나 불안장애, 강박증, ADHD 등과 같은 증세의 빈도가 높게 나타납니다.

게임중독을 예방하려면 가급적 게임 시간과 프로그램을 부모가 적절히 관리해야 합니다. 매일 게임을 하는 것은 아이 두뇌에 게임의 시각적, 청각적 자극의 잔상을 지울 수 없습니다. 하루라도 게임을 하지 않으면 안 되는 뇌가 될 수 있으며, 내성이 생기면 같은 만족감을 얻기 위해 점점 게임을 하는 시간이 길어질 수 있습니다. 무엇보다 왜 아이가 게임에 몰입하게 되었는지 생각해 봅니다. 컴퓨터 게임의 가상 세계에 빠져 있다면 그것은 일종의 현실도피로 해석할 수 있습니다. 컴퓨터 게임을 통하여 자신을 괴롭히는 현실로부터 도피할 수 있으며 일상의 지루함에서 벗어날 수 있습니다.

이때 부모의 훈육 태도가 중요합니다. 아이가 무엇을 하든지 무관심한 부모가 있는 반면, 하나부터 열까지 일일이 잔소리하며 아이에게 군림하는 부모도 있습니다. 부모가 무관심하면 아이는 통제가 되지 않기 때문에, 부모가 강압적이면 아이는 회피하고 싶어서 자꾸 컴퓨터 게임을 할 수 있습니다. 아이가 안정적이고 행복감을 느낄 수 있는 양육환경을 만드는 것이 중요합니다.

발달적 의미

연구에 의하면 게임중독에 빠진 아이의 뇌는 마약중독에 빠진 것처럼 변한다고 합니다. 게임에 중독된 아이의 뇌는 인지 능력이나 감정조절 능력이 크게 떨어진다는 것입니다. 또한 아이들이 폭력적으로 변하고 심한 경우 주의력결핍 과잉행동장애(ADHD) 같은 질환으로 이어질 수 있습니다. 컴퓨터 게임은 아이의 뇌에 있는 보상중추에 변화를 가져옵니다. 연구에 의하면 평균치인 주당 9시간보다 컴퓨터 게임을 더 많이 한 아이의 뇌 보상중추가 훨씬 커져 있었습니다. 보상중추는 뇌에서 쾌락을 요구하는 부위로, 흔히 마약중독에 빠졌을 때 커지게 됩니다.

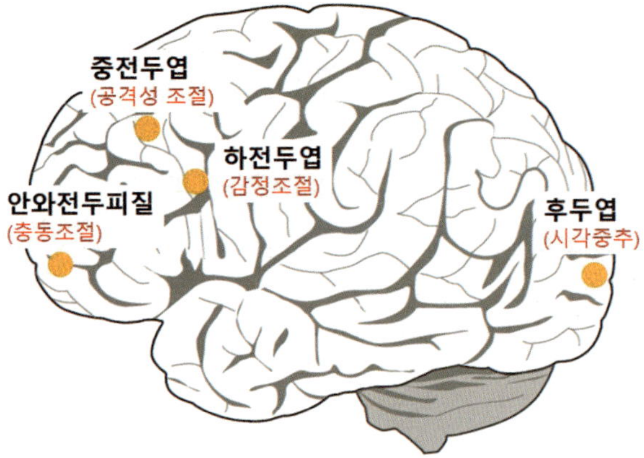

게임중독으로 손상되는 뇌

컴퓨터 게임은 전두엽 발달에도 영향을 미치는데, 연구에 의하면 일주일에 평균 15시간 동안 1인용 슈팅 게임을 하면 전두엽 활성도가 게임을 하지 않은 아이들보다 떨어진다고 합니다. 중전두엽은 공포나 공격성을 조절하는 부위로 컴퓨터 게임이 아이에게 공포와 공격성조절 능력을 떨어뜨릴 수 있습니다. 컴퓨터 게임 중독에 빠지면 안와전두피질 기능의 이상으로 합리적인 의사 결정이나 충동성 조절에 어려움을 겪을 수 있습니다.

뇌과학적으로 컴퓨터 게임을 할 때 나오는 뇌파는 베타파나 그 이상의 빠른 파로, 집중력을 향상시키기보다는 뇌에 피로를 가져옵니다. 컴퓨터 게임을 할 때 전두엽의 활성도는 독서를 할 때보다 상당히 미미합니다. 컴퓨터 게임은 즉각적인 자극과 반응을 필요로 하는 시청각 자극을 주기 때문에 후두엽의 시각중추와 측두엽의 청각중추를 강하게 자극하지만 사고력과 문제해결력을 주도하는 전두엽에는 거의 자극을 주지 않습니다.

양육지침

조바심을 갖지 않는 것이 중요합니다. 다른 아이들은 모두 컴퓨터를 사용할 줄 아는데, 우리 아이만 늦는 것이 아닐까 조바심을 가질 수 있는데 그럴 필요 없습니다. 컴퓨터는 아이들 정서의 지능발달에 별로 도움이 되지 않습니다. 게임에 빠져있는 아이는 오히려 다양한 사물과 현상을 탐색할 기회를 놓칠 수 있고, 사회성 발달에도 문제가 나타날 수 있습니다. 초등학교 입학 전후쯤 아이가 원할 경우 인터넷 사용을 허락하는 것이 좋으며, 아이가 적극적으로 원하지 않는다면 더 늦춰도 괜찮습니다.

1. 게임시간에 대한 규칙을 아이와 정합니다. 게임시간을 얼마나 허용할 것인지, 이것을 어기면 어떻게 할 것인지에 대한 규칙을 아이와 함께 정해두세요. 게임은 중독성이 높아 적은 시간이라도 매일 하게 되면 습관이 되기 쉬우므로, 하루에 30분씩 매일 하는 것보다는 일주일에 3번, 1시간 정도로 제한하고 점차 시간을 줄여나가도록 도와주는 것이 좋습니다. 약속한 시간이 되면 아이가 스스로 컴퓨터를 끄도록 하며, 컴퓨터를 꺼야 할 시간에 타이머를 울리도록 하여 부모도 알 수 있도록 합니다.

2. 약속을 지키지 않았을 때 페널티를 정합니다. 페널티도 아이와 함께 상의해서 정하도록 합니다. 서로 의논해서 정한 규칙을 지키지 않았을 경우에는 예외 없이 약속한 페널티를 적용합니다. 약속한 시간 외에 게임을 한다면, 게임시간을 줄인다든지 일주일 동안 게임을 못하게 한다든지 하는 식의 정해진 규칙대로 시행합니다.

3. 컴퓨터 게임 사용 시간은 단계적으로 줄입니다. 아이에게 강압적으로 인터넷을 못하게 하면 충동성이나 공격성을 다른 방식으로 표출할 가능성이 큽니다. 1주일에 10분 정도씩 천천히 단계적으로 사용시간을 줄이게 해야 합니다. 부모가 사용량을 직접 체크할 수 없으면 아이의 동의를 얻어 매일 일정시간 이상 컴퓨터 사용을 제한하는 프로그램을 설치하는 것도 생각해봅니다.

4. 부모의 기분에 따라 허용하지 않습니다. 육아에 지쳐 휴식시간을 벌려고 아이에게 컴퓨터를 맘껏 하게 하거나 시간 제한을 없애는 것은 바람직하지 않습니다. 부모의 기분에 따라 컴퓨터 게임을 하게 하거나 금지하는 것도 안 됩니다. 아이는 스스로 컴퓨터 게임을 자제하는 자기조절력이 떨어집니다. 정한 규칙대로 일관성 있게 지켜나가는 것이 중요합니다.

5. 컴퓨터 게임으로 인하여 놓친 것에 대한 목록을 만듭니다. 부모는

하루가 24시간으로 한정돼 있다는 사실을 아이에게 알려준 뒤 컴퓨터 게임을 하느라 놓친 것이 무엇인지 스스로 목록을 작성하게 합니다. 그 뒤 목록에 포함된 내용과 인터넷 중 어느 것이 더 중요한지 아이에게 점수를 매기도록 해서 아이 스스로 컴퓨터 게임에서 벗어나게 유도합니다.

6. 컴퓨터는 거실에 둡니다. 컴퓨터를 아이 방에 두어, 아이가 무엇을 하는지 제대로 관리할 수 없을 경우, 컴퓨터 게임에 더 빠져듭니다. 컴퓨터는 거실과 같은 노출된 공간에 두고 이용하게 합니다. 컴퓨터를 아이 방 대신 부모가 볼 수 있는 거실에 두는 등 인터넷 충동을 관리할 수 있는 환경을 만드는 것이 좋습니다.

7. 몸을 움직이는 시간을 늘립니다. 적절한 운동으로 땀을 흘리면 컴퓨터 게임의 유혹을 물리치기 쉽습니다. 굳이 운동이 아니더라도 맘껏 뛰어놀게 해도 좋습니다. 특히 친구끼리, 가족끼리 그룹으로 하는 운동은 아이를 컴퓨터에서 빠져 나오게 하는 방법으로 더없이 바람직합니다.

8. 대체할 즐거움을 찾습니다. 컴퓨터 게임에서 벗어나게 하려면 다른 놀 거리를 찾도록 도와주어야 합니다. 대체할 만한 활동을 마련해두지 않고 컴퓨터 게임 시간을 단축해버리면 오히려 역효과를 낼 수

도 있습니다. 친구와 노는 시간을 늘린다거나 보드게임이나 윷놀이 등, 가족끼리 할 수 있는 게임이 좋습니다. 박물관이나 미술관, 공연장, 주말농장, 체험학습장 등 정서를 풍요롭게 하면서도 안정시킬 수 있는 다양한 경험을 하도록 합니다.

9. 정서적 만족감을 충족시켜줍니다. 대개 아이들은 부모의 관심이 멀어지거나, 정서적 만족감을 얻을 만한 대상이 없을 때 컴퓨터 게임에 빠져듭니다. 이런 경우 최근 부모가 바빠지거나 부부 사이의 문제로 아이에게 소홀했는지, 아이 혼자 있는 시간이 많은 것은 아닌지, 학원이나 공부 때문에 친구들과 어울릴 시간이 없는 것은 아닌지 점검해 봅니다. 특히 요즘은 맞벌이 부모나 외동아이가 많기 때문에 특히 눈여겨보아야 합니다.

46

하기 싫은 과제를 끝까지 미루기만 한다면

QUESTION ?

우리 아이는 유치원에 갈 때마다 늘 재촉해야만 겨우 느릿느릿 유치원에 갈 준비를 합니다. 특권을 모조리 빼앗아버리겠다는 으름장을 듣고서야 과제를 시작하고, 그것도 과제를 하는 내내 옆에서 지켜보며 감시를 해야만 겨우 끝냅니다. 오랜 시간이 걸리는 장기 과제는 마지막까지 미루고는 어디서부터 시작해야 할지 방향조차 못 잡습니다. 이런 모습에 저는 화가 머리끝까지 치밀어 오릅니다. 어떻게 하면 좋을까요?

ANSWER

미취학 시기나 유치원 때부터 아이에게 간단한 집안일을 시킨다면, 아이들은 재미없고 지루할지라도 그 일을 마치기 위해서는 자신이 하고 싶은 일을 잠시 미뤄놓아야 할 때도 있다는 사실을 깨닫게 됩니다. 이러한 개념이 생긴다면 초등학교에 입학한 후에도 해야 할 다른 일이 있을 때, 좋아하는 일은 잠시 보류하고 시작하는 데 도움이 됩니다. 아이에게 아침 일과나 잠자리 일과처럼 규칙적인 절차를 따르는 일을 스스로 하도록 하세요. 특정한 일을 매일 정해진 시간에, 정해진 절차에 따라 해내는 법을 가르치는 것이 가장 첫 번째 단계입니다. 그런 후에는 일정 기간 동안 그 일을 하라고 일러주면 아이는 이러한 절차들을 내면화하게 되고, 스스로 그 과정을 시작하거나 혹은 "이제 시작해야지"라고 짧은 지시를 내려주는 것만으로도 그 일을 할 수 있습니다.

이러한 과제 개시를 개선하기 위한 첫 번째 노력은 반드시 외부에서부터 시작한다는 것입니다. 아이를 바꾸려고 애쓰기보다는 아이의 환경을 바꾸는 것부터 시작해야 합니다. 시간이 지나면서 천천히 그 방향을 환경에서 아이 그 자체로 전환하는 게 좋습니다. 때가 되면 아이에게 직접 실행기능을 가르쳐야 하겠지만, 일단 이러한 교육 과정을 시작했다 하더라도 여전히 그 과정은 외부에서 내부로 진행되어야 합니다.

물리적 환경을 바꾸어준다는 것은 과제 개시와 주의 집중, 시간 관리 능력이 미성숙하여 과제하는 데 어려움을 겪는 아이들에게 주방에서 과제를 하게 하는 것과 같은 방식입니다. 주방에는 아이들이 갖고 놀 장난감이 없기 때문에 방해요소가 없고 부모가 쉽게 지시와 감독을 해줄 수 있기 때문에 꽤 효과적입니다. 과제를 시작하는 일에 문제가 있는 아이들도 최소한 자신이 무얼 하며 시간을 보낼지 정하는 일은 곧잘 해내곤 합니다. 이들은 자신에게 본질적으로 끌리는 일을 하려고 하고 그 일에 재미를 느끼는 동안에는 집중해서 그 일을 해냅니다. 그러다가 재미가 없어지면 다른 재미있는 일을 찾아 나섭니다.

발달적 의미

과제 개시란 과도하게 미루지 않고 프로젝트나 활동들을 적절한 시기에 효과적인 방법으로 시작하는 능력을 말합니다. 아이에게 해내야 할 일들이 너무나 많기 때문에 유치원에 다니는 아이라고 하더라도 대체로 과제 시작에 능숙한 듯 보이며, 또 그래야만 합니다. 하지만 유치원에 다닌다고 과제 개시 능력이 그리 쉽게 길러지는 것이 아닙니다. 아이는 과제를 미루고 스마트폰 게임을 하거나, 가장 하기 싫은 과제는 밤늦게까지 미루는 행동들을 합니다. 과제 개시란 아이가 하고 싶어 하는 일에만 적용되는 것이 아니라 그다지 하고 싶지 않고 지루한 일이지만 꼭 해야만 하는 일에도 해당됩니다.

우리는 학령전기 아이가 하기 싫어하는 일을 혼자서 알아서 하길 기대하지 않습니다. 대신 아이에게 해야 할 일을 지시하고 아이가 그 일을 하는 동안 지켜보며 감독합니다. 아이가 게으름을 피운다면 '게으름뱅이 관리 프로그램'을 가동하여야 합니다. 우선 아이의 주의를 산만하게 만드는 요소를 제거해줍니다. 아이가 게으름을 피우는 시간을 고려하여 계획을 세워야 합니다. 유치원 등원시간에 늦지 않기 위해 아이가 옷을 입으면 바로 식탁에 앉을 수 있도록 아침 식사는 미리 차려 놓습니다. 아이가 눈으로 바로 볼 수 있게 큰 시계를 설치하는 것도 필요합니다.

양육지침

매일 지속적으로 과제를 시작하라고 알려주세요. 아이에게 해야 할 일은 시작하라고 지시하고, 아이가 그 일을 곧바로 시작할 때마다 칭찬을 해줍니다. 혹은 요청한 과제를 3분 이내에 시작했을 때 칭찬스티커를 주고, 칭찬스티커가 쌓이면 아이가 원하는 보상을 합니다. 이때 반드시 부모는 아이가 그 일을 시작하는지 눈으로 지켜봐야 하며, 아이가 그 일을 계속 하는지에 대해서도 주기적으로 확인하는 것이 좋습니다.

1. 힘든 과제는 작은 과제로 쪼개어줍니다. 주어진 시간 안에 달성 가능한 현실적인 과제를 부여해주세요. 너무 오래 걸리거나 지나치게 힘든 일이라면 아이에게 한 번에 한 단계씩만 하게 합니다. 그러면 훨씬 더 쉽게 그 일을 시작할 수 있습니다.

2. 언제, 어떻게 그 일을 마칠 것인지에 대한 계획을 세우게 합니다. 아이가 스스로 계획을 세우면, 아이는 보다 주도적으로 전체 과정을 해나가게 되며, 여러 번 지시하지 않더라도 별다른 불평 없이 일을 시작할 것입니다. 아이가 과제를 시작하기 위해 어떤 방식으로 지시를 받고 싶은지 스스로 결정하게 한다면, 아이의 적극성과 주도성을 높일 수 있습니다.

3. 아이의 일과를 규칙적으로 바꿉니다. 부모가 과도한 반응으로 흥분하지 않도록 하여야 하며, 예측 가능한 일과를 유지합니다. 매일 규

칙적인 시간에 일어나고, 식사하며 잠자리에 들게 합니다. 이런 생활을 통해 게으른 아이는 한 가지 일이 끝나면 다음에는 다른 일이 기다리고 있다는 규칙적인 과정을 이해하고, 시간관념도 기를 수 있게 됩니다.

4. 시간의 개념을 익히게 합니다. 아이에게 집안일이나 방 정리하기, 또는 과제를 마치는 데 시간이 얼마나 걸릴지 말해보게 합니다. 이를 통해 시간을 관리하는 습관을 기를 수 있습니다. 아이와 '하루 활동 계획 세우기'를 주제로 대화를 나누고, 그 활동을 마치는 데 걸리는 시간을 결정해본다면 시간 개념을 익히는 데 도움이 됩니다.

5. 환경을 관리합니다. 오후 늦게 텔레비전을 보며 낄낄대는 동생이나 형이 틀어놓은 커다란 음악소리 같은 것들이 과제를 방해하는 요소가 될 수 있습니다. 그러므로 아이가 과제에 집중하고, 효과적으로 숙제를 끝내기 위해서는 과제하는 동안 주변을 조용하게 만들어줄 필요가 있습니다. 잠자리에 들 때나 집안일을 할 때도 주변에 방해요소가 없어야 합니다.

6. 과제를 여러 단계로 나눕니다. 아이에게 "방을 깨끗이 정리해"라고 말하기보다는 작은 과제들로 나누어주세요. 더러운 옷을 세탁실에 갖다놓기, 옷을 옷걸이에 걸기, 책꽂이에 책 정리하기, 장난감 바구니

에 장난감 넣기로 나눕니다.

7. 과제를 마친 후에 아이가 원하는 것을 줍니다. 힘든 일을 끝낸 후에 원하는 것을 얻게 될 거라는 희망이 있다면, 아이는 일에 대한 마음가짐을 180도 바꾸게 됩니다.

8. 과제에 흥미를 느끼도록 만들어줍니다. 아이 혼자 일을 하도록 내버려두지 말고, 다른 누군가와 함께 하도록 해주거나 혹은 일하는 동안 좋아하는 동요를 들려줍니다. 어떤 부모들은 집안일을 마치 게임처럼 바꾸는 데 탁월한 능력이 있습니다. "타이머가 울리기 전에 네가 방을 다 정리할 수 있는지 볼까?"라고 말하며 놀이방 치우는 일을 '그대로 멈춰라'같은 게임 형식으로 바꿔줍니다.

9. 선택의 기회를 주고 다양성을 넓혀줍니다. 아이에게 매일 똑같은 집안일을 시키지 말고 집안일 목록을 만들어 아이 스스로 하고 싶은 일을 선택하게 합니다. 그렇게 하면 아이는 상대적으로 그 일을 덜 싫어할 것입니다.

47

유치원에 가는 것을 두려워 한다면

QUESTION ?

2주일 전쯤 유치원에 다녀온 아이가 할머니에게 별일 아닌 일로 짜증을 내고 울고 했다는 얘길 들었습니다. 그 날 저녁 때 아이를 봤지만 아이가 저를 보고도 반응이 없고 웃지도 않고 우울해하는 것 같았습니다. 이상하다고 생각하고 아이에게 왜 그런지를 물었더니 "난 유치원에 친구가 없어. 친구가 없어서 혼자 앉아서 그림을 그려"라는 말을 했습니다. 다음날 선생님께 무슨 일인지 확인을 했더니, 미술시간에 자리가 없어서 딸아이만 긴 책상에 혼자 앉아서 그림을 그리게 했다고 하네요. 그런데 그 문제가 해결된 이후에도 계속 유치원에 가기 싫다고 합니다. 재미가 없고 친구가 없다는 말만 되풀이합니다.

ANSWER

대부분의 아이들은 유치원에 갈 나이가 되면 엄마와 별 무리 없이 떨어집니다. 그러나 아이들에 따라서는 엄마와 떨어지는 것이 두려워 유치원에 갈 때마다 울고 떼쓰며 반에 들어가기를 거부하기도 합니다. 이렇게 엄마와 떨어지는 것을 거부하는 아이라면 우선 과거에 엄마와 아이가 떨어졌던 안 좋은 기억이 있는지 점검해볼 필요가 있습니다. 부모는 아이의 머릿속에 수많은 기억 파일이 있어서 따로따로 꺼낼 수 있다고 생각합니다. 그러나 기억은 따로따로 저장되어 있는 것이 아니라 일종의 연결입니다. 연결 장치인 뇌은 현재 아이가 가지고 있는 생각, 느낌, 냄새, 이미지 등을 처리하고 그 경험을 과거와 비슷한 경험과 연결합니다. 따라서 과거의 경험은 아이가 지금 보거나 느끼는 것을 해석하는 데 큰 영향력을 발휘합니다. 아이가 부모와 유치원에 가지 않으려고 하는 것은 이것과 연결된 과거의 사건이 지금 아이에게 영향력을 끼치는 것입니다.

더구나 생후 18개월까지는 무의식적으로 기억되는 암묵기억만 형성합니다. 아이는 집이나 부모에게서 나는 냄새, 맛, 소리, 배고픔, 젖 먹을 때의 행복감, 엄마와 떨어졌을 때의 느낌 등을 부호화해서 기억으로 남깁니다. 감정, 신체 감각, 심상 등을 부호화하고, 자라면서 기기, 걷기, 자전거 타기 등의 행동을 부호화해서 암묵기억을 형성합니다. 괴롭고 부정적인 경험을 통해 형성된 암묵기억은 그 기억을 의식하지 못할 때 파묻힌 지뢰처럼 아이의 행동을 크게 제한하고 불안을 키웁니다. 우리가 의식하든 의식하지 못하든 뇌는 많은 사건을 기억합니다. 엄마가 눈앞에서 사라졌던 기억에서 높은 곳에서 떨어졌던 기억까지, 고통스런 순간들은 뇌에 새겨져 아이에게 영향을 끼치기 시작합니다. 아이가 그 기억의 근원을 의식하지 못하더라도 암묵기억은 슬픔, 두려움, 불안 등의 고통스러운 감정과 신체적 고통을 야기합니다. 이 때문에 아이들이 왜 싫은지 모른 채 유치원에 가지 않겠다고 완강하게 반응하는 것입니다. 고통스런 기억을 파악하지 못하면 아이는 두렵고 불안해할 뿐 아니라 수면장애까지 올 수 있습니다.

발달적 의미

아이가 경험을 할 때마다 뇌 속의 1,000억 개 뉴런은 전기신호에 활성화됩니다. 이렇게 활성화될 때 뉴런은 다른 뉴런들과 이어져 연결을 만듭니다. 말하자면 경험 하나하나가 뇌의 물리적 구조를 바꾸어나가는 것입니다. 다시 말해, 아이가 부모와 안 좋게 떨어졌던 경험은 저마다 특정한 뉴런을 활성화시키고 이렇게 활성화된 뉴런은 동시에 활성화되는 다른 뉴런들과 연결을 형성합니다. 뇌는 과거의 경험을 바탕으로 끊임없이 미래에 대해 기대하고 불안해합니다. 기억은 아이로 하여금 다음에 무슨 일이 일어날지 예상하게 함으로써 현재를 통찰하게 합니다. 결국 아이의 과거 경험이 뇌 속의 연결을 통해서 현재와 미래를 만드는 것입니다. 그래서 아이들에게는 과거의 경험이 중요합니다.

아이들이 부정적인 과거의 경험에 영향을 받아 괴로워할 때는 암묵기억을 외현기억으로 바꾸어주는 기억의 통합기술을 가르쳐주어야 합니다. 부모들은 아이가 고통스런 경험을 잊기 바라지만, 고통스러운 경험을 자기를 이해하는 기회로 바꾸는 힘을 기르지 않으면 아이는 어려움을 겪습니다.

아이의 뇌에는 암묵기억과 외현기억을 통합해서 아이가 자기 자신과 세상을 완전히 이해할 수 있게 하는 해마라는 부위가 있습니다. 해마는 다른 뇌와 협력하여 암묵기억의 모든 감정, 감각, 심상을 한데 모으고 맞추어서 의식 수준에서 분명히 이해할 수 있는 외현기억으로 바꿉니다. 아이와 대화하면서 유치원에서 연상되는 두려움을 일으키는 암묵기억이 외현기억으로 통합되도록 하여 아이가 자신의 두려움을 이해하고 다스리도록 도와줍니다.

양육지침

아이와 대화를 자주 하도록 합니다. 부모가 할 일은 대화를 통하여 유치원에 대한 두려움이 어디에서 온 건지 알려주는 것입니다. 실제 있었던 이야기를 이용해서 암묵기억이 밖으로 드러나도록 해야 암묵기억이 아이를 휘두르지 않을 것입니다. 일단 불쾌한 유치원에 대한 암묵기억이 의식수준으로 드러나면 아이는 현재의 두려움을 쉽게 다룰 수 있습니다. 암묵기억이 외현기억으로 통합되면 통찰력과 이해를 증진시킬 뿐 아니라 힐링도 가능해집니다.

1. 이유를 따지기보다는 감정의 요인을 파악합니다. 아이는 유치원에 가기 싫은 이유를 스스로 알지 못합니다. 아이가 유일하게 아는 것은 유치원에 가고 싶지 않다는 사실뿐입니다. 하지만 자신의 감정이 어디에서 오는지 엄마가 알려준다면 머릿속에서 일어나는 일을 통제할 수 있는 힘이 키워집니다. 자신의 경험과 감정을 재구성할 수 있게 되는 것입니다.

2. 경험을 재생하여 이야기합니다. 기억을 통합하는데 가장 효과적인 방법은 '이야기하기'입니다. 하지만 아이가 과거의 안 좋은 경험에 영향을 받고 있을 경우, 그 경험 전체를 기억하는 것은 쉽지 않습니다.

그 때에는 마음속 DVD 플레이어를 조작하는 리모컨 사용법을 아이들에게 알려줍니다. 이 리모컨으로 일시 정지, 되감기, 빨리 감기를 하는 것입니다. 불쾌한 기억을 떠올릴 때는 빨리 감기로 지나가고 좋아하는 기억은 되감기로 다시 보는 식으로 이야기하면 아이에게 통제권을 줄 수 있습니다. 이렇게 하여 자기가 알지도 못하는 사이 영향을 끼치는 힘든 경험을 받아들이고 그 경험을 분명히 의식 수준으로 드러내도록 도와줄 수 있습니다.

3. 기억연습을 합니다. 평소에 아이들이 매일 매일의 경험에 대해 이야기하게 함으로써 암묵기억과 외현기억을 통합하는 연습을 시킵니다. 특히 가족과 함께한 경험, 친한 친구들과의 우정, 새로운 집단에 합류 등 아이들이 중요하고 감동적인 순간을 맞이할 때 외현기억으로 많이 만들어주면 이런 긍정적인 경험의 영향력이 커집니다. 함께 저녁식사를 할 때마다 "오늘 하루 어땠는지 말해줄래? 좋았던 일, 나빴던 일, 다른 사람에게 친절하게 대했던 일을 한 가지씩 말해줘"라고 말해보세요.

4. 좋은 추억물을 동원합니다. 아이가 좋은 기억을 많이 갖게 하려면 함께 사진첩이나 예전에 촬영한 동영상을 보는 것도 좋습니다. 좀 더 적극적인 방법으로 아이와 함께 그림을 그리거나 기억의 책을 만들어보는 것도 효과적입니다. 예를 들어, 아이가 유치원에서 잘 지냈

을 때의 경험을 그림으로 그리고, 기억을 떠올릴 수 있는 사진 등을 모아 아이와 함께 '기억의 책'을 만들어 볼 수 있습니다. 이런 식으로 좋은 기억을 강화해주고, 아이에게 의미 있는 중요한 경험을 부모와 나눌 수 있습니다.

5. 부모의 불안부터 다스립니다. 부모가 아이를 떼어놓는 것을 불안해하고 있지는 않은지 점검해봅니다. 대부분의 엄마는 아이가 잘할 것이라고 믿지만 엄마 중에는 아이의 집단생활을 불안해하기도 합니다. 이런 엄마의 불안은 아이에게 고스란히 전달됩니다. 내색을 하지 않아도 엄마의 행동이나 눈빛에서 불안을 읽습니다. 엄마의 불안이 아이에게 전해지면 아이는 자신이 유치원에 간 사이 엄마가 사라져버리지 않을까 두려워합니다. 당연히 유치원에 가기 싫어지는 것입니다.

엄마 마음이 편해야 아이 마음에도 여유가 생깁니다.

6. 무작정 떼놓으려 하지 않습니다. 단계적으로 서서히 시도해 떨어지는 데 익숙해져야 합니다. 처음엔 유치원에 갈 때마다 수업을 참관해주고 끝나는 시간에 맞춰 데리러 갑니다. 일주일 정도 반복해 익숙해지면 유치원 문 앞까지만 데려다주고 데리러 갑니다. 역시 익숙해지면 유치원 버스에 태워 보내는 식으로 조금씩 단계적으로 해야 부모와 떨어지는 것을 자연스럽게 받아들입니다. 다만 데리러 오겠다고 약속한 시간은 꼭 지켜야 합니다. 끝나는 시간보다 5~10분 정도 미리 가서 기다립니다.

7. 달래거나 협박하지 않습니다. 이럴 경우 오히려 자신을 떼놓으려고 하는 행동으로 여겨 완강하게 떼를 쓸 것입니다. 일단 아이의 마음을 공감해주면서 단계적으로 떼어놓습니다. 유치원 버스를 타거나 유치원에 가면 울음을 멈출 거라 생각하여 아이를 강제로 차에 태우거나 반에 등 떠밀어 보낸 다음 얼른 자리를 뜨는 일을 해서는 안 됩니다.

8. 집도 따분하고 재미없다는 것을 알게 합니다. 유치원이 재미없거나 꾀가 나서 가기 싫어하는 경우라면 집에 있는 것이 오히려 더 따분하고 재미없다는 것을 깨닫게 하는 것이 좋습니다. 유치원에 가지 않았을 경우 유치원이 끝나는 시간까지 집에서 하는 일상의 행동을 맘

대로 하게 해서는 안 됩니다. 방에만 계속 있게 하되, 방에 있는 동안 장난감을 모두 치워버리고 재미있는 놀 거리를 주지 않도록 합니다.

9. 신뢰를 쌓습니다. 아이가 엄마를 신뢰하지 못하면 엄마에게 떨어지기 싫어합니다. “잠깐 쓰레기 버리고 올게”라고 하고선 이웃집에서 1~2시간씩 수다를 떨다 돌아온다든가 하는 일이 반복되면 아이는 엄마를 믿지 못하게 됩니다. 아이 입장에선 유치원에 갔다 돌아오면 엄마가 없을지도 모른다는 염려 때문에 집을 나서기가 싫어지는 것입니다. 이럴 때는 아이와의 믿음을 회복시키는 게 우선입니다. 아이의 행동이나 말에 적극적으로 관심을 보여주고 아이와 하기로 한 것은 반드시 실천합니다.

48

밤에 일어나 비명을 지르고 땀을 뻘뻘 흘린다면

QUESTION ?

5세 아이를 키우고 있습니다. 밤에 자다 깨서는 귀신을 본 것처럼 허공을 향해 비명을 지르는 일이 있었습니다. 땀을 뻘뻘 흘리고 눈동자도 커지고요. 너무 깜짝 놀라 아이를 끌어안고 달래도 울음과 비명을 멈추지 않았습니다. 팔을 휘저을 뿐 아니라 어디로든 가려고 마구 몸부림 칩니다. 왜 그러냐고 아무리 물어도 말이 통하지 않고 눈을 마주치지 못할 뿐 아니라 공포에 질린 모습입니다. 내 아이에게 정신병이 있는 걸까요? 정말 귀신을 본 걸까요? 한 달에 2~3번은 그러는데 좋아질 수 있을까 걱정이 됩니다.

ANSWER

일반적으로 이 시기의 아이들은 잠을 잘 자고 수면호소를 하는 아이가 거의 없습니다. 그러나 야경증이나 수면보행증 같은 사건수면들은 드물지 않습니다. 주로 문제가 되는 것은 아이를 잠자도록 설득시키는 것이며 취침시간이 일정하게 정해지지 않는 것이 주요 원인입니다. 규칙적인 취침 및 기상 시간, 조용하고 어두운 침실, 주의산만하지 않은 분위기가 중요하며 일정한 취침시간 의식이 수면 문제를 해결하는데 도움이 됩니다. 아이도 낮시간의 스트레스로 인하여 수면 문제가 생길 수가 있는데 부모가 관심을 가지고 어려움을 말하도록 유도하고 안심시키는 것이 필요합니다.

1)야경증

야경증은 밤에 자다가 갑자기 날카로운 비명소리와 함께 깨어나면서 운동 및 자율신경의 항진 공포발작을 보이는 상태를 말합니다. 비명소리와 함께 깨어 일어나 앉아 눈을 크게 뜨고 놀란 표정으로 이불을 잡고 있거나 팔을 내젓거나 주먹질을 합니다. 심한 자율신경 항진으로 빈맥, 빠른 호흡, 피부홍조, 발한, 동공확대, 근육긴장도 증가 등의 증세를 보입니다. 자다가 일어났을 때 의식은 흐려져 있으며, 주위에서 자극을 주거나 제지를 해도 아무런 반응을 보이지 않습니다. 이런 상태가 몇 초에서 몇 분간 지속되다가 다시 잠이 듭니다. 다음날 아침에 일어나면 지난 밤 증상에 대하여 전혀 기억하지 못하거나 어렴풋하게 기억할 뿐입니다.

2)수면보행증

수면보행증의 행동양상은 매우 다양합니다. 경한 경우는 일어나 앉아 무표정하게 두리번거리거나 이불을 만지작거리거나 베개를 고쳐놓는 등 단순한 동작을 합니다. 보다 전형적인 경우는 잠자리에서 일어나 조용히 걸으며 불빛 쪽으로 향하는 것입니다. 보통 운동은 속도가 느리고 목적이 없는 듯 보입니다. 아이들은 간혹 벽장이나 신발장에 소변을 보기도 합니다. 계단을 오르내리거나 주방에 가서 음식을 먹는 경우도 있습니다. 악기를 연주하거나 길거리를 배회하기도 합니다. 증상이 일어나는 도중에는 지각수준이 저하되어 있으므로 주위사항을 의식하지 못합니다. 제지를 하면 저항을 해서 더 심한 증상을 보일 수 있습니다. 가만 두면 스스로 잠자리로 돌아가서 다시 잠이 듭니다. 다음날 아침에 일어나면 간밤의 사건을 전혀 기억하지 못하거나 단편적으로만 회상합니다.

발달적 의미

야경증은 보통 4~12세 사이에서 시작되고 청소년기 동안 자연적으로 해소됩니다. 유전, 중추신경계 미숙, 스트레스, 공포증 및 불안 등이 문제가 되며, 열, 수면박탈 등에 의해 유발될 수도 있습니다. 감별하여야 할 중요한 증상은 악몽입니다. 수면 중에 일어나는 공황발작과도 감별이 필요합니다. 공황장애는 혼돈이 없고, 심한 행동장애를 보이지 않으며, 쉽게 잠들지 못하며, 아침에 잘 기억하는 등의 차이를 보입니다. 그 외에 수면 중 일어나는 뇌전증, 수면 무호흡, 야간 심장허혈증도 감별대상입니다. 부모의 역할이 중요한데 병에 대한 자세한 설명, 지지와 안심시킴, 수면위생 교육만으로도 큰 도움이 됩니다. 야경증이 반복되면 야경증이 생길 시간 15분 전에 깨우는 것도 한 가지 방법입니다.

수면보행증의 원인은 유전적 요인이 문제가 되고, 중추신경의 미성숙과 관련이 있다는 견해도 있습니다. 열, 수면박탈, 피로, 수면무호흡현상, 방광팽창과 같은 신체 자극, 소음과 같은 외부 자극 등이 수면보행증의 유발인자가 되기도 합니다. 전형적인 증상이 아니거나, 지나치게 자주 발생하거나, 사고의 위험이 크면 대학병원에서 수면 다원검사를 받도록 합니다.

양육지침

아이가 증상을 보일 때 강제로 깨우거나 잠재우지 말도록 해야 하며, 아침에 간밤의 일에 대하여 다그쳐 물어보는 건 좋지 않습니다. 야경증 동안에 조용하게 합니다. 상해를 막기 위해서만 아이의 신체를 고정시키고 손에 닿는 깨질 만한 것을 치웁니다. 만약 필요하다면 문과 창문을 잠급니다. 가능한 한 평상시대로 유지시키며 육체적 활동 후의 쉬는 시간을 갖게 합니다. 가족들에게 야경증은 해로운 것이 아니며 곧 사라질 것이라고 인식시킵니다. 가족의 과도한 반응은 아이를 놀라게 하므로 안심시켜야 합니다. 아이가 걱정하는 것에 대하여 발견하도록 노력하여야 하며 무엇을 도와줄 수 있을지 살펴보아야 합니다. 다만, 아주 짧은 시간이라도 부모의 돌봄이 계속적인 습관을 형성할 수 있다는 점을 염두에 둡니다. 이제 성숙했으니 부모 없이 잠을 잘 수 있다고 부드럽게 설득합니다.

1. 아이의 마음 안정이 우선입니다. 야경증은 아이가 기억을 하지 못하기 때문에 이유를 묻거나 아이를 다그치는 것은 바람직하지 않습니다. 아이의 방에 들어가서 아이를 안아주거나 위안이 되는 말을 해주는 것이 필요합니다. "놀랐지? 꿈을 꾼 것뿐이야. 주위를 보렴. 달라진 것이 아무 것도 없지 않니? 걱정하지마"라고 안심시켜주세요.

2. 아이의 방을 어둡지 않게 해줍니다. 아이가 어두운 방에 혼자 있어야 하는 외로움은 두려움을 더하는 요인입니다. 잠을 못 이루는 괴로움은 병으로 아프거나, 악몽의 두려움, 야뇨, 부모나 학교에서 생기는 스트레스와 같이 다른 이유로 발생하거나 재발하기도 합니다. 아이의 방에 전등불을 끄고 나서 익숙한 물체들이 어둠속에서 보이는 모양을 하나씩 확인시켜 줍니다. 그림자가 너무 커지지 않도록 조명도가 낮은 침실 등을 사용합니다. 아이의 방문을 조금 열어놓고 부모가 근처에 있다고 안심시킵니다.

3. 만약 증세의 빈도와 강도가 변하거나 3개월 이상 나타나면 전문의를 찾아갑니다. 지속적인 경우에는, 우선 정신의학과 상담이 필요합니다.

CURIOSITY
BRAINSTORM
IMAGINATION

아이의 인생을 결정짓는 부모의 훈육법

초판 1쇄 발행일 2021년 9월 6일

지은이 대한소아청소년과학회 발달위원회
펴낸이 유성권
편집장 이재선
기 획 유지인
마케팅 임태완, 김호철, 최성규, 정명한, 김모란, 한태수, 박만근, 박소영, 김지현, 김현정, 김채환
판 형 150*210 mm

펴낸곳 범문에듀케이션
출판등록 2011년 1월 3일 제 2011-000001호
주소 서울시 양천구 목동서로 211 범문빌딩 (우 07995)
전화 02)2654-5131 **팩스** 02)2652-1500
홈페이지 www.medicalplus.co.kr

ISBN 979-11-5943-293-4

아침사과는 ㈜범문에듀케이션의 건강 실용서 브랜드입니다.